China Valuation Profession
in Macro and International Perspective

宏观与国际视野下的中国资产评估

张国春 ◎ 著

中国财经出版传媒集团

经济科学出版社

Economic Science Press

目　录
Contents

宏观与国际视野下的中国资产评估[*]

（代序）

    非常荣幸出席由中国资产评估协会和清华大学联合举办的"清华大学第七期资产评估高级研修班"，与大家交流、探讨当前宏观国际、国内形势下，资产评估行业的未来发展问题。

    金秋十月，走进美丽的水木清华，瞬间，勾起了我对校园时光的记忆和怀念。我曾在大学读书任教多年，对大学校园有很深厚的情感、很浓重的情结。所以，今天坐在这里，似乎又找到了当年在课堂上的感觉，我感到很亲切、也很兴奋。那时候，为人师表、教书育人、传道授业解惑，从事着一个崇高的职业。今天，作为新任中国资产评估协会的秘书长、作为评估行业的一个新成员，肩负着与在座各位、与行业全体同仁共建评估行业美好明天的使命和艰巨任务，虽然倍感压力，但我认为，这是一个有可为、可有为、可大有作为的、极具挑战性的新岗位、新领域，评估行业对促进国家改革开放、经济社会发展将会发挥越来越广泛、越来越重要的作用，所以说，我仍然是从事着一个极其崇高的职业，很荣幸、也很自豪。

    清华，闻名于世，是顶级的高等学府、科学殿堂，我们来到这里最重要的目的就是求学。在今年开学的迎新致辞中，清华大学校长陈吉宁面对莘莘学子、未来国之栋梁，语重心长地讲到："在清华，你们将接受价值塑造、能力培养、知识传授'三位一体'的教育，学会做人、学会洞悉自然、人生和社会，为成就美好的未来做好准备。当你们离开清华以后，伴

---

* 本文是我 2014 年 10 月 29 日在清华大学第七期资产评估高级研修班上的讲座稿。文中的主要内容，是我 2014 年 9 月到中国资产评估协会工作后，经过调研和学习，形成的初步认识和工作思路。本书收集的文章，都是我近两年来工作中的思考和认识，基本上是按照本文的思路形成的，故特以本文的题目为书名，以本文为书序，以便读者对本书的内容和观点有一个总体的把握。由于本人经历和水平有限，书中如有不足和错误之处，敬请读者批评指正。——作者。

随你们的将是勤学、修德、明辨、笃实，还有历久弥新的清华精神。"我想跟大家说，我们"清华班"的目标就是要悉心培养、精心打造评估行业的"清华学子"，我们要将"评估发现价值，诚信铸就行业"的"评估精神"和"清华精神"紧密结合、有机融合，通过"价值塑造、能力培养、知识传授'三位一体'"的教育模式，努力培养评估行业的业务精英、高端人才、领军人物，以支持和引领评估行业的未来发展，以服务和促进国家经济社会的全面发展。

当今中国是改革的中国，党的十八届三中全会开启了中国全面深化改革的新时期，十八届四中全会强化了全面推进依法治国的执政方略；当今世界是开放的世界，经济全球化与世界多极化深入发展，竞争与合作同在，挑战与机遇共生，各国相互依赖加深但综合国力竞争加剧，都在争夺科技革命与产业革命的制高点。关于当前的宏观国际国内形势，习近平总书记有两句话：一是"在新的历史条件下坚持和发展中国特色社会主义，必须坚持走自己的路，必须顺应世界大势"；二是"中国坚持改革开放不动摇。中国越发展，就越开放，中国开放的大门不可能关闭"。我今天要讲的主要内容就是结合评估行业现状，谈谈我对上述两句话的思考和认识——宏观与国际视野下，资产评估行业的改革与开放。

资产评估行业自诞生以来走过了二十余载风雨历程，从无到有、由小到大，就是在改革开放的大环境下，遵循优胜劣汰、适者生存的市场规律，得以生存、发展和逐渐壮大的。在新的历史机遇下，资产评估行业必须进一步的改革开放。一方面，要热情拥抱改革，积极投入改革浪潮，挖掘行业发展的深层动力，赢得改革的制度红利；另一方面，要站在新的历史起点上，迎接新一轮对外开放，勇于拼搏，努力促进行业开拓创新、转型升级，进一步推动行业"走出去"和国际化发展。

下面，我分三个部分向大家汇报、与大家交流：一是我国资产评估行业发展的回顾与展望；二是当前形势下资产评估行业的改革与创新；三是中国资产评估行业应有的全球视野和国际高度。

一、我国资产评估行业发展的回顾与展望

20世纪80年代末，为服务国有企业改革，中国资产评估行业应运而生。二十多年来，我们积极响应改革开放时代要求、适应市场经济发展规律，着力打造过硬专业、塑造规范行业、营建高效协会，在维护国有资产权益、规范资本市场运作、防范金融风险，保障社会公共利益和国家经济安全等方面发挥了十分重要的作用，为推动经济体制改革和结构调整，维护市场经济秩序和社会进步做出了积极贡献。

回顾过去，我国资产评估行业走出了一条适合中国市场经济的评估服务专业之路，创立了一套服务于中国经济社会的评估理论体系和执业规范标准，培养了一支讲道德、有能力的专业服务队伍。在体制和制度建设方面，我们构建了"中国资产评估协会、地方协会和评估机构"三个层次的行业组织体系；形成了"法规约束、行政监管和行业自律"三力并行的行业管理机制，行业的内在活力和自律水平不断提升。在市场和专业建设方面，我们建立了"发现市场、发展市场、规范市场"三阶递进的市场拓展路径；创新了"市场研究、标准制定、素质培养"三位一体的专业建设模式，使行业的社会功能和可持续发展有了强大的专业支撑。在队伍和人才建设方面，我们建立了"执业人员、管理人员、研究人员"三支队伍、"高等院校、评估机构、行业协会"三个渠道的人才培养体系，基本实现了人才培养多层次和全覆盖。特别是在准则建设和市场开拓方面，我国资产评估行业在许多领域走在了国际前列。我们坚持"专业是评估行业核心竞争力"的发展理念，构建了比较系统、完善的评估准则体系。我国的评估准则，从最初全面跟行国际评估准则，到逐步并行，现在已有多项评估准则实现了领行，如金融不良资产、投资性房地产、著作权、商标权、专利权、实物期权等评估准则。我们的评估业务已经几乎涵盖到国家社会经济生活的方方面面，对国家建设和人民生活产生着日益重大的影响。目前，我国评估师有37000多人，评估机构3300多个，行业从业人员达10万人，业务收入约100亿元，机构、人员和业务数量在世界各国中都是遥遥领先的。

展望未来，随着我国改革开放的不断深入和经济社会的快速发展，市场将对资源配置起决定性作用，资产评估专业作用将更为彰显。财政部部长楼继伟曾指出，市场经济发展需要资产评估，资产评估前景广阔。近期，APEC工商咨询理事会（ABAC）主席宁高宁在致APEC财长的信中也指出，资产评估是全球经济决策的中心环节，广泛应用于资本市场和不动产市场，也适用于公共部门和私营部门各组织（包括监管组织）的决策和行为。建议各位财长鼓励公共部门与 ABAC、国际评估准则理事会（IVSC）、评估专业组织（VPOs）以及来自评估行业和其他相关组织的专家进行合作，将区域性准则向健全的国际准则趋同，推动评估专业组织的可持续发展，并使其在行业准则、教育和知识储备方面更加完善，从而促进亚太地区各经济体进行高质量的评估实践和专业人才培养。

我们相信，中国资产评估行业已经具备了坚实的基础，做好了迎接改革、走向开放、赢取新发展的充分准备，在国际、国内的利好形势下，一定能够抓住时代的机遇，迈上一个新的台阶。

二、当前形势下资产评估行业的改革与创新

党的十八大以来，特别是党的十八届三中全会以来，我们党做出了关于全面深化改革若干重大问题的决定，对全面深化改革做出了重大战略部署，提出了一系列新思路、新任务、新举措。新一届政府多次明确表示，要正确认识和积极适应经济发展的新常态，依靠改革释放经济发展的红利，通过改革为经济发展创造更大的空间。

改革是大势所趋，势不可挡，正确认识和对待改革，是对各行各业的考验，也是对评估行业的全方位考验。改革既是机遇，更是挑战，应对得当就是生机，应对不当就是危机。对于评估行业而言，新一届政府积极推进职能转变、简政放权，为进一步强化资产评估行业协会等社会组织自律管理职能、充分有效发挥资产评估等现代高端服务业的专业功能营造了良好的政策环境，但同时也在市场开拓、业务创新、服务质量、自律管理、行业发展等方面对我们提出了更高的要求。着力抓好改革和创新，是当前我们全行业面临的最重要的形势和任务。

（一）积极应对管理方式改革

2014 年 8 月 12 日，国务院发布了《关于取消和调整一批行政审批项目等事项的决定》，取消了注册资产评估师等 11 项职业资格许可和认定事项。今后，凡没有法律法规依据和各地区、各部门自行设置的各类职业资格，不再实施许可和认定，逐步建立由行业协会、学会等社会组织开展水平评价的职业资格制度。国务院的此项决定是在高瞻远瞩的宏观高度所作的决定，是减少我国行政审批负面清单的重要举措，有利于市场经济更好地发挥基础性作用。在这个改革和调整的关键节点和重要阶段，我们必须积极应对，加紧研究，做好衔接。

1. 坚决拥护改革、热情拥抱改革

国务院取消和调整一批行政审批项目等事项是党的十八大确定的简政放权管理内容之一，符合中国改革开放的需要，符合中国市场经济发展的需要，符合实现我们共同的"中国梦"的需要。我们要坚决拥护和支持改革，认真学习国务院决定精神，深刻领会改革的意义，统一思想，加强宣传，正面引导社会舆论，要实现改革平稳过渡，更重要的是，要努力抓住这一历史机遇，顺势而发，进一步促进行业健康发展。

2. 正确认识改革、正面解读改革

要正确理解改革的内涵，改革只是对资产评估职业资格管理方式的变化，是去行政化、还原资产评估专业服务本质的重要举措。改革评估师职业资格管理方式，预示着行政管理将逐步减少、自律管理将不断加强，行业协会将被赋予更多的管理职能，评估行业将逐步与国际上"小政府、大社会"的管理模式接轨。虽然资产评估行业去行政化、减少了行政许可与审批，但同时，国务院 2014 年连续出台了《国务院办公厅关于印发文化体制改革中经营性文化事业单位转制为企业和进一步支持文化企业发展两个规定的通知》、《国务院办公厅关于金融服务"三农"发展的若干意见》、《国务院关于促进市场公平竞争维护市场正常秩序的若干意见》、《国务院关于加快发展生产性服务业促进产业结构调整升级的指导意见》等文件，做出了促进资产评估等服务行业发展的重要战略部署，将资产评估提到了一个前所未有的高度，为评估行业又带来了新的发展机遇期。现代经济结构调整的核心在于增加服务业的比重，尤其是现代服务业、经济类服务业的比重，目前我国服务业对 GDP 的贡献也越来越大。资产评估是现代服务业的重要组成部分，我们的市场和服务领域越来越广阔、作用也会越来越明显，前景无限。

3. 努力适应改革、积极促进改革

资产评估行业是市场经济发展的必然产物，有不可替代的服务功能、专业作用和市场价值。面对改革，我们要坚定专业自信，坚信改革对行业的转型升级有极大的促进作用，切实做好各项具体工作。要积极行动起来，加大对改革问题的研究，借改革促转型、借改革促发展。我们中评协将组织"改革研究小组"，结合行业管理工作实际，积极研究有关问题，尽快拿出具体的、有较强可操作性的贯彻实施方案和时间表，并逐步按计划将有关工作的改革和调整落到实处。具体来讲，在资格考试方面，通过积极推动财政部继续与人社部协调，已经按照改革的原则和方向，拿出了可行的过渡方案，以解决好当前广大考生最关心的问题，解决好资产评估师职业资格考试改革过渡期的相关问题，同时，正在积极研究推进《资产评估师职业资格制度暂行规定》、《资产评估师职业资格考试实施办法》的出台，以建立适应市场经济和行业特点的资产评估师资格考试和管理制度。在执业管理方面，将结合水平评价类考试的有关政策调整，改革评估师执业相关管理制度，协助财政部做好《资产评估机构审批和监督管理办法》的修订工作，做好《注册资产评估师注册管理办法》、《注册资产评估师证书与印鉴管理办法》等制度的修订工作。在会员管理方面，将适应新政策，修订和完善会员管理机制，做好会员管理协调衔接的研究工作。这些都是与改革密切相关的以及行业当前迫切需要研究和解决的重大问题，通过大家的共同努力，实现全行业的顺利改革和转型升级。

（二）努力推进资产评估法早日出台

《资产评估法（草案）》历经 3 届人民代表大会，经过 10 年努力，目前全国人大常委会已经进行了两次审议，并在已公布的《全国人大常委会2014 年立法工作计划》中，将资产评估法列入继续审议的法律项目之中。但是，在资产评估立法过程中，摆在我们面前的困难和问题还很多，特别是在评估立法必要性、行业管理体制、业务范围、机构管理、法律责任等方面还存在不同的观点和争议。

市场经济是法治经济。资产评估行业作为一个伴随着经济改革而发展的新兴行业，如果没有法律作为行业发展的制度保证，就不可能形成良性竞争的执业环境，更不可能健康、持续地发展，资产评估法是行业发展的根本，资产评估法的早日出台对行业发展至关重要，这是行业发展的压舱石。我们协会将高度重视资产评估立法工作，努力为资产评估行业打造一个完善的法制环境，用法的形式维护与巩固资产评估在我国经济社会建设中的重要地位。针对评估立法存在的问题，下一步我们努力要做好几个方面的工作：

1. 深化问题研究

结合资产评估管理方式的调整和改革，继续对评估立法中关键性问题进行深度系统的研究。在评估立法必要性、业务范围、法律责任、评估师管理、机构审批、评估业务边界等主要问题上取得实质性进展。

2. 加强沟通协调

积极与立法各有关方面协调沟通，求同存异，形成共识。积极向全国人大常委会法工委反映行业的意见和呼声，积极与相关部门和协会组织等交流情况、共谋良策。

3. 扩大立法宣传

有针对性地组织编写评估立法宣传材料，内容包括基本概念、我国资产评估行业发展基本情况、国外评估立法实践和经验借鉴、评估立法中几个重点问题的研究、评估案例分析等，送有关部门进行立法参考。同时在一些有重大影响的新闻媒体进行有针对性、系统性的评估立法宣传，不断扩大评估立法影响。

（三）着力抓好评估市场的开拓创新

按照党的十八届三中全会的部署和要求，国家将进一步完善现代市场体系、深化财税体制改革、构建开放型经济新体制、创新社会治理体制。作为市场经济和现代服务业重要组成部分的资产评估行业，一定要在改革中抓好"市场"这条生命线，要密切关注重大政策与改革对评估行业的影响，认真研究国家全面深化改革的各项举措为资产评估专业服务带来的新市场、新业务，为行业未来健康可持续发展提供新的动力。当前，我们要着力从以下三个方面推动评估市场的开拓创新。

1. 围绕服务经济体制改革及结构调整、文化市场体系建设、生态文明建设等，积极拓展评估市场

国家进一步全面深化改革的战略部署，将为评估行业提供更加广阔的舞台。国务院 2014 年连续出台了多份文件，做出了促进资产评估等服务行业发展的重要战略部署，在混合所有制经济发展、文化体制改革、生态文明建设等方面将资产评估提到了一个前所未有的高度。评估行业要抓好"市场"这条生命线，研究改革政策，找准评估服务切入点。在巩固传统

业务领域的同时，在新兴、前沿领域拓展上不断取得新进展，如混合所有制评估、文化企业评估、知识产权评估、生态环境评估等。要抓好评估行业的产业链建设，实现行业的可持续发展。

2. 围绕政府职能转变、简政放权及重大法规、政策的出台，主动开辟新的业务领域

评估行业要继续依靠改革，服务改革，借改革的东风，推动评估行业转型升级。比如，服务财政绩效评价、政府资产评估、政府和社会资本合作项目（PPP）评估等，将是资产评估行业发展的一个重大机遇。我们要认真研究国家全面深化改革的各项举措为资产评估专业服务带来的新市场、新业务，为行业可持续发展提供新的动力。

3. 配合国家开放战略和企业走出去，积极开展国际合作和国际业务，提高评估行业国际化水平

党的十八大提出，要"全面提高开放型经济水平"。中国企业正在加快走出去步伐，在全球范围内配置资源。从国际上看，以服务业跨国转移和要素重组为主的新一轮国际产业转移不断加速，为评估行业的国际化发展提供了难得的机遇。我们要积极开展国际合作和国际业务，在业务拓展、准则建设、人才培养、监管制度等方面加强沟通协调，全面提高评估行业国际化水平。

（四）加强人才培养和队伍建设

孙中山先生讲过，"治国经邦，人才为急"。对评估行业而言，无论是当前的改革，还是未来的发展，也必须以"人才为急"。没有人才，就没有一切。因此，我们必须把人才培养放在行业发展和专业建设的最优先位置，从战略高度和长远发展，抓好人才培养和队伍建设。

1. 强化人才培养和队伍建设的顶层设计

资产评估行业人才是我国专业技术人才的重要组成部分。经过二十多年的发展，评估行业人才培养及队伍建设工作成效显著，人才培养体系已基本形成，人才队伍已具有一定规模，人才质量也在不断提升。但是，在改革面前，我们必须清醒，当前评估行业的人才队伍与改革发展的需要、与行业发展规划的要求、与日益发展变化的市场需求都存在一定差距，人才培养的体制机制仍需不断健全和完善，评估从业人员的专业素养、职

业道德、市场创新能力等也需要不断强化和提升。我们必须立足行业发展的全局和未来，重点研究做好人才培养和评估队伍建设的顶层设计，全面贯彻落实好财政部制定的《中国资产评估行业发展规划》和中评协发布的《中国资产评估行业人才培养及队伍建设规划》。特别是要将行业建设与人才培养和队伍建设统一起来，力求以蒸蒸日上的行业发展和职业前景吸引人才、培养人才、留住人才。

2. 为人才培养和队伍建设搭桥铺路、做好服务

一是积极配合行业的人才培养和队伍建设工作，集合资源、搭建平台。各级评协要结合宏观国内国际经济形势、结合市场化改革的大趋势、结合本地评估行业的发展实际，积极组织专家力量，深度分析研究改革形势下评估工作的重点、难点，特别是要充分调动评估机构、评估师的积极性，充分发挥行业专家、高端人才的带头作用，提出适应改革、促进行业人才培养和队伍建设发展的具体思路、方案和措施。要努力搭建更多、更好、更高的平台，培养一批道德良好、专业过硬的国际型、创新型复合型人才。同时，要充分发挥高端人才的示范效应和引领作用，更好地带动行业发展，从而实现行业发展与人才发展双赢的良好局面。二是积极采取加强人才培养和评估队伍建设的措施，转变作风，做好服务。一方面，要以成就人才、成就行业为己任，按照行业人才规划的要求，研究制定有效的人才培养机制和激励措施，优化人才结构、提升人才质量及行业核心竞争力。另一方面，要在培养改革急需的管理人才、市场人才、国际型人才等方面下功夫，转变工作作风，适应改革需要，为全力打造具有国际视野和创新能力、能够提供综合性高端服务的复合型人才队伍，做好服务。

3. 鼓励广大评估机构、评估师在改革中发展、在实践中提升

一是要把握机遇，开拓市场，在实践中培养人才、锻炼人才。在深化改革的大背景下，市场将在资源配置中起决定性作用，这就更需要资产评估为规范交易秩序、优化资源配置、维护公共利益提供独立、客观的价值尺度。评估机构和评估师身处一线，距离改革最近、距离市场最近，要充分发挥自身的职业敏锐性，抓住机遇、拓展市场，如混合所有制经济发展改革所带来的评估需求、简政放权所带来的绩效评价的评估需求等。要深耕传统业务，拓展新兴业务，紧盯相关业务，如咨询业务等。总之，我们

的市场前景非常广阔。只有在市场中多实践、多历练，才能在人才上有积累、有优势，才能在专业上独一无二、不可替代，使整个行业在激烈的市场竞争中永远立于不败之地。二是要以诚信为本，以德为先，全方位提升从业人员的综合素质。良好的职业道德是评估行业价值提升之源、形象树立之本，对每个评估从业人员而言，既是基本要求，也是永恒追求，大家一定要讲原则、守规矩、保底线，以值得信赖的职业操守赢得评估行业的可持续发展。特别是在市场化改革推进过程中，各项制度、措施尚不完善，监管尚不能全面到位，评估行业更要加强自律、防范风险、稳中求胜。

（五）提升行业信息化水平

在信息全球化大爆炸的今天，数据已经渗透到当今每一个行业和业务职能领域，成为重要的生产因素。对于海量数据的挖掘和运用，预示着新一波生产率增长和消费者盈余浪潮的到来。近年来互联网和信息行业的迅猛发展，云计算的出现使得"大数据"日益引起人们关注。可以说，谁拥有了数据谁就拥有了未来。

中评协一直非常重视行业的信息化建设，积极推进行业数据库的建设，目前已形成了包含法律法规数据库、知识产权评估数据信息系统、机电设备价格数据库、土地价格数据库及房地产评估、无形资产评估、宏观指标和宏观政策数据查询系统等多个专业数据库，为行业人员执业提供有力的数据支持。但是，从总体上看，特别是从数字化网络化智能化的角度看，我国资产评估行业仍处于传统的服务和管理模式状态，信息化水平仍然很低。存在的主要问题：一是统筹规划不足；二是基础建设薄弱；三是创新应用领域狭窄。目前我国大多数评估机构仅仅是传统评估业务与互联网的简单链接，缺乏深度的开发和应用，离大数据的标准和要求仍有较大的差距。

基于上述状况，要推动和实现我国资产评估行业的信息化和大数据建设，我们首先必须从实际出发，在深入调研和分析的基础上，找准行业信息化和大数据建设的战略定位，理清战略思路，进而形成科学、可行的开发、应用之路。

1. 改进和完善行业数据库

在现有数据库建设基础，完善数据库软件设计，对行业数据进行全面收集梳理，探索建立中国资产评估行业的数据库。

2. 着力建设行业数据网络

努力将全国资产评估涉及的各个部门、各种组织、各类企业、各评估机构的各个数据中心联成网络，使其不再各个孤立，而是有效地连为一体，使数据形态呈现出云端化、网格化、积木化特点，数据使用更加安全、便捷。

3. 探索搭建行业数据平台

数据平台与数据库、数据中心、数据网络的最大区别，就在于其重点不在数据本身，而在于数据产生的实际作用。要通过数据平台建设，为评估各方提供高效的数据服务，全面提升我国资产评估行业的信息化、现代化水平。

习近平总书记指出："现在，我们比历史上任何时期都更接近中华民族伟大复兴的目标，比历史上任何时期都更有信心、有能力实现这个目标。"改革之于评估行业，既是手段、也是目标，在国家全面深化改革的新时期和新形势下，我们也是比历史上任何时期对评估行业的改革发展、转型升级都更有信心、有能力实现我们的目标。借改革的东风，希望我们每一个评估人携手同心、竭尽全力，把我们共同的专业、共同的行业、共同的事业经营好、建设好。让我们与评估行业一起，在改革中成长，在改革中发展，在改革中收获！

三、中国资产评估行业应有的全球视野和国际高度

当代经济已经发展成了世界经济，在世界经济一体化时代，经济对推动世界历史和人类文明发展的力量和作用不断加强、不容小视。资产评估作为规范市场秩序、防范金融风险、促进经济发展的重要专业服务力量，吸引了世界各国政府、民众越来越多的重视和关注，各国评估行业正面临着加快发展的历史性机遇。

在这样的宏观国际形势下，要实现行业的转型升级、要做开放的评估业，就必须始终坚持并进一步开阔国际视野，积极关注全球经济新形势、国际评估新态势，加强学习和研究，强化交流与互鉴，师人长技、为我所用、创新发展。特别是要充分发挥中国资产评估行业在全球范围内的优势地位和导向作用，解放思想、创新思路，寻找行业新的着力点、爆发点、增长点，推进建设适应我国对外开放形势和要求、有生命力、有活力、有吸引力的中国现代评估服务业，加快国际化步伐，以新的发展做出对国际评估行业新的贡献。

（一）及时把握国际评估行业发展的新态势

虽然世界各国特别是发达国家和新兴市场国家等主要经济体评估行业发展的历史起点和现实状况存在较大差异，但是在经济全球化背景下，国际评估行业也在显现出一些共同的趋势和特点，需要我们及时认识和把握。

1. 管理法制化

刚刚胜利闭幕的党的十八届四中全会审议并通过了《中共中央关于全面推进依法治国若干重大问题的决定》，这是我们党首次专题讨论依法治国问题。在全面深化改革的历史新阶段，只有依法治国，才能实现国家治理能力现代化，才能切实优化国家治理体系，才能提高党的执政能力和执政水平，取得改革的全面胜利。对于一个行业而言也是如此，依法治理是评估行业生存和发展的根本，也是我们管理行业的基本保障和有效途径，全球评估行业百余年发展历史为我们提供了有力佐证和有益借鉴。

为保障评估服务经济社会功能的正常发挥，许多国家和地区都制定了专门的评估法律或者相关法律，指导、约束和促进评估行业发展，形成了各自符合自身法律规定及行业发展要求的行业管理模式。

有些国家很早就有了评估方面的法律。比如俄罗斯，俄罗斯是评估立法较早的国家之一。1893 年，俄罗斯就以法律的形式规定了"不动产价值评估规则"。1998 年，颁布了《俄罗斯联邦评估法》，规定了在涉及属于俄罗斯联邦、各级政府、自然人、法人的评估对象的交易活动中对评估行为进行管理的法律框架，并且又于 2010 年对该项法律进行了修订，继续以立法的形式规范行业发展。再比如马来西亚，最早的法律是 1967 年制定的《注册测量师法》，1981 年颁布了现行主要法律《评估师、估价师和不动产代理人法案》，并且于 1984 年、2006 年和 2011 年先后进行了三次修订，这项法律系统规范了评估师的注册登记条件与资格、权利与义务、纪律程序等，并对财政部下属的评估管理部门的设立和职责、评估师委员会的组成和职责、评估机构的组织形式及相关罚则做出了详细规定。

英国、美国等国是法制比较完善的国家，评估行业也有相应的法律法规。20 世纪 70 年代，英国出现了由不动产价值贬值而引发的不动产危机，英国皇家特许测量师学会为保证评估质量，保护各方当事人的利益，着手制定并出台了评估指南。美国在 80 年代初由于放松了对金融机构的监管，大量金融机构在没有建立必要的审核监督机制的情况下，盲目开展抵押贷款业务，从 80 年代中期开始，出现了由房地产泡沫诱发的金融危机，导致 400 余家金融机构破产。事后美国国会成立专门委员会就此进行调查并形成专项报告，认为抵押资产的过高评估是促成金融危机的重要原因之一。1989 年美国国会就出台了《金融机构改革、复原和强制执行法令》（FIR-REA），针对金融评估领域存在的问题对评估行业的管理进行了改革，引进了国会监督、评估行业协会制定准则、金融监管部门建立评估审核规则等内容，这也是美国资产评估行业最具代表性的法律文件。

澳大利亚评估法以案例法为主，并有成文法予以配套，而且它的多数州都制定了专门规范评估师的法律，如新南威尔士州 1975 年制定了评估师注册法，2003 年又颁布了现行的评估师法；塔斯马尼亚州 1974 年颁布了评估师注册法案并进行了多次修订；昆士兰州 1992 年制定了评估师注册法，等等。

最近一个出台评估法的国家是罗马尼亚，2012 年颁布了《评估法》，规定：罗马尼亚官方的评估准则每年由罗马尼亚评估师协会制定，经由政府决议认可的评估准则在全国范围内强制实施。

以上列举和介绍了一些国家评估立法的情况，综观各国评估发展历程、立法背景、立法形式、立法思路等，虽各有不同，但总的来看，都是走法制化、规范化的道路，通过法律规范资产评估业务活动，使行业有章可循，有法可依，维护国家利益和公共利益，同时也保护评估机构和评估师的合法权益，促进评估行业和国家经济社会的健康发展。

2. 业务综合化

国际上，评估服务领域呈综合化发展。虽然许多国家的评估行业都起源于不动产评估需求，但随着全球经济一体化，评估业务范围不断扩大，被评估资产类型日益多样化，评估业务已呈现综合化发展趋势。特别是 20

世纪 90 年代的金融危机，将单纯的房地产评估风险推升为金融产品系统的风险，许多国家和地区评估行业综合化发展趋势明显增强，由不动产评估向市场需要的其他资产评估扩展，包括无形资产评估、企业价值评估等。如评估行业较发达的美国、英国、澳大利亚等国，评估业务都体现出综合化的特征，并且依市场之需形成按不动产、动产、无形资产、企业价值等业务分类；新兴市场经济国家如俄罗斯、罗马尼亚、越南等国也大都选择的是综合化资产评估的发展道路。

以美国和英国为例。美国评估准则中就规定了不动产、动产、企业价值等各类资产评估的技术标准，使得会员在企业价值、无形资产、机器设备、不动产、动产、珠宝艺术品等评估方面都有很高的专业水准，而且各个专业领域得到了相互促进、全面发展。英国的评估行业起源于不动产评估，英国皇家特许测量师学会作为世界老牌的评估专业团体，对不动产评估情有独钟一个多世纪，但也已经开始顺应国际评估界的发展潮流，拓展了原有的评估范围，向多元化、综合化方向发展，特别是近年来还成立了"艺术与古董委员会"、"设备与企业资产委员会"等，开展相关的专业研究，向会员提供技术支持。现在其业务范围已经逐步囊括了不动产和动产在内的全部资产范围，包括不动产、企业价值、无形资产、矿业权、机器设备、室内家具、艺术品、珠宝首饰、收藏品等评估。

3. 市场多样化

随着经济全球化，资源环境问题凸显，金融产品涌现，商业模式创新，评估在服务全球经济社会发展方面所发挥的作用日益重要，评估服务领域不断拓展，市场多样化发展并呈现出新特点。一是，由一般资产评估向新型资源性评估发展。随着环境、资源、健康与安全等在经济生活中的地位不断提升，环境影响评价、战略环境评价、再生能源和能源利用率等生态资源和环境保护方面对价值评估的需求增多。二是，由原生品资产评估向衍生品资产评估发展。随着金融衍生品交易实践的不断深化和发展，市场对以金融工具为代表的衍生品资产评估需求也在不断增加。三是，由境内资产评估向境外资产评估发展。评估服务对象呈现多样化、国际化特点，跨境评估逐渐成为评估行业的常态化业务。

近期，我们结合国际评估市场动态、国际评估准则的研究方向，对目前国际评估行业的热点问题和新兴业务进行了梳理，目前国际市场有很多新的评估业务，比如：涉及婚姻的有关评估、电子商务对钻石评估影响、识别伪造家具、拍卖评估、数据解读和全球电子商务的核查技术、不动产收益法的应用、绿色建筑物评估、与新能源有关的机器设备的评估、可再生能源的评估原理和挑战、科技的兴起与评估、股权评估中的专家利用、财务报告准则及评估、复杂金融工具的评估，等等。这些国际评估市场的新需求、新方向，是接下来我们国内评估行业要密切关注、持续关注的重要领域，必须在业务操作和评估准则制定等方面及时开展前瞻性研究，抢占先机，主动开拓，以期在国内国际评估市场、新兴领域中保有一席之地、争创领先优势。

4. 准则趋同化

经济全球化，推动着经济领域中各种标准、制度的国际化趋同。资产评估作为市场经济体系的专业价值服务，作为国际通用的商业语言，也在不断适应经济全球化发展要求，评估准则的相互借鉴和融合趋势越来越明显。

国际评估准则理事会自建立伊始，就致力于在全世界范围内建立和推广统一的资产评估准则。国际评估准则不仅考虑发达国家利益，同时兼顾新兴市场和不发达国家的利益。由于国际评估准则委员会的成立背景和当时评估业务的国际发展状况，1984 年发布的第一版《国际评估准则》较多地体现了不动产评估的特色。此后的 20 多年中，国际评估准则进行过 8 次重大修订，最新版《国际评估准则 2013》已经发布并于 2014 年 1 月 1 日实施。《国际评估准则》已经逐步发展成为当前国际上最具影响力的评估专业准则。截至目前，支持或认可国际评估准则的会员国（地区）已达 50多个。

从国际评估准则与各国评估准则的发展实际来看，各国的评估准则都在根据评估师、监管方及客户的使用偏好努力实现趋同。各国准则或完成与国际评估准则的统一，或与国际评估准则完全一致，从而形成国际范围内的评估基准。同时，各国准则在国际评估准则的基础上，结合本国政治、经济、文化等实际情况，制定更为细致、更有针对性、更具可操作性的规定。我国资产评估准则就已经实现了与国际评估准则实质趋同，主要表现在资产评估的理念、评估方法、价值类型等方面。目前，IVSC 正致力于国际评估准则全球趋同项目，并将在 2014 年度全体会员大会上与各评估专业组织签订谅解备忘录，以期最迟于 2017 年 12 月实现全球评估准则趋同。

同时，在评估准则的制定和完善方面，国际评估组织力求不断适应市场需求、满足评估执业需求，保持动态更新。根据我们目前掌握的最新情况，国际评估准则理事会正在制定的新准则项目有：《金融衍生工具评估》、《商业森林资源评估》、《交易相关资产评估》、《开发性不动产评估》、《采掘业评估》、《投资性不动产评估》、《公共部门资产评估》、《信用价值调整》8 个项目。同时，IVSC 就准则的结构和范围正在向公众征求意见，专业委员会正在开展评估师专业胜任能力、职业道德等相关指引的研究。这些都是国际评估准则理事会的最新工作情况。除此之外，世界评估组织联合会（WAVO）正在研究推出《WAVO 专业胜任能力与执业指南》并已发布征求意见稿，国际企业价值评估分析师协会（IACVA）正在开展最佳实践、质量控制及评估所面临的挑战等项目研究，中评协都受邀参与其中，并将积极发表意见、发挥作用。

（二）不断提升中国资产评估行业的全球影响和国际地位

中国资产评估行业随着各项建设不断完善，国际交流不断深化，专业建树日益凸显，行业专业影响力和国际话语权日益提升，中国对国际评估事业发展的推动和促进作用越来越突出。

1. 积极参与国际活动，提升中国资产评估行业的国际影响力和话语权

中国资产评估协会从成立之初就重视国际交流，经过二十多年发展，中评协已经与 50 多个国家和地区评估组织建立了联系，与 10 个国家和地区评估组织签订了专业合作备忘录，还与各国际评估组织开展各种学术的研讨，中评协已经成为国际评估界一支举足轻重的力量，在多个国际组织中担任重要角色，比如，我们在国际评估准则理事会、世界评估组织联合会、国际财产税学会、国际企业价值评估分析师协会等国际机构都担任要职，积极为国际评估业的发展建言献策；我们还成功推荐协会成员、行业专家担任国际评估准则理事会咨询论坛组成员、国际评估专业委员会委员等，参与国际评估准则制定和修订的一线工作；2013 年世界评估组织联合

会授权中评协设立中国办公室，为中评协更大程度上参与国际评估事务、提升话语权开启了新的篇章。

未来，我们还将继续争取机会，推荐更多的、优秀的行业有志之士、有识之士，深度参与国际评估组织的有关工作，这也是我们帮助会员成长为国际化人才的一条有效路径。

2. 充分发挥中国准则的领先优势和引领作用，强化国际准则体系中的中国元素

目前，我国评估行业已经建立了符合中国国情，与国际趋同的较为系统、完整的评估准则体系。截至 2013 年底，已发布的评估准则达 26 项，覆盖了企业价值、无形资产、机器设备、不动产等主要执业领域以及评估的各主要执业流程。我国的评估准则，从最初全面跟行国际评估准则，到逐步并行，现在已有多项评估准则实现了领行，如金融不良资产、投资性房地产、著作权、商标权、专利权、实物期权等评估准则。还有一些评估准则填补了国际空白。中国资产评估准则国际推广工作也取得重大进展，中国评估准则英文版全球发行，在国际评估界影响很大，对国际评估行业也是非常突出的贡献。未来，随着中国国际地位的不断提升，国际准则中的中国元素会进一步增强。

3. 主动参与国际评估事业战略和重大问题研究，促进国际评估事业和全球经济发展

近年来，中评协参与国际经济发展重大课题研究的机会不断增加，20 国集团、国际货币基金组织等多个国际组织、国际会计准则理事会等重要的金融、会计服务业，开始就重要经济事项听取评估行业意见。特别是 2011 年，为应对金融危机，国际评估准则理事会应邀加入 20 国集团峰会非政府类金融行业监管组织专责小组，以研究报告形式为峰会"加强国际金融监管"提供专业咨询及政策建议。中评协也积极参与了相关工作。

近期，中评协作为国际评估准则理事（IVSC）、APEC 工商咨询理事会（ABAC）咨询项目组成员，积极参与相关讨论，就评估行业如何在 APEC 地区经济发展中发挥积极作用和推进评估行业的全面发展向 ABAC 提供了咨询意见。中国资产评估行业在国际经济社会发展中的作用不断显现和加强，我相信，未来我们会更多地参与和服务国际经济、国际金融等领域的

课题研究、热点研讨，进一步发挥评估行业的专业作用。

（三）积极推进中国评估行业"走出去"和"国际化"

当前，我国的开放型经济已进入新阶段，评估服务的国际化需求不断扩大，国际化已成为中国资产评估行业发展的必然选择。为此，我们必须做好三个方面的准备。

1. 为评估服务"走出去"营造良好的制度和政策环境

一是创造制度环境。要通过行业管理方式的改革，通过评估立法，建立良好的制度环境，要尽快把评估行业"走出去"的制度建立起来，从顶层设计到逐级细化，都要定好位、做到位，稳步推进评估机构"走出去"战略。

二是争取政策支持。由于海外拓展业务的初期成本很高，业务开拓困难，我们要积极协调财政部、商务部、证监会及有关部门，最大程度地争取财税政策、资金及相关贸易和服务政策的支持。

三是搭建服务平台。加强与有关部门、国际组织的联系和协调，为评估机构开展国际业务搭建政策咨询、信息使用、技术交流、人才培养等全方位的服务平台。

四是完善业务监管。要坚持"业务开展到哪里、监管就要跟到哪里"的原则，加强行业规范和执业管理，努力提高我国评估行业的执业质量和社会信誉，积极维护我国评估行业的合法权益和良好形象，更好地服务我国对外开放的大局。

2. 重视国际评估业务理论与实践研究

一是要重点研究探索行业"走出去"的分阶段发展模式，构建合理、有效、可持续发展的海外业务拓展模型。

二是要在准则建设、市场开拓、评估技术及职业道德教育等方面加强研究、及时跟进，为加快实施行业"走出去"战略创造有利条件，尽快全面提升行业服务国际市场和参与国际竞争的能力。

3. 加强国际化评估专业及管理人才的培养

目前，我国评估行业从事国际业务的实践少、经验少，在国际化业务的专业胜任能力方面还有很大的提升空间。今后我们要采取更加直接有效的方法，加强国际化评估专业及管理人才的培养。

一是继续推进与国际评估相关组织的资格互认，为评估师从事国际评估业务创造条件。

二是加强国际评估业务培训，着力提升评估师执行国际评估业务必需的法律、经济、管理、外语等方面的知识和技能，提升专业胜任能力和管理能力。

三是加强国际评估业务的实践交流，增强我国评估师海外业务实战能力和管理能力，丰富执业和管理经验。

四是加强与相关高校的合作，选拔推荐优秀的资产评估专业硕士到境外实习，为行业培养懂外语、具有国际视野和创新能力的国际化专业人才。

以上是我对我国资产评估行业未来发展的一些认识和思考，如有不足和不妥之处，请大家指正。我今天讲的内容，有两个关键词，一个是"改革"，一个是"开放"。习总书记强调，改革不停顿、开放不止步。这是当代中国的主旋律，也应当是我们评估行业发展的主旋律。因此，在当前的国内国际宏观形势下，评估行业必须进一步拓宽视野，准确研判，把握主动，赢得发展，在经济全球化发展和国家全面深化改革的进程中，不断增强资产评估行业的专业服务能力和核心竞争力，增强资产评估在国内经济社会发展中的专业功能和基础作用，增强资产评估在国内、国际经济格局中的地位和影响。让我们共同努力，共同期待：中国资产评估行业在改革中转型升级、在开放中走向国际！

第一篇

评估行业改革与发展

发挥资产评估作用，助力中国经济社会发展

资产评估是市场经济的产物，是服务中国改革开放的重要力量。资产评估具有独立、客观的价值发现和鉴证功能，是维护经济秩序、优化资源配置的重要手段。随着国家改革开放的不断深入和市场经济体制逐步完善，资产评估行业在维护国有资产权益、规范资本市场运作、防范金融风险、保障社会公共利益和国家经济安全等方面发挥了重要作用，为推动经济体制改革和结构调整，维护市场经济秩序和社会进步做出了积极贡献。经过二十多年的努力，中国资产评估行业走出了一条适合中国市场经济的评估服务专业之路，创立了一套服务于中国经济社会的评估理论体系和部分领域国际领行的执业规范标准，培养了一支政治素质高、职业道德优、专业能力强的服务队伍，以优质的专业服务赢得了政府信赖、社会信任、市场认可和国际同行的尊重。目前，资产评估行业已有三千多家评估机构，3万多名资产评估师，10万多名从业人员，执业领域不断拓宽，服务水平日益提高。

改革开放是当代中国的主旋律，也是资产评估行业发展的内在动力。党的十八届三中全会对全面深化改革做出战略部署，使市场在资源配置中起决定性作用和更好地发挥政府的作用，将为评估行业创造更加广阔的发展空间。十八届四中全会通过全面推进依法治国的决定，将为资产评估行业健康发展创造更加透明、规范的法律和社会环境，也对评估行业依法执业、规范发展提出更高的要求。我国政府高度重视资产评估行业发展，在许多重大政策制定和改革实践中注重发挥资产评估的专业作用。国务院近期发布了一系列文件，大力推动资产评估在内的现代服务业建设。财政部

党组书记、部长楼继伟指出，市场经济发展需要资产评估，资产评估前景广阔。财政部党组成员、部长助理许宏才强调，资产评估是市场经济和国有资产管理的基础性工作，随着改革的全面深化和混合所有制经济发展的推进，资产评估行业会有更广阔的服务领域和市场空间，将会发挥更为重要的作用。

面临全面深化改革、全面推进依法治国的新形势、新任务，资产评估行业将顺势而上，积极支持改革，热情拥抱改革，着力推进改革，借改革的东风，促进行业的健康快速发展。一是围绕经济体制改革、经济结构调整和财税体制改革，积极拓展评估行业市场空间。以战略性的思维、全球化的视野，认真研究国家全面深化改革的各项举措为评估行业带来的新市场、新业务，为混合所有制发展、产业结构优化升级、资本市场并购重组、金融风险防范、政府资产管理、企业境外投资、知识产权流转等提供专业支撑。二是围绕文化市场建设、生态文明建设、法治环境建设，拓展资产评估的社会服务功能。积极开拓资产评估在文化产品价值发现、市场交易、资产管理，生态环境保护、碳资产交易、生态资源价值补偿等方面的功能和作用，以客观、公正的专业服务，维护社会公共利益和司法公正。三是配合简政放权和行业管理方式转变，不断创新行业管理模式，提升内在动力。以资产评估师职业资格改革为契机，不断完善行业管理体制机制，进一步加强自律监管和人才队伍建设，推进评估机构品牌化、专业化、集团化发展，更好地为实现"中国梦"贡献专业力量！

（原载于《中国资产评估》2015 年第 1 期）

升级资产评估，护航改革发展

1988 年 3 月，大连会计师事务所接受大连炼铁厂委托，就大连炼铁厂拟对外投资的建筑物和机器设备出具了一份资产评估报告，这份报告成为我国资产评估行业发展的第一块基石。二十多年来，适应国家改革发展需要，我国资产评估行业从无到有、从小到大，已发展成为一个拥有资产评估机构近 3000 家、资产评估师 3 万余人、从业人员近 10 万的重要行业。凭借专业的资产清查核实、价值衡量尺度功能，资产评估行业在中外合资合作出资定价、国有企业改制定价、产权交易定价、资本市场定价等领域，为保障国有资产保值增值、维护国家和人民利益、服务经济体制改革发挥了重要作用。当前，我国经济发展进入新常态，对资产评估行业提出了更高要求，这突出表现在新一轮国企改革、我国企业走出去以及其他领域改革发展重要举措的推进中。

混合所有制改革是新一轮国企改革的重要方向，而产权平等和市场定价是混合所有制改革的关键，这就需要资产评估为不同产权主体交叉持股、融合发展提供定价尺度。建立以管资本为主的国有资产监管机制，也需要发挥资产评估的价值发现功能，为防止国有资产流失、确保国有资产保值增值提供监管依据。中石化是首家给出混合所有制改革时间表的央企，中石化销售公司与 25 家境内外投资者签署了《关于中国石化销售有限公司之增资协议》，由全体投资者认购销售公司 29.99% 的股权。该混改项目投资者数量多、认购金额大，国内评估机构利用专业优势和实践经验，提供了令各方信服的资产评估专业服务，在定价上起到了关键作用，赢得了国际赞誉。

目前，我国年对外投资规模已超过 1000 亿美元，成为重要的资本输出国。我国企业走出去步伐加快，对外直接投资快速增长。在每项跨国并购案例中，交易价格的确定都是核心环节。这意味着资产评估在评估要素确定、行业尽职调查、法律法规调查等方面的工作难度更大、作用更突出。在中信、宝钢、鞍钢、首钢和太钢组成的联合体收购巴西矿冶公司 15% 股权的案例中，国内评估机构对巴西投资环境进行尽职调查，对财务数据进行全面分析，以充分的依据进行合理估值，促成了此项并购交易。此外，在经济体制改革、生态环境建设、文化科技体制改革、公共服务等领域，同样需要资产评估发挥积极作用。比如，在生态资源价值补偿领域，需要通过资产评估合理确定价值；再如，在政府职能转变过程中，需要通过资产评估对财政项目管理和绩效进行评估，对 PPP（政府与社会资本合作）模式进行评估。

经济新常态下，资产评估行业应坚持服务于国家改革发展需要，努力实现行业转型升级，由单纯为经济建设服务转向为"五位一体"建设全面服务，由单纯为产权交易服务转向为产权交易服务和价值管理服务并重，由以鉴证为主转向鉴证和咨询并重，由单纯为国有经济服务转向为多种所有制经济服务，由为一般资产服务转向为一般资产和特殊资产全方位服务。推进资产评估行业转型升级，重点是实现法治评估。2012 年和 2013 年，全国人大两次审议《资产评估法（草案）》，将资产评估法列入继续审议的法律项目。将来，在法治框架下，资产评估行业应更加着力于推进资产评估管理方式改革、拓展评估服务市场、加强评估理论和准则创新、完善自律管理体制机制，实现持续健康发展，更好地为国家改革发展保驾护航。

（原载于《人民日报》2015 年 8 月 11 日）

"新常态" 呼唤资产评估转型升级

当前，我国经济正在向形态更高级，分工更复杂，结构更合理的阶段演化，经济发展进入新常态。经济增长速度正从高速增长转向中高速增长，经济发展方式正从规模速度型粗放增长转向质量效率型集约增长，经济结构由增量扩能为主转向调整存量、做优增量并存的深度调整，经济发展动力由传统增长点转向新的增长点。作为现代高端服务业的资产评估行业是我国经济发展的一个有机组成部分，是市场经济建设的一支重要专业力量。准确把握新常态，积极适应新常态，对资产评估行业未来发展具有十分重要的意义。

一、资产评估行业是我国经济发展的有机组成部分

资产评估具有独立、客观的价值发现和鉴证功能，是优化资源配置、维护经济秩序的重要手段。经过二十多年发展，中国资产评估行业已经成为我国经济发展中一支不可或缺的专业力量，在维护资产所有者权益、规范资本市场运作、防范金融风险，保障社会公共利益和国家经济安全等方面发挥了十分重要的作用，为推动经济体制改革和结构调整，维护市场经济秩序和社会进步做出了积极贡献。资产评估行业已经成为我国经济发展的一个有机组成部分。

其一，资产评估是与经济体制改革和市场经济建设相伴而生的。20世纪80年代，资产评估在对外开放和服务国有企业改革中产生。随着我国改革开放的不断深入，资产评估的重要性日益增强，由最初加强国有资产管理、维护国有资产权益，逐渐成为服务经济体制改革、市场经济建设、企

业转型升级的重要专业支柱。其二，资产评估已经渗入到国民经济和社会管理的各行业各领域。随着我国经济社会发展，资产评估服务领域不断拓宽，几乎涵盖了国民经济的所有行业及社会经济的各个领域，服务对象不断扩大，专业内容日益丰富，特别是在服务于深化企业改革和混合所有制经济发展、现代金融体系和资本市场建设、司法鉴证和社会管理、政府资产管理和相关体制改革等方面，资产评估发挥了重要的专业作用。其三，资产评估已成为市场体制机制顺利运行的重要环节。市场经济以生产要素有效配置为根基，资产评估是生产要素实现有效配置过程中的一个重要支撑。市场经济需要对价值进行合理判断，价值判断需要以科学的资产评估为依托。在市场经济条件下，所有用货币表现的价值形态都可用评估来解决，资产评估发挥着价值发现、价值尺度的基本功能，对促进市场主体公平交易、维护正常的经济秩序和交易环境以及市场经济的顺利运行提供了重要保障，日益得到市场、企业、政府和社会各界的重视与认可。其四，资产评估已是现代服务业的重要组成部分。资产评估行业是高端现代服务业，其特点主要体现为专业技术的复杂性、业务领域的广泛性、服务对象的多样性。2012 年，国务院发布的《服务业发展"十二五"规划》，明确将资产评估列入生产性服务业中的商务服务业。2014 年发布的《国务院关于加快发展生产性服务业促进产业结构调整升级的指导意见》，提出要积极发展资产评估、会计、审计、税务、勘察设计、工程咨询等专业咨询服务。国家许多部门也将资产评估作为现代服务业的重要组成部分，将资产评估提高到了一个前所未有的高度。其五，资产评估法律制度构成市场经济法制建设的重要内容。资产评估法律制度是经济法制体系的重要组成部分，目前已初步形成了一套以《公司法》、《证券法》、《企业国有资产法》等法律中相关条款以及国务院颁布的《国有资产评估管理办法》为总体要求，以财政部等政府主管部门颁布的资产评估部门规章为主体，以司法机关发布的司法解释、政府部门颁布的规范性文件和行业协会发布的资产评估执业准则为支撑的资产评估法律制度体系。在资产评估法律制度的保障下，资产评估对促进经济发展和法制建设发挥着越来越重要的作用。

二、经济新常态下资产评估行业发展变化的新特点新趋势

资产评估与经济发展息息相关。伴随着经济新常态以及国家全面深化

改革和实施依法治国战略的推进，我国经济社会各领域都将发生深刻变化，这种新常态、新变化将对资产评估发展的内生动力和外部环境产生深远而重大的影响。认真研究和分析经济新常态下资产评估行业发展变化的新特点和新趋势，对未来行业建设具有十分重要的意义。其表现主要体现在以下几个方面。

（一）评估市场格局发生深刻变化，传统市场结构深刻调整，新兴市场范围不断扩大，潜在市场机会亟待发现

因应经济发展新常态，评估传统市场将随着经济发展方式和结构调整发生变化，新兴市场则会随着经济发展动力增强成为新的增长点，而潜在市场将会在产业转型升级、政府职能调整特别是财税体制改革中不断发育。一是传统市场，由国有企业改制，转向实现混合所有制经济模式的改革，国有企业评估外延扩大，内涵深化，多层次资本市场发展和金融服务市场空间扩大。二是新兴市场，拓展到经济建设和社会经济的各个领域和各个方面，特别是党的十八届三中全会以来，国务院出台产权制度、金融改革、国企改革、文化市场建设、资源环境改革等一系列新政策，国家更加注重发挥资产评估在市场配置资源、产权改革、生态环境建设、文化科技体制改革、公共服务等领域的积极作用，为资产评估行业提供了新的市场空间和业务增长点。三是潜在市场，由于经济结构从增量扩能为主转向调整存量、做优增量并存的深度调整，资产评估在现代金融服务建设、网络和 IT 产业发展、企业资产财务质量内控、公允价值计量等方面大有可为。资产评估服务于政府职能转变，产生了服务于财税改革的财政项目管理和绩效评价评估、PPP（公私合作模式）评估、房地产税的税基评估、地方债务管理、政府资产管理、政府综合财务报告和政府购买服务等丰富的潜在市场。

（二）评估市场需求发生结构性改变，传统、低端服务供大于求，新兴、高端服务能力不足，行业服务转型升级任重道远

资产评估市场结构性过剩和新常态下服务能力不足并存，评估机构在传统市场中过度竞争，但是对经济趋势性变化中出现的新市场机会却难以把握。一是传统、低端服务，中外合资合作及国有企业改制等法定传统评估业务，由于政府部门和相关监管当局对评估项目实行备案管理，评估方法成熟，执业风险较低，导致资产评估机构形成了严重的供大于求的买方服务市场，评估市场服务价格竞争激烈。二是新兴、高端服务，以市场化、国际化为取向的资本市场改革，我国经济发展"引进来"和"走出去"战略的实施，对高新技术、轻资产、知识产权和并购溢价等新市场领域的合理估值，在国家治理现代化和财税体制改革中产生大量的资产评估服务新需求，新常态下的资产评估机构无法在理论方法、准则技术和专业能力上形成适应市场的核心竞争力，创新驱动不足，凸显专业能力不能完全适应新兴、高端业务的需求。三是行业转型升级，目前资产评估对各个细分市场应采取不同的战略，巩固和深化传统市场，拓展和培育高端市场，努力实现评估业务的经常化和稳定化。由于机构布局不合理，大型资产评估机构相对较少，中小评估机构较多，服务高端业务的机构竞争不充分，服务低端业务的机构竞争激烈，难以满足经济社会发展对评估机构的差异化需求，行业发展实现转型升级的任务十分艰巨。

（三）评估市场环境日趋严峻，准入门槛放宽，服务价格全面放开，竞争日趋激烈

新常态下经济发展出现新现象，主要表现是三期叠加，即增长速度进入换挡期，结构调整面临阵痛期，前期刺激政策消化期，资产评估市场环境发生重大变化。一是市场准入，上市公司重大资产重组定价市场率先发出开放市场的信号，除具有评估资质的机构之外，其他专业中介机构也可以参与非国有资产评估项目的重组定价。二是服务价格，2014 年 12 月，国家发改委发布了《关于放开部分服务价格意见的通知》，放开包括资产评估在内的已具备竞争条件的服务价格，资产评估服务收费全面市场化。三是市场竞争，资产评估行业的市场竞争转向质量、差异化竞争，行业收入转向中低速增长，评估机构开始优胜劣汰，适应新市场竞争的机构将会迅速发展壮大，不适应市场需要的机构将被逐渐淘汰。

（四）行业管理模式发生重大变革，政府职能调整逐步推进，自律管理不断加强，行业管理要求更高、难度更大

在国家积极推进简政放权，加快行政体制改革的大背景下，新常态下的资产评估管理发生重大变革。一是政府管理，国务院发布了《关于取消和调整一批行政审批项目等事项的决定》，取消了注册资产评估师等准入类职业资格，改为水平评价类职业资格。国家工商注册登记制度改革，取消了公司设立注册资本限制，评估机构的审批由前置审批改为后置审批，财政部要求做好工商登记制度改革后资产评估机构审批管理衔接工作。二是自律管理，政府通过职业资格管理方式的改革，将资产评估师考试、管理等政府职能交给行业协会，评估机构审批方式的改变也赋予协会更多的管理职责，行业协会将会承担更大的责任，在新政策的研究和行业制度设计方面，特别是行政职能承接、行业管理模式、人员考试培训、会员登记和机构管理等关键问题上，协会的自律管理职能在不断强化。三是行业管理，在连续取消多项行政审批项目后，国务院在 2015 年召开的首次常务会议中继续简政放权，减少政府管制，对资产评估等服务业提出更高的要求，在国务院近期发布的《服务业发展"十二五"规划》、《国务院关于加快发展生产性服务业促进产业结构调整升级的指导意见》、《国务院办公厅关于金融服务"三农"发展的若干意见》等文件中，资产评估为社会经济服务的功能越来越被国家重视，但资产评估行业的发展水平与市场经济发展的要求相比还有差距，加快资产评估行业转型升级和自主发展，需要转变观念、创新管理和提升能力上主动布局、积极作为。

（五）国际合作与竞争日趋扩大，准则趋同，市场交融，我国评估行业走出去势在必行

随着我国的开放型经济发展进入新阶段，企业"引进来"和"走出去"已初见成效，国际化成为中国资产评估行业发展的必然选择。一是评估准则，我国资产评估准则已经实现了与国际评估准则实质性趋同，主要表现在资产评估理念、评估方法、价值类型等方面，并从最初全面跟行国际评估准则，到逐步并行，现在已有多项评估准则实现了领行，如金融不良资产、投资性房地产、著作权、商标权、专利权、实物期权等评估准则。还有一些评估准则填补了国际空白。二是评估国际市场，2014 年我国实际使用外资（FDI）和对外投资规模均超过 1000 亿美元，对外投资首次超过利用外资的规模，我国成为资本的净输出国，应对新常态的重要措施是积极构建开放型经济新体制，推进"一带一路"战略，推广上海自由贸易试验区经验，推动优势产业走出去，开展先进技术合作，积极参与和推动新一轮国际经济秩序的改善与调整，国内和国际市场深度融合。中国资产评估行业服务于国家对外开放经济战略，延伸国内外服务链条，为我国企业海外并购和跨国经营等提供专业技术支撑。三是评估国际合作，日益频繁的评估国际交流已经成为行业发展内在需要，也成为国际评估同行了解中国评估发展的必然要求，中国资产评估协会从成立之初就重视国际交流，经过二十多年的发展，已经与五十多个国家和地区评估组织建立了联系，与10个国家和地区评估组织签订了专业合作备忘录，还与各国际评估组织开展各种学术的研究讨论，已经成为国际评估界一支举足轻重的力量，在多个国际组织中担任重要角色，还成功推荐协会成员、行业专家担任国际评估准则理事会咨询论坛组成员、国际评估准则理事会专业委员会委员等，2013年世界评估组织联合会授权中国资产评估协会设立中国办公室，为中国资产评估协会更大程度上参与国际评估事务、提升话语权开启了新的篇章。

三、主动适应新常态，开创评估新天地

2015年是我国全面推进依法治国的开局之年，是全面深化改革的关键之年，也是全面完成"十二五"规划的收官之年，资产评估行业要按照中央经济工作会议和全国财政工作会议提出的总基调和总要求，以国家深化改革和推进依法治国战略为契机，主动适应经济发展新常态，着力推进资产评估管理方式改革和行业法治建设，拓展评估服务市场，加强评估理论和准则创新，推进行业转型升级；配合政府职能转变，积极为政府资产管理和财税改革提供专业支持；加强和完善自律管理体制机制，促进评估行业持续健康发展。

1. 强化市场建设，拓展服务领域

新常态下的中国经济发展仍将总体向好，大有作为。资产评估反映经济发展活力，市场经济越发展，评估新市场和新领域越广阔。一是服务混合所有制经济发展，要积极探索评估行业服务混合所有制发展的具体思路和措施，着力促进经济转型升级。二是服务资本市场完善和金融体制改革，要充分发挥资产评估服务金融企业改制上市、并购重组中公允价值评估的专业功能，积极推进金融衍生品价值评估理论研究和实践模式。三是服务文化科技体制改革，要加快文化企业无形资产价值相关准则建设，为推进文化体制改革和市场建设提供专业支撑，进一步加快科技成果转化。

四是服务生态文明建设和环保市场发展，要深入研究评估服务生态环境保护、生态资源价值补偿、碳排放权交易、排污权交易、环境污染第三方治理等领域的内容和方式，拓展评估社会服务功能，促进生态环保机制制度建设和环保市场发展。

2. 加强理论创新，强化准则建设

结合经济新常态下的新市场、新业务，要求进一步完善资产评估理论、方法和技术，动态跟踪新需求，一是加强评估市场研究，积极开展资产评估市场动态和趋势分析研究、国内外评估市场比较研究，为评估市场建设和拓展提供借鉴和参考。二是深化评估理论研究，推进品牌价值评价、央企境外并购资产评估、知识产权质押评估、非物质文化遗产评估、森林资源资产评估等理论研究，为开拓新市场提供专业支撑。三是强化评估准则建设，围绕混合所有制经济发展、国家知识产权战略、文化经济体制改革、国有资本经营预算管理等重点服务领域，加强相关评估准则研究和制定，进一步发挥评估行业维护法治环境、市场秩序的专业作用。

3. 加强执业监管，改善市场环境

随着国家简政放权力度的加大，行业协会等社会组织的自律监管职能将进一步加强。一是要适应监管主体对机构资质管理以及执业能力的新要求，研究制定自律监管的新机制、新措施，执业监管的方法、手段、内容、着力点要与时俱进，强化监管执业中出现的苗头性、倾向性问题。二是要完善评估业务信息报备工作，重点加强证券资格资产评估机构业务报备工作的管理，使监管部门及时掌握一手业务资料，及时了解市场信息。三是要健全和完善执业监管体制机制，加强执业人员的事前预警、事中监督和事后监管，加大执业质量检查工作的表彰与惩戒力度。四是要加强与财政部、中国证监会等相关资产评估政府管理部门的沟通协调，行政监管和自律监管有机结合，形成合力，营造评估机构规范执业的良好市场环境。

4. 适应改革需求，创新管理模式

以简政放权为核心的行政审批改革将深刻改变资产评估职业资格管理和机构管理方式，资产评估行业要按照政府行政体制改革要求，全力推进行业管理方式改革，提升评估行业的市场化管理水平。一是要坚决拥护和支持改革，正确理解和解读改革，保持评估队伍稳定，保证改革有序稳步推进。二是要根据改革的要求，以创新的思路，做好顶层设计，完善资产评估师考试制度，选拔行业人才，解决好考试改革前后制度衔接问题。三是要创新自律管理模式，理顺行业准入、会员管理、机构资质、执业监管、准则建设、人才培养之间的管理链条，构建充满活力的行业管理体制机制，打造适应行业改革要求、满足行业发展需求的行业管理与服务新格局。

5. 推动评估立法，加强法制建设

建立法治评估行业是健全市场经济和完善法制建设的重要环节，对营造更加公平、统一开放的市场环境，以及资产评估行业的转型升级尤为重要。一是要配合全国人大法工委、财政部做好评估立法工作，结合当前国家改革的总体形势和资产评估资格管理方式改革的具体要求，做好评估立法中管理体制、业务范围、机构和评估师管理、法律责任等重大问题的研究，加强与评估相关管理部门和协会间的沟通和协调，积极推进评估立法进程。二是要加大对《证券法》等资产评估相关法律修订工作中的沟通力度，根据改革要求和发展实际，积极反映行业诉求。三是要持续关注房地产税等有关法律的立法进程，更好地反映和体现评估作用，维护公共利益。

6. 打造数据平台，提升信息服务

在大数据时代，谁掌握了数据，就意味着掌握了先机和未来。信息化水平的高低，对资产评估行业今后的发展将起着至关重要的作用。今后一段时间内，一是要积极推进资产评估行业信息化建设工作。要随着经济社会的发展、行业的壮大和管理方式的调整，继续加强行业信息化建设规划的研究，进一步优化、完善资产评估行业信息化建设顶层设计。二是要配合行业管理方式、内容的改革，应用新的信息技术框架及数据标准，进一步完善现有行业管理信息平台，促进提升行业管理水平。三是要继续开展资产评估行业数据库建设，积极为资产评估执业提供专业信息服务。按照"整体设计，分步实施，统一管理，合作应用，适度超前，注重实用"等原则，在加快推进基础数据库建设的同时，积极探索建设评估基准数据库，打造资产评估行业数据平台。

7. 深化国际交流，增强国际话语权

一是要主动参与国际经济交流与合作，配合中国企业"走出去"战略，通过创造政策环境、争取政策支持、搭建服务平台、加强国际化人才培养等举措，营造良好的制度和政策环境，推动中国评估行业"走出去"和"国际化"，提升中国评估行业的国际形象。二是要积极参与国际评估规则制定，增强中国评估行业的话语权，不断提升评估行业服务能力，使行业地位与中国的大国经济地位相匹配。三是要支持和参与国际评估理论和重大课题研究、评估市场研究、准则建设，为专业创新和行业发展提供参考和借鉴。

8. 强化队伍建设，提升人员素质

要结合国家改革发展大趋势，根据社会经济发展对行业人才的新要求，不断加大人才培养的创新力度，一是要结合管理方式改革，加强行业人才培养机制研究，进一步完善中评协、地方协会、评估机构三个层次的资产评估人才培养机制，加大对地方协会和评估机构人才培养指导和评价力度。二是要围绕服务财税体制改革、混合所有制经济发展、企业转型升级和文化市场体系建设等新市场、新业务的特殊要求，加强行业人才知识结构更新和专业胜任能力的培养。三是要认真落实分层次、分类别的人才培养计划，组织开展行业高端人才、管理人才、师资和业务骨干人才的培养工作。

（原载于《瞭望》2015 年第 7 期）

供给侧结构性改革与资产评估

2015 年 11 月 10 日，习近平总书记在中央财经领导小组第十一次会议研究经济结构性改革时指出，在适度扩大总需求的同时，要着力加强供给侧结构性改革，着力提高供给体系质量和效率，增强经济持续增长动力，推动我国社会生产力水平实现整体跃升。这是中央首次提出"供给侧结构性改革"，并迅速成为海内外高度关注的热门话题。2016 年 1 月 27 日，习总书记主持召开中央财经领导小组第十二次会议，研究供给侧结构性改革方案，提出了"去产能、去库存、去杠杆、降成本、补短板"的具体目标任务，由此为供给侧结构性改革在实践上指明了方向。在当前及今后相当长的一段时期内，供给侧结构性改革将是我国改革创新的一个重要目标和重要任务，正确理解和准确把握其核心要义及政策要领具有重要的意义。

资产评估是市场经济的有机组成部分，是推动生产要素优化配置的重要专业力量。对资产评估行业来说，供给侧结构改革既是机遇又是挑战。资产评估行业应当充分发挥专业优势，积极服务于供给侧结构改革。同时要着力解决好自身的供给侧结构改革问题，推动行业改革创新、转型升级。

一、什么是供给侧结构性改革

市场经济的本质，是市场在资源配置中起决定性作用，即供给和需求决定价格，价格决定资源配置。需求侧有投资、消费、出口"三驾马车"，供给侧则有资本、劳动、资源、技术和制度五大要素。

所谓供给侧结构性改革，就是从提高供给质量出发，用改革的办法推进结构调整，矫正要素配置扭曲，扩大有效供给，提高供给结构对需求变化的适应性和灵活性，提高全要素生产率，更好地满足广大人民群众的需要，促进经济社会持续健康发展。简单地讲，就是从供给、生产端入手，解放和发展生产力，提升竞争力，促进经济发展。

（一）供给侧结构性改革的核心要义

关于结构性改革，习近平总书记有一系列精辟论述。在中央财经领导小组第十一次会议上，习近平总书记指出，推进经济结构性改革，要牢固树立和贯彻落实创新、协调、绿色、开放、共享的发展理念，适应经济发展新常态，坚持稳中求进，坚持改革开放，实行宏观经济要稳、产业政策要准、微观政策要活、改革政策要实、社会政策要托底的政策，战略上坚持持久战，战术上打好歼灭战，在适度扩大总需求的同时，着力加强供给侧结构性改革，着力提高供给体系质量和效率，增强经济持续增长动力，推动我国社会生产力水平实现整体跃升。宏观政策要稳，就是要坚持积极的财政政策和稳健的货币政策，为经济结构性改革营造稳定的宏观经济环境。产业政策要准，就是要准确定位经济结构性改革方向，发展实体经济，坚持创新驱动发展，激活存量增长动力，着力补齐短板，加快绿色发展，积极利用外资，积极稳妥扩大对外投资。微观政策要活，就是要坚持和完善基本经济制度，完善市场环境、激发企业活力和消费潜能，在制度上政策上营造宽松的市场经营和投资环境，营造商品自由流动、平等交换的市场环境。改革政策要实，就是要加大力度推动重点领域改革落地，加快推进对经济增长有重大牵引作用的国有企业、财税体制、金融体制等改革。社会政策要托底，就是要守住民生底线，做好就业和社会保障工作，切实保障群众基本生活。

习近平总书记特别强调，推进经济结构性改革，要针对突出问题、抓住关键点。要促进过剩产能有效化解，促进产业优化重组。要降低成本，帮助企业保持竞争优势。要化解房地产库存，促进房地产业持续发展。要防范化解金融风险，加快形成融资功能完备、基础制度扎实、市场监管有效、投资者权益得到充分保护的股票市场。要坚持解放和发展社会生产力，坚持以经济建设为中心不动摇，坚持五位一体总体布局。要坚持社会主义市场经济改革方向，使市场在资源配置中起决定性作用，调动各方面积极性，发挥企业家在推动经济发展中的重要作用，充分发挥创新人才和各级干部的积极性、主动性、创造性。

习近平总书记上述论述，实质上都是供给侧结构改革的重要内容。在中央财经领导小组第十二次会议上，习近平总书记再次突出强调，供给侧结构性改革的根本目的是提高社会生产力水平，落实好以人民为中心的发展思想。这是我们正确理解和把握供给侧结构性改革的核心要义。

楼继伟部长在财政部党组中心组学习研讨会上指出，供给侧结构性改革的根本是要抓住改革这个核心，用改革的办法调整各类扭曲的政策和制度安排，优化要素配置和调整生产结构，改善供给体系的质量和效率，提高全要素生产率。财政要通过支持实体经济发展、重视研究中等收入群体的消费偏好和消费需求，推动供给侧结构性改革取得实效，为财政工作推动供给侧结构性改革提出了方向和目标。

（二）供给侧结构性改革的深层动因

我国经济增速自 2010 年以来波动下行，持续时间已有 5 年多，经济运行呈现出不同以往的态势和特点。其中，供给和需求不平衡、不协调的矛盾和问题日益凸显，突出表现为供给侧对需求侧变化的适应性调整明显滞后。这就需要在适度扩大总需求的同时加快推进供给侧结构性改革，用改革的办法矫正供需结构错配和要素配置扭曲，减少无效和低端供给，扩大有效和中高端供给，促进要素流动和优化配置，实现更高水平的供需平衡。

为什么要推进供给侧结构性改革，深层的动因主要来自以下几个方面。

1. 供给侧结构性改革是经济发展阶段演化的自然结果

改革开放三十多年，我国经济社会发展取得了举世瞩目的巨大成就，人们的物质生活和文化生活得到巨大的改善。经过三十多年的快速发展，我国经济社会发展已经进入了一个全新的阶段。

根据国家统计局的数字，我国 2009 年人均国民收入为 3650 美元，按照 2008 年世行标准可列为中等偏下收入国家。2010 年，我国人均收入 4260 美元，按照世行的 2010 年标准，已达到中等偏上收入国家。2011 年超过 5000 美元，达 5434 美元；2012 年超过 6000 美元，达 6076 美元；

2014 年超过 7000 美元，达 7485 美元；2015 年超过 8000 美元，达到 8016 美元。人均 GDP 1 万美元的时代即将到来。

但是，自进入中等偏上收入国家之后，我国的经济增速开始放缓，制约经济增长的一些深层矛盾和问题开始逐步显现，我们面临着是否掉入"中等收入陷阱"的挑战。从供给与需求角度看，问题和挑战主要表现为：

第一，需求结构已发生明显变化。一是"衣""食""住""行"主导的需求结构发生阶段性变化。2013 年我国城镇常住人口户均达到 1 套房，2014 年每千人汽车拥有量超过 100 辆。根据国际经验，这个阶段"住""行"的市场需求会发生明显变化。2013 年后，我国新开工房屋面积、住房销售面积先后出现负增长，汽车销售进入低增长阶段。二是需求结构加快转型升级。随着收入水平提高和中等收入群体扩大，居民对产品品质、质量和性能的要求明显提高，多样化、个性化、高端化需求与日俱增。三是服务需求在消费需求中的占比明显提高。随着恩格尔系数持续下降、居民受教育水平普遍提高和人口老龄化加快，旅游、养老、教育、医疗等服务需求快速增长。四是产业价值链提升对研发、设计、标准、供应链管理、营销网络、物流配送等生产性服务提出了更高要求。

第二，供给侧明显不适应需求结构的变化。一是无效和低端供给过多。一些传统产业产能严重过剩，产能利用率偏低。2015 年钢铁产量出现自 2000 年以来的首次下降，水泥产量出现自 1990 年以来的首次负增长。二是有效和中高端供给不足。供给侧调整明显滞后于需求结构升级，居民对高品质商品和服务的需求难以得到满足，出现到境外大量采购日常用品的现象，造成国内消费需求外流。三是体制机制束缚了供给结构调整。受传统体制机制约束等影响，供给侧调整表现出明显的黏性和迟滞，生产要素难以从无效需求领域向有效需求领域、从低端领域向中高端领域配置，新产品和新服务的供给潜力没有得到释放。

第三，推进供给侧结构性改革是供需结构再平衡的内在要求和关键所在。供需结构错配是我国当前经济运行中的突出矛盾，矛盾的主要方面在供给侧，主要表现为过剩产能处置缓慢，多样化、个性化、高端化需求难以得到满足，供给侧结构调整受到体制机制制约。需求管理政策重在解决总量问题，注重短期调控，难以从根本上解决供需结构性矛盾，也难以从根本上扭转经济潜在产出水平下行趋势。当前,只有加快出清过剩产能,处置"僵尸企业",推进资产重组,培育战略性新兴产业和服务业,建立有利于供给侧结构调整的体制机制,才能实现更高水平的供需平衡,增强我国经济持续健康发展的内生动力。

2. 供给侧结构性改革是经济新常态下经济增长的必由之路

首先,现行的增长模式不可持续。我们过去三十多年的高速增长,主要是靠投资和出口拉动。多年来投资占国内总产值的40%~50%以上。过度投资,特别是一些低效低端产业投资,导致了大规模的产能过剩和潜在的债务危机。以出口主导的工业化,一是导致了经济对外依存度过高,二是导致了环境资源的廉价化和过度开发,环境资源遭到巨大破坏。高投入、高能耗、高污染、低效益,不可持续。

其次,传统的增长点失去优势和动力。传统产业基本饱和,甚至严重过剩,如煤炭、冶金、化工、纺织、建材等。基础设施超前,规模基本饱和,利用率不足。许多产业、行业,投资收益下降,创新能力不足,债务过重,去产能任务艰巨,缺乏发展优势和动力。

最后,新的增长模式和增长点尚未形成。"十三五"规划提出了"创新、协调、绿色、开放、共享"五大发展理念,也是一种新的发展模式,即:以创新为发展的主要动力,要推动产业、区域、社会的协调发展,要走绿色发展、环境友好型发展的道路,要采取更加主动开放的发展战略,要实现发展成果的全民共享。但这只是一个理念,只是一种规划,真正形成一种新的增长模式、建立稳定的经济增长点,路还很长,任务十分艰巨。

因此,要实现新常态下经济稳定增长,必须进行结构性改革,特别是通过供给侧结构性改革建立经济增长新模式,寻找经济增长新动力,这是新常态下经济增长的内在要求、必由之路。

3. 供给侧结构性改革是应对国际经济结构深层调整的战略之举

第一,全球经济目前正处于低增长困境。低增长困境的症结就在于结构性改革迟缓。2008年国际金融危机爆发以后,美国、欧盟、日本等主要经济体都采取了史无前例的量化宽松政策,通过直接购买资产和债券、降低利率甚至实行零利率或负利率等方式,大规模增加市场流动性,提振市场信心。但从实际效果看，全球经济复苏迟缓，市场需求持续低迷，大宗商品价格大幅回落，主要经济体全要素生产率增速放缓。可见，单一的需求刺激并没有取得预期效果，需求管理的短期政策虽在抵御危机冲击上发挥了一定作用，但中长期结构性问题并没有得到根本解决，增强经济增长动力还需要推进结构性改革。

第二，国际分工格局正在进行深度重构。重构的核心要义就是结构性改革。过去一个时期，欧美国家是主要的产成品消费市场，东亚国家是主要的生产基地，中东、拉美、非洲等地区是主要的能源原材料输出地。国际金融危机后，这种"大三角"分工格局悄然发生变化。欧美国家信贷消费模式难以持续，转向推进再工业化战略，一些高端制造业出现回流；能源原材料生产国迫于新能源技术快速发展的压力，着力延伸产业链，提高产品附加值；人力资源丰富的国家凭借劳动力低成本优势，抢占劳动密集型产业的国际市场。全球分工格局加快调整，跨境资本重新配置，各主要经济体都力求通过结构性调整提升分工位势，争取更有利的分工地位。

第三，加快结构性改革是打造我国国际竞争新优势的关键。改革开放以来特别是加入世界贸易组织后，我国对外开放水平不断提高，国际竞争力明显增强。凭借低成本优势和较强的产业配套能力，我国在全球贸易中的地位迅速上升。但也要看到，随着我国要素成本逐步提高，传统比较优势逐步减弱，而新的竞争优势尚未形成，面临"前有围堵、后有追兵"的双重挤压态势。这就要求我国从供给侧发力，加快产业结构转型升级，培育建立在新比较优势基础上的竞争优势。

（三）供给侧结构性改革需要面对和解决的深层次问题

目前我国经济中存在的许多问题，从供需角度看，根本原因是供需结构错配和要素配置扭曲。特别一些体制制度机制性障碍，阻碍了生产力的发展。因此，必须从结构性改革入手，排除体制制度机制障碍，着力解决供需结构错配和要素配置扭曲问题，进一步解放和发展生产力，进而实现经济的长期、健康、稳定、可持续发展。要以问题为导向，解决这样几个问题。

1. 有效需求旺盛与无效产能过剩并存

当前中国经济面临的问题，并不在于需求不足，而在于供给侧无法提供有效供给，满足有效需求，同时制造了大量无效供给，形成了产品滞销、库存高涨的困局。如目前国内消费增速拾级而下，但中国居民在海外疯狂扫货，国内航空客运增速缓慢下行，但跨境出游却持续高增长。

2. 短期的价格波动与长期的价格扭曲并存

由于政策和市场的原因，一些领域的供求关系发生了扭曲，市场没能解决供需错配，反而加剧了价格波动。如近年来，部分农产品价格剧烈波动，老百姓形象地总结出"蒜你狠、豆你玩、姜你军"等新鲜名词，调侃的同时也折射出无奈。但与此同时，中国的主要粮食作物却出现怪象，2015 年全国粮食流通工作会议披露，目前，广东港每吨国产玉米、大米、小麦分别比同品种进口完税价高出 750 元、900 元和 500 元左右，玉米价差甚至一度超过 1000 元。实行最低收购价敞开收购，导致国家掌握粮食库存太多，粮食主产区有效仓容不足，特别是东北地区收储矛盾突出，严重扭曲市场和价格，抬高国产粮价。国产粮价和进口粮价倒挂，不仅导致保护农民种粮积极性的空间越来越小、效应越来越弱，也引发了粮食进口剧增、走私猖獗。根据两会披露的信息，2015 年我国粮食产量实现了历史性突破，粮食产量实现了连续 12 年增长，同期粮食进口却达到最高水平，进口总量达到 1 亿吨。

3. 经济偶然性高速增长与不可持续性并存

2010 年在世界主要经济体遭遇经济危机的情况下，中国经济一枝独秀，在投向公共基础设施建设及房地产开发的 4 万亿元资金刺激下，GDP增长率达到 10.5%。但这种增长模式不可持续。国家统计局 2014 年报告指出，由于土地、资源环境、人口红利减弱的制约，以及产能过剩、国际需求减弱、成本上升等问题并存，导致中国投资高速增长不可持续。世界平均最终消费率在 75% 以上，绝大部分国家都在 70% 以上，中国最终消费率水平比世界低 20 个百分点以上。这一高一低反映了我国内需结构存在严重问题。世界银行和经济合作与发展组织也发布报告警示，单纯依靠国家投资及低附加值商品出口的发展模式不可持续。

（四）供给侧结构性改革的要点和主要政策措施

2016 年 3 月 5 日，李克强总理在政府工作报告中系统地阐述了供给侧结构性改革的主要政策措施，"供给侧结构性改革，既做减法，又做加法，减少无效和低端供给，扩大有效和中高端供给，增加公共产品和公共服务供给，使供给和需求协同促进经济发展，提高全要素生产率，不断解放和发展社会生产力"。2016 年的重点工作是着力加强供给侧结构性改革，加快培育新的发展动能，改造提升传统比较优势，抓好去产能、去库存、去杠杆、降成本、补短板。报告要求：一是推动简政放权、放管结合、优化服务改革向纵深发展；二是充分释放全社会创业创新潜能；三是着力化解过剩产能和降本增效；四是努力改善产品和服务供给；五是大力推进国有企业改革；六是更好激发非公有制经济活力。

二、从资产评估看供给侧结构性改革

价值是商品交换的基础，是连接供给侧与需求侧的纽带，以价值为切入点观察供给侧结构性改革，可以为我们更加深刻地理解供给侧结构性改革，为更好地落实党中央国务院关于供给侧结构性改革的重要部署提供一个新的视角。

党的十八大报告提出："深化改革是加快转变经济发展方式的关键。经济体制改革的核心问题是处理好政府和市场的关系，必须更加尊重市场规律，更好发挥政府作用。"党的十八届三中全会更进一步提出："经济体制改革是全面深化改革的重点，核心问题是处理好政府和市场的关系，使市场在资源配置中起决定性作用和更好发挥政府作用。"改革开放以来，中国经济从计划经济体制逐步转向市场经济体制，市场的作用稳步提高，但在一些领域仍然未能发挥决定性作用，表现为市场失灵，导致供给端各资源配置不良，资源的价格严重偏离了其应有的价值，经过市场的传导或扩大，最终导致系统性的供需失衡。

（一）供需错配问题根源在于：价值认知紊乱，导致市场扭曲、资源错配

1. 自然资源价值未能正确体现，高消耗，低效益，导致产业结构层次低、转换慢

根据联合国环境规划署（UNEP）的定义，自然资源是指"在一定时间和一定条件下，能产生经济效益，以提高人类当前和未来福利的自然因素和条件"。在传统经济理论中，价值定义为"抽象劳动的凝结"，即商品

中抽象劳动部分构成了商品的价值。一切自然资源，如水资源、矿藏、森林等在劳动价值论体系中是不具有价值的。长期以来，我国自然资源产品的价格未能体现其应有的价值，"资源无价、原料低价、制品高价"使加工型产业部门可以因原料低价而毫不费力地取得良好的效益，而资源型产业部门却负担着巨额的亏损。于是，加工型产业部门毫不珍惜廉价的原料，资源型产业部门更无积极性去提高资源产品的产出率，从而造成了我国长期以来经济增长依赖于资源的高投入。据统计，我国能源投入系数在全世界100多个国家中高居首位，资源的浪费十分惊人。可见，自然资源的价值忽略造成了自然资源的严重浪费，是我国高消耗、低效益经济增长和产业结构层次低、转换慢的根本原因。

2. 环境要素价格长期被低估，高污染，乱排放，导致高耗能、高污染产能比重过高

根据《环境保护法》的定义，环境是指影响人类生存和发展的各种天然的和经过人工改造的自然因素的总体，包括大气、水、海洋、土地、矿藏、森林、草原、湿地、野生生物、自然遗迹、人文遗迹、自然保护区、风景名胜区、城市和乡村等。按传统劳动价值论是无法完全描述环境的价值内涵的，因此，环境在商品价值中没有体现或没有完全体现。在经济全球化的今天，发达国家向发展中国家转移落后污染产能，国内的发达地区向欠发达地区转移高能耗、高污染产能。由华东理工大学主办的2015中国石油化工创新发展大会透露：我国PX（对二甲苯）产能位居世界第一，已占世界30.8%。我国现已成为全球最主要的石油化工生产国和最大的石油化工消费市场。包括丙烯、丁二烯、甲苯、苯、PX等石化产品和合成材料在内，我国石化工业产能总体过剩。其中PX项目的供应量约3110万吨，而需求量约2917万吨，已有近200万吨PX供过于求。由于经济发达地区环境治理力度大、监管较严，部分污染企业，包括一些被东部地区淘汰的企业，为追逐经济利益，会转移到地广人稀、执法力量不足的经济欠发达地区。2014年曝光的腾格里沙漠排污事件，就是典型的"污染转移"。随着人类活动的增加，尤其是经济活动的增加，环境对人类的报复逐渐显现，由于环境资源具有整体性和不可分割性的特征，环境中的每一个参与者，不管是否是经济活动的直接受益者，

都承担着环境破坏的后果。环境价值在商品中的缺失或低估，造成了落后、高污染企业以低成本生产具有价格优势的产品，直接导致了商品价值的扭曲。

3. 劳动力价值与资本价值失去平衡，导致基尼系数过高

经过三十多年的改革，我国逐步建立了以按劳分配为主体、多种分配方式并存，按劳分配与按生产要素分配相结合的收入分配体制。现有的收入分配制度与基本国情、发展阶段基本相适应，但是，收入分配领域仍存在一些亟待解决的突出问题。人口红利为中国经济腾飞带来动力的同时，劳动力的价值低估也越来越被关注。据中国社科院发布的《社会蓝皮书：2013 年中国社会形势分析与预测》数据，中国劳动者报酬占 GDP 的比重由 2004 年的 50.7% 下降到 2011 年的 44.9%，北京大学 CCER 中国经济观察课题组在《经济转型成长与资本回报率演变——中国改革开放时期资本回报率估测（1978～2005）》中，以权益作为资本存量计算，从 1998 年到 2005 年间，资本总回报率从 6.8% 上升到 17.8%。劳动力价值低估不仅导致居民消费需求不能有效释放，进而间接阻碍了劳动者创新能力的发挥，而且导致一系列社会问题。

根据国家统计局公布的数据，我国居民收入的基尼系数 2003 年为 0.479，2008 年达到 0.491，之后逐年下降，2014 年为 0.469，2015 年为 0.462，虽然呈下降趋势，但总体水平仍然很高。世界上基尼系数超过 0.5 的国家只有 10% 左右，主要发达国家一般都在 0.24～0.36 之间（按照联合国有关组织规定：基尼系数，低于 0.2 为收入绝对平均；0.2～0.3 为收入比较平均；0.3～0.4 为收入相对合理；0.4～0.5 为收入差距较大；0.5 以上为收入差距悬殊）。

同时，我们在收入差距扩大的过程中，还存在着财产差距扩大的问题，而且这个问题比收入差距问题还要严重。

因此，党的十八大报告中指出，要"提高居民收入在国民收入分配中的比重，提高劳动报酬在初次分配中的比重"。

4. 土地价值过度开发，导致房地产库存压力巨大

根据财政部公开的数据，土地出让金收入占地方本级财政收入的比例从 1999 年的 9.19% 不断攀升，2010 年达到顶峰占比 67.62%，2014 年仍

占比44.13%。由于中国市场经济起步不久，地方政府在经济领域，尤其是土地要素市场具有很强的控制力，在土地出让收益成为地方财政收入的主要来源情况下，地方政府的行为趋向于不断维护和巩固土地收益，将财政支出投入到可能带来更多土地出让收益的基础设施和城市建设领域。在地方政府的推动下，房地产投资不断扩大，在二三线市场形成了巨大的库存压力，2015年10月，房地产待售面积达到6.86亿平方米，同比增长14%，再创历史新高。更让人心惊的是，这一统计数据只包括竣工后、未售出的现房，但大量已建设未竣工以及还未开工的潜在库存并未计算在内，按照我国人均住房面积35平方米计算，"空置"的住房可供2亿人口居住。习近平总书记2015年11月10日在中央财经领导小组第十一次会议上强调，要化解房地产库存，促进房地产业持续发展。不久前，李克强总理在中央党校的讲话也提到：以往我们长期依赖的房地产，去库存问题也没有解决。

5. 创新价值体现不足，导致知识产权保护不力

支持经济长期增长的"动力源"主要是劳动力、土地和自然资源、资本、科技创新、制度。在经济发展初级阶段，劳动力、土地和自然资源、资本的投入影响比较大。在进入中等收入阶段后科技创新和制度的贡献更大。供给侧结构性改革的核心目标在于进一步提升"全要素生产率"，其中的关键是"科技创新"。成功的供给创新，不仅可以满足需求，而且可以创造需求。李克强总理在达沃斯论坛上指出，"保护知识产权就是保护创新火种。中国政府要推动创新，就必须加大对知识产权保护力度，绝不允许创新成果被非法窃取"。但目前阶段，我国的知识产权保护仍需加强。在2014知识产权法律应用高层论坛"从中国制造到'中国智造'大会"期间，围绕"中国知识产权司法保护现状"开展的问卷调查显示，多数人普遍不满足于知识产权保护的改观程度，超过四成的人认为，知识产权环境的明显改善可能还需要很长的时间。而公众知识产权的淡漠意识纵容了盗版等侵权行为，也是调查对象心目中的大问题。知识产权的价值没有得到有效的反映，虽然商品价格由此降低，公众短期得到了实惠，但从长期来看，这种饮鸩止渴的行为，降低了企业的持续发展能力。

（二）供给侧结构性改革的核心内容离不开价值管理

1. 让市场决定资源配置离不开价值发现和价值尺度

深化体制机制改革，优化资源配置，需要市场和政府的作用有机结合，通过适度的政府干预，解决市场失灵。市场关注的是即期价值回报，政府关注的是长期价值，因此市场与政府的作用结合点在于价值发现和引导。引导资源向适应市场需求，有利于经济长期发展的领域配置，首先需要客观地发现和认识其市场价值和潜在价值，这是体制机制改革的关键所在。

2. 纠正结构性过剩矛盾离不开价值链重构

价值是买方愿意为产品所支付的价格，也是代表着顾客需求满足的实现。目前相当数量的行业发生了结构性过剩，产品积压严重，价格下滑，甚至严重低于其应有价值。其根本原因是企业提供的产品数量超出了买方需求，或质量不能满足买方需求，一些企业因此成为"僵尸企业"。从企业自身来看，以买方需求为导向，重构自身价值链，提高资源配置效率，重新获取并保持竞争优势成为必然选择。

3. 利用科技创新提高劳动生产率离不开价值驱动

中国经济目前正处于转型升级的关键时期，亟须发现并培育新的经济增长点。改革开放以来，经过三十多年的高速发展，传统产业的需求相对饱和、产能过剩的矛盾凸显，受世界经济减速的影响，传统加工产品的出口需求逐渐萎缩，以投资拉动、外贸导向、消耗资源为特征的发展方式已难以为继，经济发展面临速度回落、结构调整、驱动转换的复杂局面，经济发展转向创新驱动势在必行。

科技创新能够形成创造性的生产，构成新的供给，不断解放和发展社会生产力，不断提高劳动生产率，成为经济增长的新的驱动力。科技创新离不开价值驱动。通过成熟的市场实现科技创新的最大价值，有利于推动企业形成人人创新、万众创新的局面，这是实施创新驱动战略的关键。

（三）资产评估如何服务于供给侧结构性改革

资产评估作为市场经济条件下的专业服务行业，在价值发现、价值管理领域积累了大量专业知识，凝聚了一批专业人士，形成了广泛的专业网络，可以为供给侧结构性改革提供必要、急需的专业服务。

1. 发挥价值发现和价值尺度功能，解决供需错配

资产评估在社会经济生活中扮演着价值发现者的角色，通过对于作为交易标的物的生产要素的内在价值的发现，为交易各方提供客观、科学的价值参考。价值作为资源配置的重要标尺，可以对供需关系做出可度量的判断，为市场参与各方提供决策参考，进而从供给侧引导市场对资源配置做出科学、合理的决定，以满足中长期发展的需要。

2. 发挥价格认知和价值管理功能，为政府决策提供支持

供给侧结构性改革中，政府的角色至关重要，在充分重视市场在资源配置中起决定性作用的同时，政府在职能方面也应有意识地把总量型需求管理与结构型供给管理紧密结合，特别是把理性的供给管理"更好发挥政府作用"的内在需求和重要组成部分。实现这一目标，对政府的宏观调控能力会有更高的要求，需要政府梳理科学的价值管理观念，利用市场手段、价格杠杆，科学反映各种要素的内在价值，为社会主义市场经济长期健康发展保驾护航。资产评估行业长于价值发现，可以在政府发挥职能的各个环节提供专业的价值发现、价值管理支持，服务于供给侧结构性改革，提高政府科学决策的能力和水平。

3. 发挥价值引导和价值激励功能，促进科技和制度创新

党的十八届五中全会提出："坚持创新发展，必须把创新摆在国家发展全局的核心位置，不断推进理论创新、制度创新、科技创新、文化创新等各方面创新，让创新贯穿党和国家一切工作，让创新在全社会蔚然成风。"习总书记强调："创新是一个民族进步的灵魂，是一个国家兴旺发达的不竭源泉，也是中华民族最鲜明的民族禀赋。"2016 年 3 月 16 日上午，第十二届全国人民代表大会第四次会议表决通过了《关于国民经济和社会发展第十三个五年规划纲要》，明确提出牢固树立和贯彻落实创新、协调、绿色、开放、共享"五大发展理念"。值得关注的是，创新将发挥"引领"作用，并成为下一阶段经济社会发展的驱动力。在这一过程中，可以通过资产评估的专业服务，将创新转化为市场熟悉和接受的形式，以可以度量的价值形态，成为具体的生产要素，进入价值交换体系，参与生产和交换过程，通过适当的价值激励有力地促进创新活动开展。

4. 发挥价值优化和价值守护功能，维护和增强国有资产合法权益

大力推进国企改革是供给侧结构性改革的重要组成部分，《中共中央、

国务院关于深化国有企业改革的指导意见》提出，要以管资本为主推动国有资本合理流动优化配置，推进国有企业混合所有制改革。在完成现阶段供给侧结构性改革"三去一降一补"五大任务中，国有企业也是主角。如何在变动中维护国有资产合法权益、防止国有资产流失，需要在制度层面和关键节点做好预案。资产评估长期以来扮演着国有资产管理"看门人"的角色，发挥着防止国有资产流失的重要作用。在推进供给侧结构性改革过程中，尤其在国有企业以无形资产为代表的特殊资源的价值保护和增值中，资产评估具有会计核算无法比拟的优势，资产评估的把关作用被赋予了更重要的时代意义。

三、评估行业自身的供给侧问题

资产评估行业自诞生以来走过了二十余载风雨历程，从无到有、由小到大，适应中国市场经济的不断发展，适应改革开放的时代要求，营建高效协会、塑造过硬专业、打造规范行业，在服务我国经济社会发展方面发挥了重要作用。

回顾过去，中国资产评估行业走出了一条适合中国市场经济的评估服务专业之路，创立了一套服务于中国经济社会的评估理论体系和部分领域国际领行的执业规范标准，培养了一支讲道德、有能力的专业服务队伍。在体制和制度建设方面，我们构建了"中国资产评估协会、地方协会和评估机构"三个层次的行业组织体系；形成了"法规约束、行政监管和行业自律"三个维度的行业管理机制，行业的内在活力和自律水平不断提升。在市场和专业建设方面，我们建立了"发现市场、发展市场、规范市场"三阶递进的市场拓展路径；创新了"市场研究、标准制定、素质培养"三位一体的专业建设模式，使行业的社会功能和可持续发展有了强大的专业支撑。在队伍和人才建设方面，我们建立了"执业人员、管理人员、研究人员"三支队伍、"高等院校、评估机构、行业协会"三个渠道的人才培养体系，基本实现了人才培养多层次和全覆盖。

供给侧结构性改革同时也为审视评估行业的发展提供了新的视角。我们应清醒地认识到，资产评估行业在供给侧也存在很大改善空间。

（一）人才供给问题

资产评估是一种知识密集型、技术密集型、智能密集型、人才密集型行业，人才是资产评估的主要资源和价值创造者。二十多年来，资产评估行业从无到有，目前已经形成了一只由 3300 多家机构，37000 多名资产评估师组成的专业队伍。实践证明，这是一只敢于迎接挑战，具有很强战斗力的队伍，他们用行动填补了评估技术的各项空白，完成了令国际同行惊讶的复杂任务。但是随着国家经济的转型升级，评估行业人才短板也逐渐暴露出来。评估队伍年龄老化、高端复合型人才短缺、人才结构和分布不合理等问题逐渐成为制约行业转型升级的主要因素。

（二）技术供给问题

资产评估行业生存的基础是专业性，评估准则、技术的开发，是行业创新和发展的核心环节。目前，我国已经形成了由 26 项评估准则组成的准则体系，在国际评估界，中国的准则建设从全面"跟行"发展到部分"领行"，评估准则国际接轨工作也在稳步推进。但同时也要看到，新市场、新业务、新的资产形态和新的业务模式对评估技术提出了更高的要求，新准则、新技术的开发日益紧迫。

（三）制度供给问题

评估行业制度供给严重不足。行业产生二十多年，一半时间在推动行业立法，《资产评估法》立法工作历经十年，三次经全国人大常委会审议，至今尚未出台。现行的资产评估管理规章制度也亟须修订完善，同时还存在不少制度上的空白。行业立法久议未决原因比较复杂，但形成的制度供给不足现状已经严重影响到了行业的健康规范发展。

（四）功能供给问题

评估行业拥有一支高智力的人才队伍，在价值发现、价值管理方面积累了深厚经验。但是，由于行业发展历史较短及市场发育不全，目前评估行业应有的许多功能尚未得到有效的发挥。由于缺乏必要的制度安排和管道，不能把行业资源有效地转化为政府急需的智力支撑能力，评估行业的优质资源与政府需求无法形成有效的链接。现行管理体制和评估市场的部门分割，也在客观上阻碍了评估专业功能的有效开发和利用。

（五）创新供给问题

评估行业供给侧结构性改革，关键在于创新。评估行业在中国的产生是典型的供给侧创新过程。在国有企业改革过程中，政府在供给侧从国外引入了资产评估专业作为防止国有资产流失的工具，催生了需求侧的资产评估服务需要。资产评估二十多年的发展历程，也用事实证明了供给侧创新的重要意义。随着行业的发展壮大，资产评估供给侧的短板和不足开始逐渐显现。根据 2014 年行业发展数据分析，前百家评估机构收入、人员稳步增长，而占行业主体的中小评估机构却普遍出现了人才流失、收入下降的现象，根本原因在于传统业务中的高端业务上移，低端业务萎缩。行业亟须供给侧创新，发现并开拓新的市场领域，在价值咨询之外提供衍生的咨询服务。

四、结合供给侧结构性改革推动资产评估行业改革与创新

供给侧结构性改革，不仅为资产评估行业改革创新、转型升级提出了新的任务和要求，同时也为行业的未来发展提供了新的思路和视野。我们要在全力服务国家供给侧结构性改革的同时，着力抓好资产评估行业的供给侧改革创新，以改革创新引领行业转型升级、健康发展。

（一）全力推进评估立法，加快行业法制化建设

建立法治评估行业是健全市场经济和完善法制建设的重要环节，对营造更加公平、统一开放的市场环境，以及资产评估行业的转型升级尤为重要。一是要配合全国人大法工委、财政部做好评估立法工作，结合当前国家改革的总体形势和资产评估资格管理方式改革的具体要求，做好评估立法中管理体制、业务范围、机构和评估师管理、法律责任等重大问题的研究，加强与评估相关管理部门和协会间的沟通和协调，积极推进评估立法进程。二是要加大对《证券法》等资产评估相关法律修订工作中的沟通力度，根据改革要求和发展实际，积极反映行业诉求。三是要持续关注房地产税等有关法律的立法进程，更好地反映和体现评估作用，维护公共利益。

（二）深化和拓展评估市场，推动行业转型升级

新常态下的中国经济发展仍将总体向好，大有作为。资产评估反映经济发展活力，市场经济越发展，评估新市场和新领域越广阔。一是服务混合所有制经济发展，要积极探索评估行业服务混合所有制发展的具体思路和措施，着力促进经济转型升级。二是服务资本市场完善和金融体制改

革，要充分发挥资产评估服务金融企业改制上市、并购重组中公允价值评估的专业功能，积极推进金融衍生品价值评估理论研究和实践模式。三是服务文化科技体制改革，要加快文化企业、科技型企业无形资产评估相关准则建设，为推进文化体制、科技体制改革和市场建设提供专业支撑，进一步加快科技成果转化。四是服务生态文明建设和环保市场发展，要深入研究评估服务生态环境保护、生态资源价值补偿、碳排放权交易、排污权交易、环境污染第三方治理等领域的内容和方式，拓展评估社会服务功能，促进生态环保机制制度建设和环保市场发展。

（三）加强理论和技术创新，提升行业竞争力

结合经济新常态下的新市场、新业务，要进一步完善资产评估理论、方法和技术，动态跟踪新需求，一是加强评估市场研究，积极开展资产评估市场动态和趋势分析研究、国内外评估市场比较研究，为评估市场建设和拓展提供借鉴和参考。二是深化评估理论研究，推进品牌价值评价、央企境外并购资产评估、知识产权质押评估、非物质文化遗产评估、森林资源资产评估等理论研究，为开拓新市场提供专业支撑。三是推进评估技术研究，根据新的业务需求和评估实践遇到的新情况、新问题，积极研究开发新的评估方法和技术，不断推进评估方法创新和评估技术创新。

（四）系统完善准则体系，以准则规范市场发展

要围绕国家经济社会发展和评估市场需求，不断完善评估准则体系，指导规范行业执业行为。一是要认真总结研究现行准则运行的实践经验，对现行准则进行系统地修订完善，进一步增强准则的适时性和适用性。二是要针对新兴评估市场和新兴评估业务，结合市场和专业发展需要，研究制定相关评估准则，以准则引领和规范市场。要围绕混合所有制经济建设、PPP项目、文化产业发展、生态环境建设等重点服务领域，加强相关评估准则的研究和制定。三是要加强国际评估准则方面的跟踪分析和比较研究，积极吸收国际准则研究和实践中的积极成果，探索推动国际评估准则趋同或互认，为我国评估行业走出去和国际化发展创造条件。

（五）强化行业自律监管，激发行业内存活力

随着国家简政放权力度的加大，行业协会等社会组织的自律监管职能将进一步加强。一是要适应监管主体对机构资质管理以及执业能力的新要

求，研究制定自律监管的新机制、新措施，执业监管的方法、手段、内容、着力点要与时俱进，强化监管执业中出现的苗头性、倾向性问题。二是要完善评估业务信息报备工作，重点加强证券资格资产评估机构业务报备工作的管理，使监管部门及时掌握一手业务资料，及时了解市场信息。三是要健全和完善执业监管体制机制，加强执业人员的事前预警、事中监督和事后监管，加大执业质量检查工作的表彰与惩戒力度。四是要加强与财政部、中国证监会等相关资产评估政府管理部门的沟通协调，行政监管和自律监管有机结合，形成合力，营造评估机构规范执业的良好市场环境。

（六）注重人才队伍建设，提升行业综合素质

要结合国家改革发展大趋势，根据社会经济发展对行业人才的新要求，不断加大人才培养的创新力度。一是要结合管理方式改革，加强行业人才培养机制研究，进一步完善中评协、地方协会、评估机构三个层次的资产评估人才培养机制，加大对地方协会和评估机构人才培养指导和评价力度。二是要围绕服务财税体制改革、混合所有制经济发展、企业转型升级和文化市场体系建设等新市场、新业务的特殊要求，加强行业人才知识结构更新和专业胜任能力的培养。三是要认真落实分层次、分类别的人才培养计划，组织开展行业高端人才、管理人才、师资和业务骨干人才的培养工作。

（七）加强国际交流与合作，推动行业国际化发展

中国资产评估协会从成立之初就重视国际交流，经过二十多年发展，中评协已经与五十多个国家和地区评估组织建立了联系，与10个国家和地区评估组织签订了专业合作备忘录，还与各国际评估组织开展各种学术的研讨，中评协已经成为国际评估界一支举足轻重的力量，在多个国际组织中担任重要角色，比如，我们在国际评估准则理事会、世界评估组织联合会、国际财产税学会、国际企业价值评估分析师协会等国际机构都担任要职，积极为国际评估业的发展建言献策；我们还成功推荐协会成员、行业专家担任国际评估准则理事会咨询论坛组成员、国际评估专业委员会委员等，参与国际评估准则制定和修订的一线工作；2013年世界评估组织联合会授权中评协设立中国办公室，为中评协更大程度上参与国际评估事务、

提升话语权开启了新的篇章。中国资产评估协会要充分发挥在国际评估组织中的主导作用，积极拓展评估海外业务，为我国企业海外投资和经营提供专业服务。

(八) 加快行业信息化建设，提升行业信息化水平

在大数据时代，谁掌握了数据，就意味着掌握了先机和未来。信息化水平的高低，对资产评估行业今后的发展将起着至关重要的作用，要进一步加快行业信息化建设步伐。一是要认真做好行业信息化建设的统筹规划。要随着经济社会的发展、行业的壮大和管理方式的调整，继续加强行业信息化建设规划的研究，进一步优化、完善资产评估行业信息化建设顶层设计。二是要配合行业管理方式、内容的改革，应用新的信息技术框架及数据标准，进一步完善现有行业管理信息平台，促进提升行业管理水平。三是要继续开展资产评估行业数据库建设，积极为资产评估执业提供专业信息服务。按照"整体设计，分步实施，统一管理，合作应用，适度超前，注重实用"等原则，在加快推进基础数据库建设的同时，积极探索建设评估基准数据库，打造资产评估行业数据平台。

（原载于《中国资产评估》2016 年第 4 期，略有增改）

贯彻依法治国精神，推动资产评估法制建设

党的十八届四中全会通过了全面推进依法治国的决定，与全面建成小康社会、全面深化改革构成了"一体两翼"。全面推进依法治国是落实三中全会全面深化改革部署的一个必然要求，是保证全面深化改革顺利进行的重要条件，表明中国的改革伟业将从政策推动转向法治引领。资产评估行业在改革中发展壮大，是市场资源优化配置的重要手段，全面推进依法治国，将为市场在资源配置中起决定性作用提供重要保障，对推进评估行业依法执业、依法管理、健康发展产生重大而深远的影响。

一、深刻领会十八届四中全会的重大意义

党的十八届四中全会，是在全面建成小康社会的关键时期和全面深化改革的攻坚阶段召开的一次具有里程碑意义的会议。会议把法治建设上升到党和国家事业全局的战略高度，明确提出了全面推进依法治国的指导思想、总目标、基本原则和重大任务，回答了党的领导和依法治国关系等一系列重大理论和实践问题，对全面推进依法治国作出了全面部署，体现了党关于中国特色社会主义法治理论的思想精髓，反映了党的法治思维、法治理念、法治精神和法治方略，彰显了党坚持依法治国、建设法治中国的坚强决心和坚定信心，具有很强的科学性、前瞻性、指导性。一是全面推进依法治国的战略部署，符合时代发展要求。会议审议通过的《中共中央关于全面推进依法治国若干重大问题的决定》充分体现了党中央对执政规律的深刻把握、对历史使命的勇于担当，依法治国是实现国家治理体系和治理能力现代化的必然要求。二是将法治作为治国理政的基本方式，符合

市场经济发展要求。法治是市场经济的基石,法治政府的建立有助于创造一个更加公平的市场经济环境,从而保障市场在资源配置中起到决定作用。三是强化对行政权力的制约和监督,符合社会规范发展要求。通过加强社会监督等制度建设,筑牢法治"藩篱",形成科学有效的权力运行制约和监督体系,增强监督合力和实效。

党的十八届四中全会对法治建设的部署,尽管属于政治体制改革范畴,却与经济改革和评估事业息息相关。全会提出,"社会主义市场经济本质上是法治经济。使市场在资源配置中起决定性作用和更好发挥政府作用,必须以保护产权、维护契约、统一市场、平等交换、公平竞争、有效监管为基本导向,完善社会主义市场经济法律制度"。资产评估行业是依法治国的参与者、维护者、受益者,对于规范经济秩序、降低运营成本、提高运营效率、优化资源配置、为各类所有制企业提供公平的竞争环境具有重要作用;全面推进依法治国为全面深化改革提供重要保障,有助于释放改革红利、增强市场活力,将有力地推动中国经济的转型升级和可持续发展,也必将激发出评估行业服务深化改革的市场新活力。

二、准确把握评估行业面临的机遇与挑战

《决定》的发布,既为推进资产评估行业立法进程,推动资产评估服务法制建设、全面深化改革提供了新契机,也对评估机构依法执业、评估行业规范健康发展提出了更高的要求。

一是《决定》为推进资产评估法制建设提供了政策支撑。

习近平总书记指出:立法是处理改革和法治关系的重要环节。党的十八届四中全会提出,"法律是治国之重器,良法是善治之前提。建设中国特色社会主义法治体系,必须坚持立法先行,发挥立法的引领和推动作用"。

资产评估是我国改革开放的产物,也是推动国有企业深化改革、资本市场发展完善、金融体制改革、知识产权战略实施等重大改革不可或缺的专业力量。资产评估立法是行业健康、可持续发展的根本,关系到规范市场经济秩序、维护资产权益和公共利益,关系到资产评估服务全面深化改革的成效。目前评估行业存在"五龙治水"的局面,市场分割严重,加大

了市场交易成本，增加了委托人负担，严重滞后于行业改革发展进程，妨碍全国形成统一开放、竞争有序的评估市场秩序，迫切需要科学立法、民主立法，推动《资产评估法》尽快出台，使立法主动适应改革发展需要。

推进多层次多领域依法治理，为资产评估行业参与法治社会建设指明方向。党的十八届四中全会提出，"发挥人民团体和社会组织在法治社会建设中的积极作用。支持行业协会商会类社会组织发挥行业自律和专业服务功能。发挥社会组织对其成员的行为导引、规则约束、权益维护作用"。评估行业协会作为加强自律管理的阵地、沟通政府和市场的纽带、反映会员诉求的桥梁，在依法治国战略实施中，能更好地发挥自律管理职责，为法治社会建设贡献力量。当前，以转变政府职能为核心的行政体制改革向纵深推进——简政放权先行，制度建设跟进，评估行业面临改革发展的新任务，需要运用法治思维和法治方法完善自律管理，提升依法管理能力。

二是《决定》为资产评估服务法制建设创造了重要契机。

资产评估是实现依法治国方略的专业基础之一，能够为经济司法案件审理、反腐倡廉提供公平的价值尺度。党的十八届四中全会提出，要"保证公正司法，提高司法公信力"，要"加快推进反腐败国家立法，完善惩治和预防腐败体系"。对涉诉财产、资产及其损害赔偿的价值进行公正认定，是司法公正的专业基础和重要前提。根据法院等司法部门的业务需求，资产评估行业开展了大量涉诉评估业务，在涉诉资产的价值确定及资源补偿、灾害损失价值衡量方面，为司法机关定性量刑提供了客观、公正的专业意见，维护了司法公正。从国际上看，涉诉评估是评估行业的重要服务领域，越是市场化、法制化程度高的国家，资产评估参与家庭财产、企业产权等涉诉业务越多，在维护司法公正中发挥的作用越充分。

制约权力、预防腐败需要制度化的安排和专业化的手段。资产评估行业的产生源于抑制国企改革中的腐败、防止国有资产流失的客观需要。随着我国市场经济的建立和完善，资产评估日渐成为规范政府和企业资产管理的制度要求和必备环节，发挥了独立、公正的价值防线作用，有助于规范权力运行，防止交易价格人为扭曲造成的利益输送。

三是《决定》为资产评估服务改革发展拓展了广阔空间。

党的十八届四中全会提出，要"加强市场法律制度建设"，"促进商品和要素自由流动、公平交易、平等使用"，"完善促进科技成果转化的体制机制"。加强市场法律制度建设有助于创造机会平等、规则平等的市场经济，中国的市场环境将更加透明、法制。完善的法制、规范的市场环境，有利于深化国有企业改革，鼓励投资创业，促进民营经济发展，吸引外商来华投资，为推动混合所有制经济、规范资本市场发展提供重要保障。在这种经济环境下，各类产权主体的积极性都将调动起来，企业投资、并购重组等各类经济行为将更加活跃，各类资本会流动更加频繁，对资产评估的市场需求将不断增多。加强知识产权和科技成果转化等重点领域立法，更加需要借助资产评估专业技术，推动知识产权与金融市场的对接。完善的法制体系还将打造新型政商关系，为评估行业营造更为公平的竞争环境。政府依法行政，由事前审批更多地转为事中、事后监管，加大了市场主体的法律责任，对评估业务监管将更加严格。通过规范、公平的市场竞争，将进一步促进评估行业专业实力、品牌形象以及创新能力的提升。

在全面建成小康、全面深化改革、全面推进依法治国的进程中，评估行业将继续围绕国家改革发展大局，牢记维护资产权益、维护交易秩序的使命，继续发挥专业功能，以专业服务赢得社会信任和市场认可。

三、多措并举，深入贯彻落实全会精神

评估行业各级党组织、党员和从业人员要充分认识党的十八届四中全会的历史地位和重大意义，把深入学习贯彻党的十八届四中全会精神作为重要政治任务，用全会精神统一思想、凝聚力量，锐意进取，在新的历史起点上推动行业取得新发展。

一是认真抓好全会精神的传达和学习。强化协会依法管理意识，强化各评估机构依法执业的观念。深刻领会全会精神对资产评估工作的重要指导意义，指导带动地方协会开展各具特色的学习贯彻活动，指导评估机构利用网络、内刊、宣传栏等文化阵地强化宣传，推动全行业有重点、有步骤、有秩序地抓好学习宣传贯彻工作，大力营造学习宣传贯彻的良好氛围。

二是积极配合推动行业立法工作。按照科学立法、民主立法的要求，扎实推进评估立法工作。继续配合全国人大，深入研究行业管理体制、业务范围、法律责任等立法关键问题，调动一切积极因素，加强与相关部门

和协会的沟通与协调，求同存异。同时，要扩大立法宣传，形成上下联动的宣传机制，共同推进资产评估立法工作，为评估机构营造公平竞争的市场环境。

三是大力提高协会依法管理能力。以全会精神为指导、精髓要义为方向，统筹谋划行业改革发展思路，深入研究资产评估行业依法管理、服务财政法制建设等重点领域的措施，抓好评估法治建设的顶层设计和组织实施。根据国务院有关改革要求，研究评估师资格、机构管理、会员管理与服务等与改革相衔接的问题，构建风险防御体系。积极发挥贴近市场、贴近行业的优势，以法治的思维和理念做好协会管理、专业管理工作和服务平台建设。继续完善协会理事会、常务理事会、专门专业委员会的议事决策程序；配合市场拓展，加强准则建设，为评估师执业提供操作准绳和技术支撑；适应改革发展，完善人才培养体制机制，强化评估从业人员的专业素养和市场创新能力，为政府决策和政策落实当好助手，为依法治国站好基层"第一岗"，不断推动资产评估行业健康、可持续发展。

四是不断提升评估行业依法执业水平。各评估机构要深入研究《决定》对行业发展的影响，加强法律责任意识，树立市场机制起决定作用的理念，加快推进"转观念、转作风、转机制"的步伐，努力做到"少坐等、多主动，少旁观、多尽责"，不断加强机构内部治理，完善内部质量控制机制，规范执业流程，提升执业质量，防范执业风险。

五是加强行业诚信建设，提升行业社会公信力。党的十八届四中全会提出，要"加强社会诚信建设，健全公民和组织守法信用记录，完善守法诚信褒奖机制和违法失信行为惩戒机制"。诚信是资产评估行业的立家之本、发展之道、生存之基。要不断加强职业道德修养，引导机构构建以诚信文化为核心的价值观，树立诚信服务、依法执业的工作理念，恪守独立性、客观性、公正性的原则；不断完善会员诚信档案管理，强化法律法规在道德领域解决问题的作用，营造评估行业诚信和谐的社会形象，提升行业社会公信力。

（本文原载于《中国资产评估》2014 年第 11 期，原标题为《认真贯彻落实十八届四中全会精神，积极推动资产评估行业法制建设》）

资产评估立法的重要意义及重点问题

我国资产评估行业从 20 世纪 80 年代产生以来，经过近 30 年的发展，逐步确立了在经济建设和社会管理中不可或缺的专业服务地位，在维护国有资产权益、防止国有资产流失、规范资本市场运作、防范金融风险、保障社会公共利益和国家经济安全等方面发挥了重要作用。资产评估行业已经与注册会计师、律师行业共同组成我国市场经济发展中独具特色和功能的三大专业服务业。但是，由于诸多原因，资产评估行业并没有像注册会计师、律师行业那样通过完成制定《注册会计师法》、《律师法》等专门法律为行业发展提供了较为健全的法律制度，资产评估法制建设与快速发展的实践要求存在较大差距。当前，国家正在全面深化改革和全面推进依法治国，资产评估行业的地位和作用日益突出。完善资产评估行业法律制度，实现资产评估行业依法治理，尽快制定出台《资产评估法》，具有十分重要的意义。加强有关立法问题研究，优化立法内容，加快立法进程，既是评估行业应当共同关注的问题，也是我们义不容辞的责任。

一、进一步认识资产评估立法的重要性和紧迫性

党中央、国务院、全国人大高度重视评估行业发展和法制建设。1991年 11 月，国务院颁布《国有资产评估管理办法》，明确了资产评估在国有资产管理中的法律地位，规定涉及国有资产产权或经营主体发生变动的经济行为都要进行评估，资产评估行业由此开启了自身的市场化和法治化进程。2006 年 6 月，全国人大财经委成立资产评估法起草组，评估立法工作

正式启动。2008 年，全国人大颁布《企业国有资产法》，进一步明确了资产评估在国有资产管理和产权交易中的作用和地位。2012 年 2 月、2013 年 8 月，2015 年 8 月，全国人大常委会三次审议了《资产评估法（草案）》，资产评估立法工作取得显著成效和重大进展。特别令人欣喜的是，在刚刚闭幕的十二届全国人大四次会议第二次全体会议上，张德江委员长在《全国人民代表大会常务委员会工作报告》中明确指出，2016 年要紧紧围绕使市场在资源配置中起决定性作用和更好发挥政府作用，着力提高经济社会发展和市场经济运行的法治化水平，制定资产评估法等。

总体上看，资产评估立法工作自启动以来，在中央领导同志的高度重视下，在全国人大财经委、全国人大法律委、全国人大常委会法工委的大力协调和积极推动下，有关政府部门、评估行业及社会各界对评估立法的重要性及基本原则和主要内容，已经取得普遍共识；《资产评估法（草案）》，经过广泛调研、充分论证，历经十年，数易其稿，集结了各方智慧和最新的改革成果，总体上已经比较成熟，尽快完成评估立法已经具备了坚实的基础和条件。

当前，国家正在全面深化改革和全面推进依法治国，资产评估无论是作为深化改革的重要专业力量，还是作为依法治国的重要制度屏障，其社会功能和作用会日益彰显，其法律地位和责任，急需以法律的形式来确定。同时，资产评估活动的大量增加和资产评估市场的快速发展，也迫切需要一部专门法律来规范。其重要性和紧迫性主要体现在以下几个方面：

其一，这是当前推进混合所有制建设和国有企业改革的迫切需要。在推进混合所有制经济发展和国有企业改革过程中，重点需要规范国有资产评估转让，加强国有产权交易流转监管，防止国有资产流失。通过评估立法可以有效规范和强化国有资产评估，使之成为防止国有资产流失的重要屏障。

其二，这是完善我国基本经济制度的迫切需要。我国的基本经济制度是以公有制为主体、多种所有制经济共同发展。资产评估可为各类产权提供公允的价值尺度，实现公平交易。评估立法有利于在法律制度上充分维护国有经济及各类经济主体的合法权益。

其三，**这是完善我国市场经济体制机制的迫切需要。**市场经济以生产要素有效配置为根基，资产评估是生产要素实现有效配置过程中的一个重要支撑，尽快建立与现代市场体系相适应的资产评估法律制度，是完善我国市场经济机制体制的一项重要任务。

其四，**这是规范评估行业健康发展的迫切需要。**由于评估相关法律制度不健全，目前评估行业存在委托人与评估师、评估机构法律责任界定不清等诸多问题，已严重制约评估行业的健康发展，社会反映强烈，迫切要求通过评估立法，规范评估行业的管理，依法治理和统领评估行业发展。

二、着力处理好资产评估立法中的几个重点问题

《资产评估法（草案）》已经过全国人大常委会三次审议，这样的成果来之不易，为下一步相关立法工作顺利进行奠定了坚实的基础，我们要加倍珍惜。在资产评估立法过程中，一些主要和重点问题，曾经有过较大的分歧和争议，也受到了评估行业及社会各界的广泛关注，如法律名称、业务范围、法定评估、评估师管理、评估机构管理、法律责任等。目前，有关各方对于解决这些问题已经基本形成共识或原则上达成一致，正确理解、认识这和解决这些问题，对进一步完善《资产评估法（草案）》并使之早日通过出台，具有重要的意义。

（一）法律名称问题

目前法律名称为《资产评估法》，但对这一名称有多种修改建议，包括《评估法》、《估价法》、《财产评估法》、《注册评估师法》等，《资产评估法（草案）》一审稿、二审稿和三审稿均采用《资产评估法》。

相比较而言，我们认为《资产评估法》更合适，更能体现评估行业立法的性质和特征，更能清晰规范地表达评估立法的特定内涵。主要理由如下：

一是资产不是会计学领域特有的概念，资产的范围也不仅限于企业资产。《中国国民经济核算体系综述》中提出，资产是指必须为某个或某些单位所拥有，其所有者因持有或使用它们而获得经济利益。而资产评估则是指评估师和评估机构对资产价值进行测算的专业服务行为，服务的对象

包括所有市场主体。因此,《资产评估法》这个名称很准确。

二是资产与财产虽在内涵上基本一致,但运用领域不同。财产是民法中的重要概念,是与人身权利相对、相关的概念,强调的是对资产的所有权及其衍生权利。而在经济生活领域相对应的是资产,既有经营性资产,也有非经营性资产。从评估上讲,有些评估对象不能被概括在财产范围内,比如商誉、特许权等。但凡是称为财产的,均可包括在资产中,都是评估对象。因此,用《资产评估法》名称比用《财产评估法》名称更准确。

三是"资产评估"是改革开放以来对评估行业约定俗成的叫法。资产评估已经成为社会公众普遍接受的概念,相关法律、行政法规,如《公司法》、《证券法》、《企业国有资产法》、《刑法》也都采用"资产评估"这一概念。如果不用资产评估这个名称,一方面造成法律之间不衔接,相关法律都要做出修改,立法成本会很高;另一方面也易造成概念上的混乱。

(二) 资产评估业务范围问题

《资产评估法(草案)》三审稿(以下简称"三审稿")第二条规定,资产评估是评估师、评估机构对不动产、动产、无形资产、企业价值、资产损失和其他经济权益进行评定、估算,并签署、出具评估报告的专业服务行为。对这一规定有建议提出,评估业务范围应按资产类型进行分类,还是应按经济行为进行分类?特别是将企业价值评估与不动产评估、动产评估、无形资产评估并列,是否合理?

经过研究,我们认为,评估业务范围不能完全按照资产的属性来分类表述,而应综合考虑市场需求、发展需要、评估功能,以及参考国际评估准则等,来表述评估范围。我们基本赞同三审稿中对评估业务范围的表述。主要有四点理由:

一是企业价值评估不是企业单项价值评估的简单加总,而是更多地考虑企业各项资产组合和管理方式的协同效应以及外部因素来确定企业价值的一类评估业务。动产、不动产、无形资产是企业资产的组成部分,而企业价值取决于上述资产对企业的贡献,它评估的对象是企业整体价值、股东全部权益价值或者股东部分权益价值等,需要专业人士进行评估。这是市场的需求，也是发展的需求，根据我国国情，随着市场经济改革的深化，资本市场发展迅速，企业间的并购、重组行为明显增多，对企业价值评估的需求日益增强。

二是资产评估起源于不动产评估，经历了从不动产向其他资产扩展、从单项资产向企业价值扩展的趋势。在这一趋势中，专业类别的演变历史地形成按不动产、动产、无形资产和企业价值为主进行评估业务分类的模式。

国际评估准则、美国专业评估执业统一准则、英国评估准则以及我国资产评估准则体系中对实体类准则的设计就体现了上述这一分类方式，其中就包括：不动产、无形资产、珠宝首饰、机器设备、企业价值准则项目。

三是企业价值评估已经在世界范围内形成较为成熟的理论体系。随着全球经济不断融合、经济增长模式不断转变，企业并购重组行为日趋活跃，企业价值评估业务已经成为评估的重要业务内容。为促进企业价值评估的规范发展，有必要借鉴国际普遍做法，将企业价值评估单独列示。

四是企业价值评估中虽然涉及不动产、动产和无形资产的评估，但企业价值评估有自己的评估操作特点。

（三）法定评估问题

三审稿第三条规定，涉及国有资产和公共利益，法律、行政法规规定需要评估的，应当依法委托评估机构评估。也就是说，三审稿规定了三种法定评估情形：一是涉及国有资产的；二是涉及公共利益的；三是法律行政法规另有规定的。有一种建议认为，为了充分发挥资产评估在加强国有资产管理、防止国有资产流失，以及在公正、公平维护社会公共利益中的功能和作用，三审稿应当对法定评估内容专章规定，特别是要细化哪些国有资产的情形应当进行评估，哪些公共利益的情形应当进行评估，要明确资产评估机构及评估师在法定评估中的权责。

我们认为，发挥资产评估在加强国有资产管理、防止国有资产流失以及维护公共利益中的功能和作用非常重要。资产评估法作为一部调整评估行为和评估相关当事人法律关系的规范，可以对法定评估业务，特别是国有资产评估的内容做专章规定。如果不能做到专章规定，也可以增加一条或两条，对法定评估情形予以细化即可。

（四）评估师管理问题

三审稿关于评估师管理的内容主要有三个方面：一是评估师的考试性质。第九条规定，国家对评估师实行水平评价类职业资格管理制度，法律另有规定的，依照其规定。二是考试。第十条规定，国家实行评估师职业资格全国统一考试制度。评估师职业资格全国统一考试由有关全国性评估行业协会负责组织实施，考试办法由国务院人力资源主管部门会同国务院有关资产评估行政管理部门制定。第十一条规定，具有高等院校专科以上学历的公民，可以自愿申请参加评估师资格全国统一考试；考试成绩合格的，由有关全国性评估行业协会颁发评估师职业资格证书。三是管理。第十二条规定，有关全国性评估行业协会应当在网站上公布取得评估师职业资格证书的人员名单，并实时更新。同时规定，由全国性评估行业协会对评估师死亡、丧失民事行为能力的要注销评估师职业资格证书并予以公告。四是权利义务。对评估师的权利和义务以及执业活动中的禁止行为作出规定。

2014年7月22日，《国务院关于取消和调整一批行政审批项目等事项的决定》，取消了包括注册资产评估师、矿业权评估师等11项职业资格许可和认定事项。这次取消职业资格的主要原则是，凡国务院部门设置的没有法律、法规或国务院决定作为依据的准入类职业资格一律取消。之后，国务院又取消了土地估价师职业资格的许可和认定事项。目前，由于房地产估价师有法律规定，因此，暂时没有取消其职业资格的许可和认定。

随着行政审批制度改革的深化，随着国家简政放权改革的推进，具有同一性质、同一属性的几类评估师的管理，一定会采取相同的管理方式，也就是说，都会归集到采取自律管理的方式。国家不可能对不同专业的评估师，有的采取许可的管理方式，有的采取自律的管理方式。按照这样的改革方向和改革思路，三审稿中关于评估师管理的一些规定和表述，就需要重新研究、修改。

根据国务院简政放权、强化行业自律管理以及行政审批制度改革的精神，结合中编办对评估立法的意见和专题研讨会上专家和代表提出的意见，对评估师的管理总体上应从三个方面进行规范：

一是删除评估师执业必须加入评估机构，并且只能在一家机构执业的内容，以充分体现国务院关于行政审批改革的精神。

二是将评估师的定义表述为具有相应评估专业胜任能力在评估机构从事评估业务的人员，删除了依法取得职业资格证书内容，以体现国务院关于取消注册评估师职业资格许可和认定事项决定的精神。

三是根据中央关于全面深化改革的要求，充分发挥资产评估防止国有资产流失的重要作用，对评估师和评估机构从事涉及国有资产和公共利益等法定业务的，要求评估报告应当由两名以上持有评估师职业资格证书、与承办该项业务相同专业类别的评估师签名并加盖评估机构印章。

（五）评估机构管理问题

三审稿中关于评估机构管理的内容主要有三个方面：一是关于评估机构的组织形式，可以采用合伙或者公司的形式。二是关于评估机构的设立，分别规定了合伙制和公司制机构设立的条件，同时还规定了"先照后备案"的管理模式，即设立评估机构应当先向工商行政管理部门申请办理登记，之后向有关评估行政管理部门备案。三是规定了评估机构的行为规范和权利义务。

在三审稿审议中和审议后，存在争议的问题主要有两点：一是关于机构设立条件。由于各评估专业现行制度中规定的机构设立条件，有的高于三审稿规定，有的低于三审稿规定，因此，在讨论修改时，有的提出要提高设立条件，有的提出要降低设立条件。二是，关于"先照后备案"管理模式。认为过于松散，没有考虑评估行业的管理现状和评估行业的专业特性。

我们认为，对三审稿中机构管理相关规定的修改，要按照党的十八届三中全会提出的推进工商注册制度的要求，按照国务院近期明确的对资产评估机构的管理由前置审批改为后置审批的要求，来进行研究，并提出修改意见。特别是在修改的思路上，要贯彻国务院简政放权和行政审批改革决定，变前置审批为后置审批；在修改的理念上，要将过去对机构的设立审批管理，变为对机构设立后取得资产评估资格的审批管理上。在机构取得资产评估资格条件上，要突出评估专业特性，要明确对评估师的条件要求。

（六）评估相关当事人权责界定问题

资产评估法是调整评估相关当事人权责关系的法律规范。一部法律，如果对其调整对象相互之间的权责关系规定很清晰、很可行，利于政治稳定、经济发展、社会协调，那么，这部法律就是一部好法、良法，否则，则是一部恶法。

资产评估相关当事人包括评估委托方、评估报告出具方、评估报告使用方、评估监管方。其中，评估报告出具方又包括出具报告的评估师和评估机构；评估监管方又包括评估行政监管部门和行业自律组织。

三审稿分别对评估四方面当事人的权责作出了法律界定。如，第二章对评估师在执业活动中享有的权利和履行的义务以及禁止行为作出了具体的规定，第三章对评估机构在执业活动中的权利义务以及禁止行为作出了规定，第四章对委托人及报告使用人相关权责作出了规定，第五章和第六章分别对行业协会和行政监管部门的权责作出了规定。

总体上，我们基本赞同三审稿的相关规定。但以下问题需要研究并建议作相应修改：

一是建议补充和完善评估报告使用方的权责。三审稿只规定了委托人使用报告的权责（而且只有一条规定，规定得不充分需要补充），对其他报告使用人的权责并没有作出规定。目前，报告使用人错误使用报告、不合理使用报告、扩大范围使用报告的情况屡见不鲜，对评估行业造成许多负面影响。因此，建议法律对此作出规定。

二是建议补充和完善行业协会的权责。随着行政审批制度的改革、行业自律组织职能的调整和强化，需要对三审稿中有关行业协会的权责进行梳理，研究哪些权责需要调整和完善。如建议在行业协会的权责中增加"对评估师和评估机构执业质量检查"的内容。我们认为，行业的执业质量检查是行业管理的重要内容，是提升行业整体执业质量的重要手段。而且，由于评估的领域较宽，评估的专业较强，需要组织极强的检查队伍，才能对评估师及评估机构的执业质量进行有效的检查，而行业自律组织由于对评估师实施动态管理，因此，能够针对检查的目的和要求，有效组织能力强、素质高的队伍实施检查，达到检查的效果。

三是建议对评估师的权责进行重点研究。因为评估师是评估执业活动最重要的主体，评估师的权责界定清楚了，其他评估当事人的权责就好界定，相关法律责任也好作出规定。如三审稿规定，评估师要对"执业中使用的有关文件、证明和资料的真实性、准确性、完整性进行核查和验证"，这一条评估师能否做到？需要研究。

（七）法律责任问题

资产评估法律责任是指，因资产评估当事人违反了法定义务，或不当行使法律权利所产生的，由资产评估当事人承担的不利后果。或者说，资产评估法律责任是指资产评估当事人违反法律、法规、规章规定，依法应当承担的法律后果。三审稿第七章对资产评估法律责任作了专章规定。

经过研究，我们认为在三审稿修改资产评估法律责任时，还应当重点关注资产评估法律责任种类、责任主体和责任内容。

三、加强沟通，凝聚共识，争取早日出台资产评估法

在全国人大财经委、法律委、全国人大常委会法工委的积极组织和推动下，目前对三审稿评估行业管理部门和评估行业内部已经形成共识，有关部门和社会各界也已经普遍认同，三审稿已基本成熟。特别是在刚刚闭幕的党的十二届全国人大四次会议第二次全体会议记者会上，全国人大常委会法工委有关负责人表示：2016年继续完善社会主义市场经济等方面法律制度，将制定资产评估法等。这标志着资产评估法的制定已列入重要议事日程，我们要继续全力配合全国人大做好资产评估立法工作。主要工作有：

一是进一步加强评估立法有关重点难点问题研究，积极提出评估立法意见和建议，反映行业合理诉求。

二是进一步加强与全国人大常委会法工委、评估相关行政管理部门、有关行业协会的沟通协调，求同存异，凝聚共识，共同推进评估立法工作。

三是进一步加大评估立法宣传力度，积极向社会推送新的评估立法研究成果，深化社会对评估立法的共识，营造良好的立法环境，努力推动资产评估法早日出台。

加快资产评估立法已经是社会期盼、行业心声，更是改革所需、法治

所求。我们相信，在全国人大和有关各方的共同努力下，资产评估立法工作一定会顺利完成。一个集改革和法治精神于一体的《资产评估法》早日出台，一定会不负众望，在全面深化改革和全面推进依法治国的过程、在未来评估行业发展和市场经济建设中，发挥其应有的作用。

（本文为 2016 年 5 月参加全国人大常委会法工委资产评估法立法研讨会发言稿）

深入学习贯彻《资产评估法》，
促进资产评估行业健康发展

《资产评估法》是中国特色社会主义法律体系的有机组成部分，也是完善市场经济体制的重要法律依据。2016年7月2日，党的十二届全国人大常委会第二十一次会议审议通过了《中华人民共和国资产评估法》，国家主席习近平签署第46号主席令予以公布，自2016年12月1日起施行。《资产评估法》充分贯彻了党的十八大和十八届三中、四中、五中全会精神，体现了党中央、国务院确定的全面深化改革、全面推进依法治国的总体要求，以及近年来国家行政改革、简政放权、强化行业自律管理等方面的成功经验，是资产评估行业发展的一个重要里程碑，标志着我国资产评估行业进入了依法治理的新时代。深刻认识《资产评估法》的重要意义，全面理解《资产评估法》的精神实质，准确掌握《资产评估法》的各项内容，对依法治理评估行业、规范资产评估主体行为、推动行业健康发展、完善市场运行机制、维护经济社会秩序、促进资源优化配置等将发挥重要作用。

一、《资产评估法》的重要意义

资产评估是指评估机构及其评估专业人员根据委托对不动产、动产、无形资产、企业价值、资产损失或者其他经济权益进行评定、估算，并出具评估报告的专业服务行为。《资产评估法》的出台，确立了资产评估行业在国家经济建设和社会管理中的法律地位，填补了我国经济法领域的一项空白，进一步完善了我国经济法律体系。其重要意义主要体现在：一是奠定了资产评估在我国经济和社会发展中的法定地位。《资产评估法》以法律的形式从根本上确立了各资产评估主体的权利、义务和责任，为资产评估有效地服务于经济和社会发展提供了法律保障。二是标志着资产评估法律制度体系完整建立。《资产评估法》出台，形成了以其为统领，由资产评估相关法律、行政法规、部门规章和行业自律管理制度共同组成的全面、系统、完整的资产评估法律框架体系正式建立，填补了我国经济法领域的一项空白，促进了我国法律体系进一步完善。三是适应了维护社会主义市场经济秩序的迫切需要。资产评估是通过价值发现和价值尺度功能、促进市场优化资源配置的专业力量，在维护市场秩序、促进市场公平竞争等方面发挥着不可或缺的重要作用。《资产评估法》的出台有助于更好发挥资产评估专业作用，对全面深化改革特别是深化国有企业改革、健全完善资本市场、促进混合所有制经济发展等重大改革形成重要支撑。四是强化了防范国有资产流失的制度保障。当前资产评估业务的80%以上属于国有资产评估，随着混合所有制经济的发展和国资国企改革的不断深化，国有企业与非国有企业之间的资本转让、并购、重组、股权交易等活动更趋频繁，对参与融合的各方资本进行资产评估，既是取信于非国有企业的需要，也是国有资产管理的要求。通过立法，进一步强化资产评估管理，规范资产评估行为，有助于充分发挥资产评估防范国有资产流失的重要屏障作用。五是有利于资产评估行业的规范健康发展。资产评估行业是重要的现代服务业，经过多年发展逐步形成了六大专业类别，为我国经济社会发展做出了重要贡献。但由于缺乏法律规范，评估行业存在着评估行为不规范、相关当事人权责不清、机构和人员良莠不齐、法律责任不清、评估责任难以追究等突出问题，《资产评估法》出台有利于从根本上解决上述问题，促进行业健康可持续发展。

二、《资产评估法》的亮点

国无法不强，业无法不兴。《资产评估法》作为我国经济领域的一部重要法律，主要内容是规范评估专业人员和评估机构，报告委托方和使用方，行业协会，行政监管部门等各市场主体的行为。《资产评估法》充分体现了国家简政放权、放管理结合、优化服务和强化行业自律管理的改革要求，在管理体制、国有资产监管、评估专业人员和机构管理、评估程序、行业管理、法律责任等诸多方面取得了重大突破。

1. 建立行业监管体制，实现行业监管尺度的统一

我国评估行业自产生起，采用的管理模式是条块分割的分业管理模式，目前有资产评估师、注册房地产估价师、土地估价师、矿业权评估师、保险公估从业人员和二手车鉴定估价师等六类资产评估专业资格，分别由不同行政管理部门归口管理。《资产评估法》的出台，资产评估行业实行"统一政策、分别管理"的管理模式，构建了资产评估统一的大平台，将不同专业的评估业务纳入统一的法律平台进行规范管理，各评估专业类别根据其自身的专业特点，由各部门分别管理。通过立法将不同专业评估管理统一在一部法律框架之下，建立行业统一的监管政策和监管规则，有利于各评估行政管理部门统一监管尺度，有利于指导各评估行业协会统一自律规则，有利于统一落实评估当事人各方法律责任，有利于评估机构实现多种专业综合发展。因此，统分结合的管理模式凝聚了行业共识，更能发挥各部门分别管理的优势，以及各专业评估协会自律管理的作用，规范评估行业管理。

2. 统一执业准则，规范执业行为

评估准则是评估理论和实践的总结和升华，资产评估各专业经过多年发展，在评估理念、评估原则和评估方法，以及业务委托、评估对象确定、资料收集、参数确定、报告内容披露、业务管理等方面形成各具特色但基本统一的规范要求，是规范执业行为，塑造独立、客观、公正专业形象的重要前提和保障。《资产评估法》规定评估专业机构和人员按照国家法律法规、行政法规和评估准则开展业务，要求各评估专业建立统一执业准则，为评估机构和评估专业人员提供统一、全面的执业标准。统一的执业标准规范机构和人员的执业行为，极大地提升了评估行业的专业形象和社会公信力，使评估行业得到政府和公众的认可并在经济活动中发挥着统一的价值标尺作用。

3. 分类监管评估业务，发挥评估专业功能

资产评估的本质是对价值的判断，具有咨询性，但涉及法定业务，则具有鉴证的属性。《资产评估法》充分考虑了评估市场的多元化需求和评

估行业未来的发展趋势，审慎权衡了评估各方当事人的合法权益，将评估业务区分为法定评估业务与非法定评估业务两大类进行分类监管。法定评估业务是指涉及国有资产、不动产或者公共利益，法律、行政法规规定需要评估的业务，《资产评估法》规定法定评估业务的监管要求大大高于非法定评估业务的监管要求，在业务委托方面，要求依法委托评估机构评估，并且采取招标等公开方式选择评估机构，在评估报告签章方面，评估报告由两名以上承办该项业务的评估师签名并加盖评估机构的公章，在法定评估业务的评估档案保存期限方面，要求不少于 30 年。《资产评估法》对评估法定业务实行从严管理，是深化国资改革，强化国有资产监管，维护公共权益的重要保障。对非法定评估业务的要求，主要体现在可以自愿委托评估机构评估，不强制要求两名以上评估师签字，而是允许两名以上评估专业人员签名并加盖评估机构公章，评估档案保存期限为 15 年。在法定评估业务中，评估发挥着重要的价值鉴证功能，保持独立性仍然是评估机构和评估专业人员必须严格恪守的评估准则。非法定评估业务降低了评估专业人员的门槛，评估的咨询功能将得到更充分的体现，有利于评估机构和评估专业人员为委托人提供更为灵活的专业服务。

4. 约束委托人和报告使用人的职责权限，保护评估师和评估机构的合法权益

《资产评估法》对资产评估委托制度进行了规定，明确委托人相关的义务和权利，强调评估委托人应尽的职责。资产评估法中对委托人行为和责任的认定，将给评估执业者一颗"定心丸"。资产评估法明确规定了委托人负有配合评估机构工作的责任，并且规定委托人对其提供的权属证明、财务会计信息和其他资料的真实性、完整性和合法性负责。在配合开展评估活动方面，法律规定委托人应当按照合同约定向评估机构支付费用，委托人不得串通、唆使评估机构或者评估专业人员出具虚假评估报告。资产评估法明确了资产评估报告使用制度，规定委托人应当合法使用资产评估报告。委托人必须按照委托合同约定和法律规定使用评估报告，出现违法使用行为时应当承担相应的法律责任。上述创新性的规定从法律层面厘清了评估机构与委托人之间的关系，明确了当事各方的权利和义务，对违法行为追究相应的法律责任，创造良好的评估执业环境具有重要

意义。

5. 降低评估专业人员门槛，激发人才创新活力

评估专业服务范围广、领域宽，学科跨度大，每家评估机构所需专业人才差异性很大。资产评估法规定评估专业人员包括评估师和具有评估专业知识及实践经验的评估从业人员，其中评估师是指通过评估师资格考试的评估专业人员。资产评估法体现国务院简政放权、鼓励"大众创业、万众创新"的改革精神，通过立法降低评估专业人员门槛，吸引更多专业人才进入评估行业。资产评估法规定具有高等院校专科以上学历的公民，可以参加评估师资格全国统一考试。与之前相比，由于评估师的报考条件放宽，鼓励更多有志青年报考评估师职业资格，有利于建立评估行业人才储备。

资产评估法规定，非法定业务允许不具备评估师资格的评估从业人员出具评估报告，赋予评估从业人员签字权，将会激发评估从业人员的专业活力，刺激评估业务市场供给和需求，促进评估行业专业化水平的竞争与提高。

6. 降低评估机构设立门槛，提高机构运营效率

资产评估法取消了资产评估机构设立审批，改为事后备案，强化事后监管，同时简化了设立条件，主要体现在以下方面：一是合伙制评估机构所要求的评估师数量从最低 5 名降低为 2 名，其合伙人 2/3 以上应当具有 3 年以上从业经历且最近 3 年内未受停止从业处罚的评估师，这意味着允许 1/3 的合伙人可以不是评估师，评估从业人员也可以成为合伙人。二是对公司制评估机构，在保持有 8 名以上评估师和 2 名以上股东的条件没有变的情况下，规定了 2/3 以上股东为评估师，不再限定具体人数数量，允许更多从业人员成为股东。三是放宽评估机构出资、注册资本的要求。设立门槛的降低，有效应对了评估专业服务范围广、领域宽、学科跨度大的特点，满足了评估机构专业人才差异性大的需求，保持了评估机构业务治理的专业性，体现了国家"放管结合"的改革精神，可以有效地促进大中小型评估机构均衡发展，降低评估机构的运行成本，提高评估机构运营效率。

7. 明确法律责任，维护市场公平公正

资产评估法明确了资产评估相关方违反法律应当承担的法律后果，资

产评估相关方承担的法律责任包括民事责任、行政责任和刑事责任三类，责任主体不仅有评估专业人员和评估机构，还有委托人、行业管理部门及自律组织等。法律规定，评估专业人员违反本法规定的，可处以警告、责令停止从业、没收违法所得、罚款，直至追究刑事责任。评估机构违反本法规定的，可处以警告、责令停业、没收违法所得、罚款、吊销营业执照，构成犯罪的，依法追究刑事责任。明确的法律责任，对评估机构和评估专业人员将起到重要的警示作用，有利于进一步督促评估机构和评估专业人员勤勉尽责、依法开展评估活动，从而进一步提升评估行业的公信力。

此外，评估法草案还明确了委托人、评估行业协会以及有关行政管理部门和评估行业协会工作人员应该承担的法律责任，特别是应当委托评估机构进行法定评估而未委托的，要承担法律责任，彻底终结了法定评估委托的随意性。全面、系统地对各种评估违法行为进行有效惩处的规定，对净化评估市场环境，规范市场主体行为，维护市场公平提供了法律保障。

8. 明确行业协会职能，提升行业自律管理水平

评估行业协会是评估机构和评估专业人员实现自我管理、自我约束、自我教育、自我监督的自律性组织，具有对会员的行为规范、规则约束和权益维护作用。资产评估法顺应目前政府行政职能改革和行业发展的新态势，规定了评估行业协会的定位、组织形式、管理方式和成员构成，赋予协会更多职能，规定协会具有会员管理、评估准则建设、继续教育、会员信用管理、执业质量检查、维护会员权益等职责。要求评估机构、评估专业人员加入有关评估行业协会，平等享有章程规定的权利，履行章程规定的义务。通过评估立法，明确了行业协会的法律地位和功能定位，有利于转变政府职能，建立政府依法行政、行业协会依法自治的新体制，有利于行业协会加强自律管理，提高服务质量，推动协会将工作重心从服务政府转向服务行业、市场和企业，实现更好发展。

三、深入贯彻落实资产评估法

法律的生命在于实施，法律的权威也在于实施。"天下之事，不难于立法，而难于法之必行"，认真贯彻实施资产评估法是当前评估行业的一

项重要任务，当前我们应着重做好以下工作。

（一）统一思想，提高认识，做好资产评估法的学习宣传工作

切实提高对资产评估法学习宣传工作重要性的认识，营造知法、懂法、守法的良好氛围。评估行业全体人员要统一思想、提高认识、认真学习、全面理解资产评估法，准确掌握资产评估法的精神、原则和各项具体规定，增强评估法治意识，自觉遵守资产评估法，把资产评估法的各项规定作为从事具体工作的行为准则，严格依法办事。各级协会要把资产评估法的宣传教育工作作为今年的一项重要工作，推动全行业有重点、有步骤、有秩序地抓好学习宣传贯彻工作，积极开展有特色的学习贯彻活动，指导评估机构利用网络、微信等现代化的宣传媒体强化宣传，确保资产评估法的顺利实施。

（二）完善制度，抓紧制定资产评估法的配套制度和现有制度的梳理修订工作

根据资产评估法的规定，对现行制度体系中的法规制度进行梳理，不符合资产评估法要求的要及时清理、修订或调整。一是配合政府部门做好《国有资产评估管理办法》的修订工作，配合财政部修订《资产评估机构审批和监督管理办法》，组织制定《评估行业监管管理办法》，修订评估基本准则等。《评估行业管理办法》的制定要充分体现简政放权、放管结合的改革精神，加强对评估行业的事中事后监管，管理范围包括行业协会、机构和专业人员。二是资产评估协会根据资产评估法赋予行业协会在自律管理方面的责任，修订章程，建立一系列的行业管理制度，包括会员自律管理办法、评估执业准则和职业道德准则、会员信用档案管理办法、风险防范、会员投诉举报、执业质量检查等制度。三是修改评估准则，对评估准则体系中不符合法律规定，不适应制度要求的内容进行修订。

（三）完善行业自律管理机制，充分发挥评估协会的自律管理作用

资产评估法中关于行业协会自律管理的规定，既借鉴了国际经验，又符合实际，因此，评估行业充分发挥行业自律管理的作用，必须建立适应资产评估法要求的评估行业自律管理新机制。评估协会要大力加强评估行业自律管理机制建设，创新自律管理模式，在机构和人员建设方面，适应降低管理门槛后的行政管理模式，发挥行业自律管理功能。在会员管理方面，建立会员信用档案，并向社会公开。在会员监管方面，规范会员行为，定期对会员执业质量进行检查。在会员继续教育方面，提升会员职业道德水平和专业胜任能力。在考试组织方面，为行业选拔更多合格人才。通过理顺行业准入、会员管理、机构资质、执业监管、人才培养之间的管理链条，构建适应资产评估法要求的行业自律管理新机制，激发协会的内在活力和发展动力。有关评估行业协会应当建立沟通协作和信息共享机制，制定共同的行业规范，共同促进评估行业健康有序发展。

（四）配合有关政府行政、司法部门执法工作

行业协会适应政府部门要求，做好资产评估管理实施工作，适应司法部门对资产评估的要求，落实评估报告司法鉴定。同时，建立对会员投诉、举报的评定机制和会员申诉规则，配合好行政、司法部门执法工作。

（五）强化培训教育，树立法制意识

各级协会要加强领导，周密部署，组织好专门针对广大评估师和评估从业人员的资产评估法培训班，引导业内人员全面掌握立法精神和法律规定，指导实际工作。同时，也要积极采取多种形式，向社会广泛宣传普及评估法，以确保评估法的顺利实施，唤起全社会的法制意识。

（本文内容分别发表于《中国财经报》2016 年 7 月 21 日第 1 版，《中国财政》杂志 2016 年第 15 期）

配合政府职能转变和简政放权，
积极推进评估行业管理方式改革

党的十八大以来，党中央对全面深化改革、加快转变政府职能作出了总体部署，提出了明确要求。国务院把简政放权作为全面深化改革的"先手棋"和转变政府职能的"当头炮"，采取了一系列重大改革措施，有效释放了市场活力。政府职能转变和简政放权的深入推进，不仅是市场经济条件下政府作用的一种重新定位，而且是全面深化改革过程中经济社会结构的一次深度调整、一场深刻变革。资产评估行业作为新兴的经济和社会管理专业力量，既是改革开放的产物，也始终处在改革开放的前沿地带。我们必须始终不渝地保持改革和创新精神，积极响应改革，主动适应改革，通过改革和创新，探索新的发展方向，建立新的发展模式。我们各级协会和全行业，都要坚决拥护改革，正确认识改革，热情投身改革，积极配合政府职能转变和简政放权，着力推进评估行业管理方式的改革和创新，进而推动评估行业的转型升级和持续健康发展，为国家改革开放和经济社会发展做出更大的贡献。

一、简政放权是全面深化改革背景下政府职能转变的重要举措

党的十八届三中全会突破性地为中国改革"升级"，提出"全面深化改革"的全新主张。全会提出的改革主线和具体任务，将为我国经济、社会带来深度调整和深刻变革。在这一进程中，政府与市场和社会的关系需要重新定位，政府职能需要做出进一步转变。

（一） 市场的决定性作用要求加快政府职能转变

市场决定资源配置是市场经济的一般规律。市场凭借其价值发现功能，通过内在供求机制、价格机制、竞争机制，可以促进资源的合理流动，实现资源和生产要素的最佳组合。随着我国社会主义市场经济体制逐步完善，市场在经济生活和资源配置中的作用日益突出。十八届三中全会进一步指出，经济体制改革是全面深化改革的重点，核心问题是处理好政府和市场的关系，使市场在资源配置中起决定性作用和更好发挥政府作用。

但是，当前市场作用的有效发挥，受到政府与市场边界不清的严重影响。政府越位、缺位、错位同时存在，审批事项过多，有法不依、执法不严现象普遍。政府对微观经济运行干预过多、重审批、轻监管，抑制了市场活力。因此，发挥市场在资源配置中的决定性作用，关键在于转变政府职能，深化行政体制改革，创新行政管理方式，增强政府公信力和执行力，建设法治政府和服务型政府。

（二） 创新社会治理体制要求加快政府职能转变

全面深化改革，涉及社会结构的巨大调整，政府与社会的关系会发生深层变化，这对创新社会治理体制提出了迫切要求。根据三中全会决定精神，创新社会治理，需要改进社会治理方式，鼓励和支持社会各方面参与，实现政府治理和社会自我调节、居民自治良性互动。需要激发社会组织活力，加快实施政社分开，推进社会组织明确权责、依法自治、发挥作用。适合由社会组织提供的公共服务和解决的事项，交由社会组织承担。需要创新有效预防和化解社会矛盾体制。需要健全公共安全体系。

而长期以来，政府在社会管理方面承担了过多的职能。政府大包大揽，限制了社会组织发挥作用的空间。同时社会组织不同程度地依附于政府，自身独立性较差，作用发挥不充分。因此，创新社会治理体制，需要进一步转变政府职能，培育社会组织的生存和成长空间，支持社会组织承担部分公共产品的供给职能。

（三） 全面正确履行政府职能需要进一步简政放权

根据三中全会决定的要求，转变政府职能，需要全面正确履行政府职能，首先要简政放权。通过简政放权，减少政府对市场的干预，增加社会的参与力度。

一是要放活市场。通过简政放权，减少行政审批，提高审批效率，优化审批层级。把该由企业决策的事交还给企业，把该由市场决定的事交还给市场，打破各种影响公平准入和公平竞争的"玻璃门""弹簧门""旋转门"，保证各类市场主体权利平等、机会平等、规则平等，推动资源配置依据市场规则、市场价格、市场竞争实现效益最大化和效率最优化。政府逐步改造成专注提供公共产品服务的机构，放弃与服务型政府不符的各种权力，减少和消除对资源配置和价格形成干预的行政制度，更好地抓大事、议长远、谋全局。

二是要激活社会组织。由社会组织进行行业自律，承担一些社会管理和公共服务工作，是国际上较为普遍的做法。简政放权过程中，需要进一步改革社会组织管理制度，为社会组织"松绑"。要推进行业协会商会与政府脱钩，改变"行政化"倾向。要加强规范管理，处理好"放"和"管"的关系。要落实政府购买服务政策，支持社会组织更好发挥作用。要加强社会组织自身建设，确保转移职能"接得好"。

二、简政放权对评估行业的管理与发展提出了新要求

党的十八大以来，政府减少审批、权力下放，采取了一系列措施，推进政府治理方式革故鼎新。为有效推进简政放权工作，《国务院关于印发2015年推进简政放权放管结合转变政府职能工作方案的通知》中对深入推进行政审批改革、投资审批改革、职业资格改革、收费清理改革、商事制度改革、监管方式创新等工作做出了部署。评估行业是重要的市场运行主体，也是简政放权中相应职能的承接主体。在简政放权过程中面临行业协会脱钩、评估机构审批改革、评估师职业资格转为水平评价、评估收费标准取消、行业监管形势变化等情况。国务院关于简政放权的部署，与评估行业密切相关。这些改革措施，为充分有效发挥资产评估的专业功能营造了良好的政策环境，同时也对行业的改革提出了更高的要求。

（一）行业协会管理去行政化，对行业自律管理持续健康发展提出了更高要求

政府简政放权过程中注重发挥社会力量作用，适合社会组织承接的职

能交由社会组织承担。为了更好地发挥社会组织承接政府转移职能的积极作用，需要进一步改革社会组织管理制度，激发社会组织活力，提高社会组织承接能力。中办和国办发布的《行业协会商会与行政机关脱钩总体方案》明确要求，积极稳妥推进行业协会商会与行政机关脱钩，厘清行政机关与行业协会商会的职能边界，加强综合监管和党建工作，促进行业协会商会成为依法设立、自主办会、服务为本、治理规范、行为自律的社会组织。

打铁还需自身硬，政府职能转移后，社会组织要"接得住"、"接得好"，需要加强自身建设，提高服务能力，真正成为提供服务、反映诉求、规范行为、发挥作用的主体。

（二）评估师职业资格由行政准入类调整为水平评价类，对评估师的执业素质和能力提出了更高的要求

2014年6月4日，国务院常务会议决定，在保持资质资格水平不降的前提下，减少部分职业资格许可和认定。先期取消一批准入类专业技术职业资格。今后，凡没有法律法规依据和各地区、各部门自行设置的各类职业资格，不再实施许可和认定。逐步建立由行业协会、学会等社会组织开展水平评价的职业资格制度。

根据《国务院关于取消和调整一批行政审批项目等事项的决定》和《人社部财政部关于印发资产评估师职业资格制度暂行规定和资产评估师职业资格考试实施办法的通知》要求，资产评估师职业资格制度由行政审批类转为水平评价类。

职业资格制度改革后，资产评估的部分业务领域放开，评估师面临着未来更大的竞争和市场变化，这就要求评估师进一步提高专业胜任能力，增强竞争力，增强诚信与服务意识，积极适应市场变化和经济转型升级，把握改革带来的种种机遇。

（三）评估机构的设立由先证后照改为先照后证，对行业的市场监管和法制建设提出了更高的要求

2014年12月22日，为落实《国务院关于取消和调整一批行政审批项目等事项的决定》等文件，财政部发布《关于公布取消和调整行政审批项目等事项的通知》，公布将省级人民政府财政部门实施的"资产评估机构设立审批"等三项工商登记前置审批调整为后置审批。此举将有利于理顺市场主体准入环节,进一步释放市场活力,优化经营环境,促进市场机制作用充分发挥,激发评估机构的创业热情。

同时,如何弥补由于行政管理方式的转变可能出现的事前监管缺失,是行业面临的新问题。需要行业研究新方法、探索新手段,不断创新改进管理机制,不断加强市场主体自律。

（四）市场在资源配置中起决定作用,对行业转型升级和提升核心竞争力提出了更高要求

市场化是资产评估行业发展的根本,是资产评估业务诞生进而迸发出强大生命力的内生动力,也是资产评估行业发展深化升级、强化市场服务能力、提升专业服务水平的助推器。

在政府简政放权的过程中,资产评估行业所依赖的政府指定、法定业务将逐步减少,市场自发的业务需求将不断涌现,评估市场拓展将由政府推动转为企业自发需求。这种自发需求,要求评估行业提供更加贴近企业经营的专业服务,服务内涵更加深入;对评估服务的需求也从传统的价值估算服务扩展到与价值估算相关的咨询类专业服务,服务外延更加宽广。同时,其他专业人士的进入,也使市场竞争更加激烈。这对评估行业服务转型升级和提升核心竞争力提出了更高的要求。

（五）市场经济的法治原则,对简政放权后的行业法制建设提出了迫切需求

目前评估行业中不同专业分业管理。相关政府部门、评估专业协会、评估机构以及评估师的职责缺乏必要和统一的法律约束,严重制约了评估行业的有序发展和评估专业作用的发挥。同时,由于评估缺乏法律地位,执业独立性也容易受到挑战和损害。

市场经济是法治经济。简政放权后,政府管理减少,法律约束必须尽快跟进。需要做好顶层设计,尽快建立与我国市场经济体系相适应的具有中国特色的评估法律制度,由统一的法律理顺评估行业管理体制,规范各评估专业的关系,规范政府管理与行业协会自律的关系,规范评估相关各方的行为。

三、主动作为，勇于创新，积极推进评估行业管理方式改革

推进行业管理方式改革，是完善行业治理体系、提升行业治理能力、承接政府转移职能、充分发挥服务作用的重要途径。随着政府职能转变和简政放权的深入推进，评估行业需要以新的理念、新的思路，积极探索，主动作为，勇于创新，从多个角度积极推进评估行业管理方式改革。

（一）加强协会自身建设，提升能力，积极承接政府转移职能

中评协需要把握改革契机，积极推进自身建设。要按照现代社会组织体制要求，不断完善法人治理结构和民主机制，完善会员大会、理事会制度，落实民主选举、民主决策、民主管理、民主监督，加强科学管理，依法依照章程开展活动；加强人才队伍建设，提高从业人员职业化、专业化水平。加强信用体系建设，提高诚信度和公信力。做好党建工作，充分发挥党组织的战斗堡垒作用和党员的先锋模范作用。

（二）创新职业资格和会员管理方式，分类服务，调动不同会员的积极性

资产评估师职业资格制度转为水平评价类后，中评协在财政部资产管理司的指导下，加强与人社部沟通协调，参与制定并推动财政部、人社部联合发布《资产评估师职业资格制度暂行规定》和《资产评估师职业资格考试实施办法》，为加强行业人才队伍建设奠定了制度基础。

中评协创新登记管理方式，发布了《资产评估师职业资格证书登记办法（试行）》，对在资产评估机构工作与不在资产评估机构工作的资产评估师创新性地进行分类登记，在执业要求、继续教育、后续监管等方面对二者提出不同要求，并将前者作为登记服务与监督的重点，对简化程序、规范会员管理发挥了积极作用。此外，还制定发布了《中国资产评估协会执业会员管理办法（试行）》，加强了入会后的会籍管理，对《登记办法》在资产评估师转所、印鉴等方面进行了补充，健全了会员管理机制，并修订了《中国资产评估协会非执业会员管理办法》，调整充实了非执业会员管理架构、内容和方式。

中评协还将继续加强与财政部、人社部的协调沟通，研究调整考试报名条件，优化考试科目，做好改革后自主组织的年度资产评估师职业资格

考试;推进会员管理方式改革,创新服务会员模式,健全完善会员服务管理体系,做好资产评估师职业资格登记办法实施后的制度培训、信息化建设等工作;推进行业诚信体系建设,加大诚信宣传教育。通过细致差异化服务,调动会员积极性。

(三)优化评估机构审批流程,完善日常管理,推动评估机构科学有序发展

为积极落实资产评估机构设立后置审批等改革要求,中评协配合财政部制定发布了《财政部关于调整资产评估机构审批有关行政管理事项的通知》,理顺了资产评估机构改为后置审批后的办理程序,调整了相应申请条件和申请材料,并进一步优化了审批管理流程,为保证政策的衔接和平稳过渡起到了积极的作用。

中评协将继续配合财政部进行《资产评估机构审批和监督管理办法》的修订工作,体现减少审批流程、简化审批条件、强化机构监督的改革精神;继续配合行政部门加强对机构的事中、事后监管,协助政府做好评估资格审批工作,完善协会对机构的日常管理机制;进一步完善行业管理改革相关配套制度,继续开展大型评估机构母子公司试点,指导中小机构加强内部治理,营造机构发展良好环境,推动评估机构科学有序发展。

(四)指导评估收费,制止恶性竞争,维护正常市场价格秩序

2009 年国家发展改革委、财政部制定了《资产评估收费管理办法》,要求各地要根据《资产评估收费管理办法》对本行政区域内的资产评估收费进行清理规范。这为规范资产评估收费行为,维护社会公共利益和当事人的合法权益,促进资产评估行业健康发展发挥了重要作用。2014 年,为贯彻落实党的十八届三中全会精神,使市场在资源配置中起决定性作用,促进相关服务行业发展,按照国务院常务会议部署,国家发展改革委印发了《关于放开部分服务价格意见的通知》,放开了包括资产评估在内的部分服务收费价格。

评估服务收费放开后,资产评估行业收费管理可能存在评估机构低价竞争、收费难、收费低等问题。为了维护评估行业合理的收费秩序,制止恶性低价竞争,中评协印发了《资产评估机构以投标方式承接评估业务指导意见》,为评估机构合理进行投标提供指导。为落实国务院价格改革精神，中评协将继续研究制定《关于规范资产评估机构执业收费的指导意见》，从资产评估机构和资产评估协会两个方面进行指导，就资产评估机构在收费标准的制定与公布、业务承接、确定收费金额、参加招投标、与委托方的沟通等相关事项，进一步指导和规范行业职业收费行为，维护正常市场价格秩序，为资产评估机构营造良好竞争环境，保障市场主体合法权益。

（五）完善制度，加强协调，促进行政监管与自律管理的有机结合

简政放权的主要目的是为市场主体地位的充分发挥创造条件。简政不是取消监管，放权也不是一放了之，而是要放管结合，优化监管。

目前的执业质量监管基本局限在事后监管的范畴内。中评协将积极研究新方法、探索新手段，努力解决好监管法制不健全、监管机制不完备、责任追究不到位等问题，将监管向事前预警、事中监督前移；同时，要继续完善监管检查制度，加强监管队伍建设，强化监管组织实施，并提高检查指标的含金量，继续完善具体指标，研究设定关键指标的"否决制"；中评协将按照"抓源头、提质量、树形象"的监管思路，适应行业监管新要求，加强与财政部、证监会、国资委等部门的监管协调，争取评估机构的理解、配合和各级协会的协作，促进行政监管与自律管理的有机结合，完善联动监管机制，形成有效监管合力。

（六）积极适应市场需求，提升专业内涵，体现评估准则的指导和引领作用

行业管理方式改革后，评估服务的市场属性进一步显现，市场对评估服务的专业水准更加看重，评估服务的市场范围也进一步拓宽。这就要求评估准则建设要与时俱进，进一步提升专业内涵，发挥好评估准则在提升行业核心竞争力、专业影响力方面的积极作用。

一是适应资产评估师职业资格管理、政府监管和行业自律管理改革要求，紧跟市场发展、执业需求和相关法律法规变化，对现行评估准则进行全面修订，增强准则的适时性和适用性，更好地指导和规范评估执业行为；二是满足国家经济社会发展需要和评估市场需求，针对新型评估业务，研究制定相关评估准则，服务经济和社会。三是推动评价、分析、测算、调查等管理咨询服务的专业准则或指南研究，加强对价值估算相关领域新业务的专业指导，努力拓展新业务领域。

政府职能转变和简政放权改革，为评估行业在新的经济社会格局中适应定位和谋求发展带来了挑战，但改革的过程也为评估行业提供了难得的机遇。评估行业要顺应形势，积极改革，大胆创新，促进行业转型升级和健康持续发展。

(本文为 2015 年 3 月在部分地方资产评估协会秘书长座谈会上发言稿)

适应新常态，把握新要求，实现行业自律监管新发展

资产评估行业是我国市场经济建设中一支重要的专业力量，资产评估行业的健康发展离不开行业自律监管的保驾护航。现阶段，资产评估行业正在进入改革发展和转型升级的关键节点。经济发展新常态和全面深化改革，不仅使资产评估行业面临许多新情况、新问题，同时，也对资产评估行业发展提出了许多新使命、新要求。

一、履行职能，发挥作用，行业自律监管成效显著

资产评估行业走过二十多年的发展历程，从小到大，从弱变强，取得了显著的成就，在服务我国经济社会发展方面发挥了重要的作用。行业自律监管作为维护行业健康发展的基石，在切实贯彻行业准则、有效实施职业道德规范、保证执业质量、维护公众利益、增强行业公信力等方面始终发挥着积极的作用，为保障资产评估事业健康发展做出了突出的贡献。

（一）建立了完备的制度体系

自 2004 年分设以来，中评协先后发布了《资产评估执业质量自律检查办法》、《资产评估执业行为自律惩戒办法（试行）》、《资产评估行业谈话提醒实施办法》、《中国资产评估协会会员诚信档案管理暂行办法》，2014 年又新发布了《首席评估师管理办法》。一系列行业自律监管制度的建立，为做好行业自律监管工作，督促资产评估机构改进和提升执业水平，进一步提高资产评估从业人员的执业能力和职业道德素养，全面提升资产评估行业的社会公信力提供了坚实的制度保障。

（二）确立了高效的工作机制

1. 联通了与财政部、证监会相关部门的横向工作机制

从 2010 年开始，财政部企业司（现为资产管理司）与中评协联合开展行业监督检查工作。目前，以行业协会具体组织的联合检查已成功开展 5 年。财政部采取政府购买服务的方式，委托中评协对资产评估机构进行执业质量和内部治理的联合检查。行政监管与行业自律监管的合二为一，不仅扩大了检查范围、充实了检查内容，还严格了检查要求、丰富了检查手段，大大提高了监管工作效率。此外，为加强资产评估机构在资本市场的日常监管，切实促进评估机构规范执业，证监会会计部与中评协始终保持着监管领域的交流与合作。另外，财政部企业司、证监会会计部、中评协三方就共同建立证券评估资格审批和监督管理联合工作机制多次进行了研讨和交流。

2. 顺畅了与地方协会上下联动的纵向工作机制

多年来，各地方协会为行业监管做了大量卓有成效的工作，推动了当地评估行业发展，促进了当地机构的规范执业。在全国执业质量检查工作中，中评协总体协调组织，各地方协会具体实施，上下联动、规范运作，成效显著。有的地方协会还根据本地实际，积极作为，在保证中评协规定的 20% 检查面的基础上，主动扩大检查范围，提前完成了执业质量检查当地机构的全覆盖。为锻炼地方协会的检查队伍，中评协在 2014 年出台了证券评估机构执业质量检查人员推荐制度，并按照"以老带新、确保非证券评估机构人员参与检查、大中小机构检查人员兼顾"的原则，将在 5 年内分期分批安排检查人员参加中评协组织的证券评估机构执业质量检查工作。检查人员推荐制度的实施，不仅锻炼了地方协会检查人员的业务能力，更使其开阔了视野，将大机构好的管理经验和做法，带回到地方，从而促进地方机构内部管理水平和执业质量的提升。

3. 建立了评协领导和行业专家联合巡视的动态工作机制

2014 年，中评协还成立了由中评协领导和行业专家组成的巡视组，对各地执业质量检查工作的开展情况进行巡视指导。巡视组深入到检查一线，与机构负责人、签字评估师、检查人员以及地方协会的同志进行了充分沟通。不仅听取了各地方评估协会对检查工作的意见和建议，当场解决检查工作中的疑难问题，同时也了解了机构和评估师对检查工作的真实想法和意见。

（三）创建了规范的监管手段

1. 监管手段日益丰富

行业自律监管工作始终以行业自律检查为核心，通过多形式、多层次、规范有效的监管手段开展工作。现阶段行业自律监管的主要手段包括：一是常规检查，即每年抽取评估机构总数 20% 以上的机构，对其执业情况进行实地执业质量检查。检查还针对受过行政处罚或自律惩戒的评估机构、执业质量不高且屡查屡犯的评估机构、内部管理混乱且对执业质量造成影响的评估机构、恶意降低服务费、用不正当手段争揽业务的评估机构进行重点监督检查。二是专项检查，即针对某个方面的问题开展特定目的的检查。如：2013 年，针对总分支机构内部管理和质量控制较为混乱的问题，中评协对采取总分公司形式的评估机构进行了以内部治理和质量控制情况为内容的专项检查；2014 年，针对评估机构普遍忽视内部管理的问题，中评协开展了以评估机构内部治理为主要内容的专项检查。三是专案检查，即主要是通过受理举报或接办其他部门转办案件的方式，对相关涉案评估机构和人员进行的专门检查。近几年，中评协协助最高法院、最高检察院、公安部、财政部、国资委等相关部委，对 10 多起涉案的评估机构和评估报告进行了专案检查，并出具了论证意见。四是专题调研，即针对少数执业质量差、管理不规范、屡查屡犯的机构，通过解剖式的分析，找到机构的症结所在，督促其规范执业，健全机制。如：2013 年，对一家在近几年检查中连续发现比较严重问题的机构进行了以内部管理、质量控制以及整改落实情况为内容的专题调研，深入分析、研究存在的问题，督促、指导其做好整改工作。

2. 监管内容不断充实

通过多年的摸索，行业自律监管工作不断总结经验，逐步丰富了监管内容。近年来，行业自律监管主要围绕五项内容开展工作：一是资产评估机构内部管理和质量控制情况；二是资产评估准则执行情况；三是评估费用收取情况；四是资产评估机构持续满足设立条件和证券评估资格条件情况；五是法律法规、部门规章规定的其他监督检查事项。

3. 监管程序进一步规范

监管检查作为行业自律监管的主要抓手，一直坚持程序规范、处理严谨的工作原则。检查前期，制定周密的检查方案，修订和完善检查工作底稿，采取随机抽选的方式确定检查对象；检查中期，严格工作程序，明确检查标准，统一检查尺度和口径，按时优质完成实地检查任务；检查后期，认真总结，仔细分析。严格按照专家评审、检查办公室成员集体讨论、秘书处办公会会审、惩戒委员会决议等程序做出惩戒决定。

（四）打造了精干的检查队伍

多年来，监管检查工作共组织抽调了上千名检查人员参加到实地检查工作中。经过几年来的检查实践，行业自律监管拥有了一大批稳定的检查人员，打造了一支业务精、作风硬、德才兼备、无私奉献的检查人员队伍。检查队伍中各方力量优势互补，紧密配合，协调一致。

一是评估协会的检查力量。它由地方协会领导和中评协中层干部，以及各级协会监管部门工作人员共同组成。他们熟知监管制度，了解掌握行业监管的第一手资料，具有丰富的监管实践经验。无论是中评协组织的对证券评估机构的检查还是各地方协会实施的对本地非证券评估机构的执业质量检查，他们从组织、准备、实施、总结，整个过程全程参与，实地检查亲身参加，政策水平不断提高，发现问题、处理问题、总结问题的能力不断加强。

二是评估机构的检查力量。它是由各评估机构的首席评估师以及部门经理以上评估师组成。他们具有良好的职业道德，丰富的执业经验，较高的专业水平，在监管检查工作中，一直担当着执业质量检查的重任。他们能熟练运用评估准则，准确发现评估报告中存在的质量问题。他们善于用理性的思维，对执业中存在的风险进行判断。他们将彼此的执业经验，与被查机构相互探讨。他们将检查中发现的典型，编成案例与全行业进行分享。他们既是执业质量检查的中坚，也是行业发展的骨干和未来。

三是行业专家的力量。行业自律监管工作需要借助业内专家的学识和经验，更好地开展工作。在近几年的执业质量检查工作中，各级协会都建立了专家评审制度。充分发挥业内专家的专业和经验优势，及时对检查中发现的技术难点和争议事项进行判定。同时，在检查处理环节，行业专家综合分析问题的性质、后果和影响，确定出问题的严重程度，并对检查处理提出初步建议。行业专家不仅保证了执业质量检查的公平、公正，还保障了自律监管工作的权威和有效。

（五）提升了整体的执业水平

1. 对自律监管的认识不断加强

经过多年的监管实践，评估机构和评估师对行业自律监管工作的重要性有了深刻的认识，对自律检查促进其执业质量提升的作用有了深切的感受。近年来，自律检查工作得到了越来越多机构的理解和支持，他们把检查看做是学习和提高的机会，对待检查工作高度重视、主动配合。

2. 执业质量和执业能力稳步提升

自律检查让检查人员和被检机构在执业质量、管理经验、业务领域等方面进行了充分的交流，不仅发现了问题，还总结了经验。从 2010 年开始，行业监管部门连续 5 年组织检查人员，将在检查中发现的典型问题和新兴业务编写成案例，并汇编成册在业内刊发；同时，还邀请具有先进管理经验、内部质量控制体系健全、执业规范的机构代表介绍经验，将其先进的经验和做法向全行业推广。这些措施和手段的实施，让行业自律监管的效果更加明显，机构和评估从业人员的执业质量和执业能力得到了稳步提升。

3. 内部治理和质量控制逐年完善

自律检查让机构的内部管理水平不断提高、质量控制体系逐年完善。评估机构从最初更关心业务规模、更强调当前经济效益，到目前普遍提高了对机构内部管理和质量控制的重视程度，内部各项规章制度不断健全，程序执行不断规范。特别是《首席评估师管理办法》的颁布实施，不仅完善了机构的内部治理结构，而且将质量控制的主体责任明确落实到人。

二、准确认识行业发展新常态，主动适应自律监管新要求

改革是不竭动力，创新是源头活水。2015 年是国家全面深化改革的关键之年，经济发展进入新常态，社会发展呈现新趋势。面对新阶段，资产评估行业要实现新发展，就要找准经济新常态下的行业定位，积极研究新形势下行业发展的路径，从而做到创新思维、主动适应、积极应对。

（一）资产评估行业发展的新常态

2015 年以来，中评协集中行业力量，重点研究、探讨了经济新常态下，资产评估行业发展的新趋势、新特点。这些新趋势、新特点，是因应我国的经济新常态和国家推进全面深化改革、全面依法治国战略而产生的，因此，也可以称为新形势下资产评估行业发展的新常态。我们认为，这个新常态，或者说新特点、新趋势主要体现在以下五个方面：一是评估市场格局深刻变化，传统市场结构调整，新兴市场范围扩大，潜在市场亟待发现；二是评估市场需求发生结构性改变，传统、低端服务供大于求，新兴、高端服务能力不足，行业服务转型升级任重道远；三是评估市场环境日趋严峻，准入门槛放宽，服务价格全面放开，竞争日趋激烈；四是行业管理模式发生重大变革，政府职能调整逐步推进，自律管理不断加强，行业管理要求更高、难度更大；五是国际合作与竞争日趋扩大，准则趋同，市场交融，我国评估行业走出去势在必行。可以说，我们行业的新常态，是机遇与挑战并存，困难与希望同在。

（二）行业新常态为行业自律监管提出的新要求

行业自律监管要做到与时俱进，必须结合行业发展的新常态，积极把握行业发展的新规律、新要求，找准行业发展过程中出现的苗头性和倾向性问题，创造性地开展工作。

1. 要树立法治理念

党的十八届四中全会深入回答了全面推进依法治国的一系列重大理论和现实问题，确立了"建设中国特色社会主义法治体系，建设社会主义法治国家"的总目标。法治是国家治理体系和治理能力的重要依托，而法治思维则是现代治理的首要思维，它是基于法治的固有特性和对法治的信念来认识事物、判断是非、解决问题的思维方式。可以说，树立法治思维是实现法治中国的关键。

（1）尊法学法，不断增强法治意识、强化法治理念。做好行业自律监管，首要的一条就是要加强对中国特色社会主义法治体系的学习，用法治理论武装头脑、指导行动、规范行为。各级协会和广大评估从业人员要善于在谋行业发展、促行业转型升级等实际工作中强化法治意识、积累法治知识；要结合各自的工作职责和工作性质，有针对性地加强法治学习，提高法治素养，扎实监管的思想基础。

（2）守法用法，用法律规范执业行为，用法律保护执业权益。每个公民都应忠于法律、遵守法律，服从法律规定，遵循宪法准则，确保在法律规定的范围内活动。要学会用法治推动发展，面对经济发展新常态，要坚持运用法治理念、法治手段促进发展。资产评估行业作为高端现代服务业，做好监管工作必须首先做遵纪守法、善于用法的模范，带头遵循法治原则，坚持权责统一，强化自我约束，保证在法律的框架下、在行业准则的约束下公平、公正执业。同时，也要学会用法律保护自己的权益。

（3）用法治思维引领行业发展，营造公平有序的法治环境。法治环境的好坏，决定着经济社会发展的土壤。资产评估诞生于国有企业改革，作为一个新兴行业，就更需要一个公平有序的法治环境来维系其健康的发展。现在中评协已经建立了一套由《公司法》、《证券法》、《企业国有资产法》中的相关条款以及《国有资产评估管理办法》、政府部门颁布的资产评估部门规章和规范性文件、资产评估执业准则组成的资产评估法律制度体系。全行业特别是行业自律监管工作要树立法治思维，在现有资产评估法律体系的框架内，坚持依法办事、依规行事，培养自觉运用法治理念、法治原则来分析和解决问题的能力，监督各项法律规定和评估准则的有效执行，引导资产评估行业营造出一个公平有序的法治环境。

2. 要积极适应行政管理方式的转变

李克强总理在 2015 年两会上做的政府工作报告中提到："国务院各部门全年取消和下放 246 项行政审批事项，取消评比达标表彰项目 29 项、职业资格许可和认定事项 149 项。"这其中，就包括注册资产评估师职业资格行政许可的取消。可以说，随着政府职能的转变，简政放权的加深，资产评估行业现有的管理方式必将发生深刻的变化。行业自律管理将不断加强，评估协会将被赋予更多的管理职能，其中行业自律监管也必将要承担更多、更重要的职责。

（1）顺应行政管理新变化，进一步强化行业自律监管。行业自律监管要积极适应行政管理方式的转变，要不断健全制度体系，要在防范问题、发现问题、评估问题、处置问题几个方面加强行业自律监管。防范问题就是要把监管前移。要站在行业的高度，及时了解和掌握行业发展的新态势，分析行业可能出现的苗头问题，并通过加强对行业数据的整理分析，发挥自律监管事前预警的功效。发现问题，就是要通过进一步加强检查等行之有效的方法和手段，及时监督、发现行业和机构出现的问题。评估问题，就是要把发现的问题量化出来、计量出来。问题有多大，是否具有普遍性、倾向性，会对行业的现在和未来有什么影响，要预判问题的趋势和后果。处置问题，就是要求监管部门不仅要对出现问题的机构和个人，根据情节给予自律惩戒等方式的处理，更要举一反三，分析研判涉及行业性、系统性、全局性的问题，提出有针对性的意见和建议，推动行业的健康发展。

（2）创建监管新方法，进一步优化监管手段。正如有人说过："三流的点子加一流的执行力，永远胜过一流的点子加三流的执行力。"行政管理方式的转变给了行业协会更大的舞台，我们就必须要拿出行之有效的新方法和新手段去落实、去执行。目前，行业监管主要的手段是执业质量检查。多年的实践证明，检查对于督促资产评估机构改进和提升执业水平以及促进评估从业人员规范执业，起到了不可替代的作用。随着行政管理方式的转变，很多事前审批的事项改为后置审批。而目前的执业质量检查是对全行业前一年执业情况进行的监督，也基本局限在事后监管的范畴内。如何发挥行业协会的优势，去弥补由于行政管理方式的转变可能出现的事前监管缺失，是资产评估行业面临的新问题。这需要从事行业自律监管的同志开动脑筋，研究新方法，探索新手段，将监管向事前预警、事中监督前移，这样才能适应行政管理方式转变的要求。

（3）建立协调新机制，进一步形成监管合力。行业自律监管工作不是独立存在的，它需要评估机构的理解和配合，需要各级协会的上下协作，更需要资产评估政府管理部门的大力支持。随着行政管理方式的转变，行业协会与行业政府管理部门的职能都将发生变化，以前的协调机制不可避免会出现不同程度的改变。行业自律监管部门要积极应对，寻求新形势下的新合作，主动配合政府管理部门做好行政监管工作，实现监管信息共享，监管结果互通，做到优势互补，促进行政监管与自律监管的有机结合。

3. 要主动顺应市场形势的变化

目前，资产评估市场正发生深刻的变化。评估的传统市场、新兴市场和潜在市场都与我们以前的定义有了明显的区别。评估业务的复杂程度将会更强，技术含量会更高，对评估人员的素质要求也将更进一步提升。行业监管工作一定要顺应这种变化，根据不同的业务领域，制定不同的监管目标，实施差别的监管措置，体现导向作用。

（1）严把质量，做优传统市场。对待传统业务，要发挥资产评估的专业优势，时刻关注传统市场的格局变化，积极应对，牢牢把控传统市场。同时，行业监管要严把传统市场的评估报告质量。在工作底稿的齐备、评估程序的履行、评估方法的运用、评估报告的出具等各个环节加以监督，确保评估报告的质量，确立资产评估在传统市场中的专业和品质优势。

（2）鼓励创新，推动新兴市场。对待新兴业务，要鼓励评估机构在评估方法和评估手段上的创新。通过调研和检查，及时发现新业务中存在的问题，组织行业力量共同研究，寻求解决问题的方法。并及时通过编制案例等手段，将成熟的新兴业务向业内推广。

（3）勇于探索，开拓潜在市场。在监管实践中，要深入研究，对发现的可能出现的潜在市场，做到重点关注，及时反馈。积极协调协会相关职能部门及有关政府机关，为潜在市场提供技术和政策支持，提出前瞻性的监管思维。

三、理清思路，明确目标，着力实现行业自律监管工作新发展

认识了行业发展的新趋势，看清了行业自律监管面临的新挑战，接下来的工作就是要明确工作思路，确立工作原则，在创新工作方法、优化工作手段、提升工作水平上下功夫，真正让行业自律监管工作再上一个新台阶。

（一）自律和自律监管的内涵实质

我们经常说自律，到底什么是自律？行业自律又该怎样定义呢？"自律"这个词源自希腊语，其原始含义为法由己出，也就是法则由自己决定。在西方思想史上，康德第一个系统阐述了自律概念："自律"是道德主体自主地为自己的道德意志设定法则。马克思批判地吸收了康德的思想，指出"道德的基础是人类精神的自律"。今天，我们这里所说的自律，是指行为主体按一定的道德标准和规章制度自觉约束自己，使自己的言行

符合社会的规范。自律相对于他律，是一种内在约束，有待于主体性的充分发挥。说到底，自律是一个自我完善的过程。而他律则是一种外在的制约，是指行为主体由他人要求和外在规则支配，是被动或被迫接受的。

按照这个理解，行业自律也就可以解释为行业内人士通过一定的组织、机制进行自我管理、约束，从而达到行业利益与社会公众利益协调发展的目的。对于资产评估行业来说，中评协和各级地方协会就是这个将整个行业组织起来，统一进行管理和约束的行业自律组织。评估协会接近市场、了解市场，储备了大量的专业人才，具有较强的专业性，能够在自律管理中充分发挥优势作用。在管理方面，中评协建立了完善的行业准则体系，创建了行业人才培养规划，研发了拓展市场的有效路径；而约束方面，最直接的表现形式就是行业自律监管。自律监管对行业而言，就像是自我体检，可以通过检查和调研等各种手段，及时发现行业存在的问题，通过分析研判问题出现的根源，从"病灶"入手解决问题、改正问题，实现自我修复和自我完善。

行业自律监管工作对行业来说是自律，对机构和评估师来说又是他律。曾经有个别机构的负责人，特别是受到过自律惩戒的机构负责人对执业质量检查工作有看法、有意见、有抵触，这种情绪的根源就在于他们在思想上把自己和行业完全割裂开来，仅仅站在自己的角度，考虑眼前的得失。他们只看到他律的被迫性让他们觉得不舒服、自律惩戒措施让他们感觉痛了，而没有看到自律让行业的整体执业质量不断提高、让行业的社会公信力不断提升。只有全行业都能理解行业自律和自律监管的内涵实质，学会站在行业的高度看待问题，才能将自律的精神贯穿于评估从业者执业行为的始终。

（二）行业自律监管的工作思路和工作原则

行业自律监管工作要始终以满足行业的发展需要、促进行业健康发展为基本原则。2013 年，中评协根据行业实际，提出了"补短板、兜底线、强系统"的监管工作思路。经过近两年的监管实践，通过检查、调研、经验介绍、编发典型案例等各种手段，督促机构不断提高内部治理水平、提高评估师的职业道德素养、丰富从业人员的执业经验，从而逐渐补齐了机构和评估师执业质量不高的短板，兜住了从业人员的道德底线。同时，通过不断健全监管制度，进一步强化了行业自律监管的制度体系。监管思路得到了很好的贯彻，自律监管工作取得了很好的效果。

当前，资产评估行业正面临新的发展节点，行业自律监管要适应行业发展的新常态，在今后的一段时间，要重点围绕"抓源头、提质量、树形象"的思路开展工作。抓源头，就是要抓住思想源头和制度源头；提质量，就是要提高自律监管的工作质量和评估机构的执业质量；树形象，就是要树立资产评估人的专业形象、诚信形象，树立我们资产评估行业的公信形象。

由此，今后一段时期，行业自律监管的工作原则：一是顺应行业发展，强化自律监管。监管工作要切实转变观念，适应改革发展新要求和行业发展新常态，自觉把监管融入行业发展的大局，要立足行业监督具体，立足导向提出建议，立足本职促进发展。二是实现全面覆盖，突出监管重点。要紧紧围绕协会的中心工作开展行业监管，在保证监管全覆盖前提下，突出对重点机构、重点问题、重点倾向的侧重检查。三是坚持教育和惩戒相结合，提升监管实效。坚持通过执业质量检查等监管手段，对屡查屡犯、恶意违反职业道德准则、出现重大执业质量问题的机构，严肃惩戒，体现监管的威慑力。同时，通过检查，还要帮助机构改善其内部治理，加强内部制度建设，规范执业标准、质量控制和执业流程。教育与惩戒并重，切实提升监管效果。

（三）今后行业自律监管的具体工作

今后一段时期，要着力从以下"五个结合"入手，努力实现行业自律监管工作新发展：

1. 加强法制观念，坚持依法和守规相结合

习近平总书记讲过，"治理一个国家、一个社会，关键是要立规矩、讲规矩、守规矩。"治理国家、社会如此，治理一个行业亦如此。资产评估准则就是我们行业的规矩，行业自律监管要坚持依法办事的原则，监督全行业严格遵守评估准则。监管检查人员作为行业自律监管的执行者，必须切实加强法制观念，提高依法办事的能力，带头尊法、学法、守法、用法。法治思维和法治能力的形成既靠学习，更靠实践。要坚持知行合一，把法治理念体现在工作中，把法治方式运用到监管实践里，养成并提高运用法治思维和法治方式开展工作、解决问题的能力。监管检查人员要认真学法，尤其是要学习涉及资产评估内容的法律法规；要熟知评估准则，提高运用准则解决工作中难题的水平。在工作实践中，做到检查讲方法、处理讲依据、惩戒讲程序。同时，行业监管要引导广大评估从业者严格依规办事。行业监管要积极发挥职能作用，综合运用检查、调研等多种手段，帮助、教育、督促评估机构及时发现问题、解决问题。并通过惩戒、表彰等不同的方式，发挥监管的导向作用，积极引导评估从业者将职业道德准则作为执业的价值标志，把"守规矩"落到执业行为的每一个环节，使全行业切实做到守法律、重程序、讲规矩。

2. 完善机制建设，坚持制度和改革相结合

2014年，国务院取消和调整了一批行政审批项目，其中就包括涉及资产评估行业的部分行政审批项目。资产评估的职业资格管理、机构管理方式等许多方面都发生了深刻的变革。自律监管工作要尽快适应这种转变，就必须要在完善制度、建立健全机制上下大功夫。一是要完善现有监管制度，修订不合时宜的条款和规定。要进一步完善《资产评估执业质量自律检查办法》、《资产评估执业行为自律惩戒办法（试行）》，综合考虑当前以及今后一段时期的行业特点、发展趋势、管理方式以及监管重点，丰富自律检查的手段和方法，细化行业自律惩戒的措施，修订已不具备实施条件的部分条款。二是要建立与现有行政管理方式配套的新的自律监管制度。要加强研究，配合相关行政政策的变化，制定新的监管制度，力求将行业自律的监管范围、监管内容、监管方式适应行政改革的新要求、适应行业发展的新形势。三是监管人员要积极配合行业协会，主动与财政、证监、国资等相关部门沟通，及时反映行业的实际情况和发现的新问题，配合相关政策的出台。

3. 创新监管方法，坚持整治与预防相结合

行业自律监管部门要根据行业新形势、新特点，寻找内生动力、激发工作活力、挖掘自身潜力。要积极开拓思维，充分利用信息化优势，创新监管手段，提高监管实效。一是要坚持以执业质量和内部治理为主要内容的监管检查。要根据行业出现的倾向性问题及时调整检查重点。今后的一段时间，要针对总分公司管理松散、分公司执业质量不高的普遍问题，加

大对采取总分公司形式的评估机构的监管检查力度。二是要进一步完善监管信息的收集整理工作，强化评估业务报备系统的监督管理，不断完备全国资产评估业务信息库的数据资料，真正发挥资产评估业务信息报备工作在日常监管工作中的作用。三是要进一步提高对行业数据统计分析的能力，综合运用各类风险监管指标促进工作的能力，区别不同情况、不同问题，灵活采取差异化监管手段的能力。工作中要关注评估业务的异常数据，做好事前预警、事中监督。四是要把握行业信息化发展的契机，积极倡导、主动参与行业的大数据建设，实现资产评估数据资源的融合共享，努力推动行业大数据的建设、分析、应用和服务。

4. 加大惩戒力度，坚持处罚和表彰相结合

行业自律监管要真正发挥效力、体现监管的威慑力，就要加大惩戒力度。对待那些内部质量控制松散、执业质量差、问题突出、触犯行业红线且屡查屡犯的机构和评估师，要按照惩戒办法的规定严肃处罚；要强化责任追究，对分公司出现的重大问题，板子不仅要落在分公司相关责任人，更要打在总公司身上，要使总公司真正承担起管理责任，促进分公司的规范执业；要落实机构的限期整改制度，对整改情况进行跟踪回访。加大惩戒的同时，更要及时发现好的典型，要通过各种渠道将管理经验先进、内部质量控制体系健全、执业规范的机构向行业、向社会推介，帮助其树立品牌、打造名牌，起到用名牌机构带动整个行业的效果。另外，还要进一步加强行业的诚信档案建设，将机构和评估师的奖惩信息及时汇总、反馈、录入系统。要建立信息公开制度，将诚信档案内容适时适度向社会公开。这样，既能让行业内外都关注、了解我们行业自律监管的成效，也能使评估机构主动接受社会的监督，让社会监督反过来促进行业自律监管，从而提高整个行业的公信力。

5. 强化监管队伍，坚持建设和培养相结合

人才是各项事业发展的基础。行业自律监管要以《中国资产评估行业人才培养及队伍建设规划》为指引，继续加强监管队伍建设，夯实监管工作的人才基础。首先，强化监管队伍的体系建设。要进一步加强现有监管队伍中行业协会、评估机构以及行业专家三个层级检查力量的建设，要坚持检查人员推荐制度、行业专家评审制度的完善和实施，真正建成一个多

方参与、上下连通、分工明确、优势互补的行业自律监管人才体系。其次，加强监管队伍的培养力度。要加强监管人才的业务培训，定期举办专业培训、知识更新培训，并采取业务交流、集中调研等多种方式，促使其深化专业理论、强化评估业务、拓展行业视野、提升监管能力。要逐步建立起对机构检查人员的培养制度，如使其优先参加协会组织的专业培训、优先作为行业专业人才向其他相关部门推荐、让参加行业检查成为资深会员评选的参考条件、机构综合评价加分项目，等等。第三，规范监管队伍的使用。要保证检查人才库的及时更新和维护，要确保人才库的人员定期参与检查工作。同时，还要建立检查人员考核机制。通过使用和考核，真正挑选出专业理论精深、实践经验丰富、职业道德良好、工作认真负责的检查人员，并逐渐形成稳定的行业自律监管队伍。

路虽远，行则将至；事虽难，做则必成。行业自律监管只要顺应行业发展的新常态，主动应对新常态下的各种矛盾和问题，看清目标，抓住机遇，上下同心，积极作为，就一定能够实现新的发展。

（本文为 2015 年 4 月在全国资产评估行业监管检查人员培训班上的讲话）

资产评估：在创新中收获"十二五"开拓"十三五"

进入"十三五"规划落实的开局之年，各行各业都在供给侧结构性改革的大潮中积极创新，落实"三去一降一补"的具体战略，资产评估行业同样要锐意创新，围绕"十三五"规划的落实，为各行各业提供更科学更专业的优质服务，在新业务拓展、专业体系建设、国际交流等领域再建新功。

新的起跳需要坚实的根基。在"十二五"期间，资产评估行业创新发展，转型升级，积极前行，取得了阶段性的成绩，夯实了资产评估行业在"十三五"期间再上台阶的基础。在财政部党组和协会理事会的正确领导下，在有关政府部门的支持和指导下，在全体会员的通力合作下，资产评估行业认真学习贯彻党的十八届三中全会、四中全会、五中全会精神以及习近平总书记的一系列重要讲话，坚决贯彻执行部党组的战略决策和工作部署，团结进取，开拓创新，主动适应经济发展新常态，自觉服务经济社会发展大局，走出了一条适合中国市场经济的评估服务专业之路，创立了一套服务于中国经济社会的评估理论体系和部分领域国际领行的执业规范标准，培养了一支政治素质高、职业道德优、专业能力强的服务队伍，以优质的专业服务赢得了政府信赖、社会信任、市场认可和国际同行的尊重，圆满地完成了各项工作任务，为国家"十二五"目标的实现，做出了不可或缺的贡献。目前，资产评估行业已有资产评估机构 3300 多家，资产评估师 3 万多人，从业人员 10 万多名，业务领域不断拓宽，服务水平日益提高。

一、资产评估管理体制进一步完善

资产评估行业实行行政监管与行业自律监管相结合的管理模式。经过多年努力，行业管理在法制建设，行政管理和行业自律管理体制建设方面成效显著。一是构建了资产评估法律制度体系。资产评估法律制度是经济法制体系的重要组成部分，目前已初步形成了一套以《公司法》、《证券法》、《企业国有资产法》等法律中相关条款以及国务院颁布的《国有资产评估管理办法》为基础的法律制度体系。评估人员和社会公众期盼的《资产评估法》立法工作自 2005 年 12 月正式启动，在"十二五"期间历经全国人大常委会三次审议，出台条件逐渐成熟。二是资产评估行业行政管理日益完善。近年来，在行业行政主管部门财政部的带领下，行政管理体制更加科学，管理制度不断完善，管理方法更加系统全面，管理机制更加健全，资产评估行业行政管理日益完善。三是资产评估行业自律管理逐渐成熟。评估行业不断健全自律管理体制，构建了适应行业发展实际的行业自律管理组织体系，出台了登记管理、自律惩戒等一系列自律管理制度。评估行业的社会认可度和影响力不断提升，中评协荣获民政部全国社会组织评估 5A 级最高荣誉。

二、准则建设再创佳绩

"十二五"期间，中评协一直大力推动资产评估行业准则的建设，积极为行业提供执业指导，完善了资产评估行业准则体系，为我国资产评估行业的质量提升提供了重要的理论基础。一是形成了权威的评估准则组织体系。成立了财政部资产评估准则委员会、中评协资产评估准则技术委员会和准则咨询委员会。各委员会委员来自多个政府部门、行业协会、企业、科研机构、评估机构等。评估准则组织体系的建立有利于反映各方意见，具有广泛的代表性。二是构建了比较合理的评估准则体系。截至 2014 年底，发布的评估准则共 26 项，已经形成覆盖企业价值、无形资产、机器设备、不动产等主要执业领域，规范主要执业流程，符合中国国情、与国际趋同的较为完整的评估准则体系。三是探索了有效的评估准则实施途径。多年来，通过准则宣传，准则的解释、答疑、培训，准则调研，执业质量检查，制定专家提示等多种途径促进准则实施。准则的有效实施也使准则成为政府监管评估执业的重要依据。四是实现了与国际上主要评估准则的协调。目前，我国评估准则已经实现与国际上主要评估准则在资产评估的理念、评估方法、价值类型等方面的趋同。我国评估准则也得到了国内外同行的积极认可。我国的评估准则从最初全面跟行国际评估准则，到逐步并行，再到金融不良资产、投资性房地产、著作权、商标权、专利权、实物期权等多项评估准则实现领行。

三、收获更强国际话语权

资产评估行业一贯重视与国外评估同行的交流，着力提升我国资产评估行业在国际评估界的地位，在"十二五"期间，配合国家对外开放经济战略和企业"走出去"需要，中评协积极开展评估行业国际化相关制度政策研究，推进与国际评估行业的专业交流与合作，推动我国评估行业国际化发展，主动搭建服务平台，为我国企业对外投资和经营提供专业服务。认真履行并注重发挥在国际评估组织中的职能和作用，积极参与国际评估事务和国际规则制定，不断提升中国评估行业国际影响力。积极参与国际评估理论研究和准则建设，为专业创新和行业发展提供参考和借鉴，提升中国评估行业的国际形象。先后与十多个国家和地区的评估组织签订了专业合作备忘录，与五十多个国家和地区的评估组织建立了联系，中国资产评估行业国际形象和国际影响不断提升。五年来，积极参与和扩大与国际评估组织的交流与合作，2014 年通过财政部的大力支持，促成了在北京举办的 APEC 财长会议公报中加入强化评估行业发展的内容，得到国际同行的高度认可。

四、为政府资产管理和财税改革提供专业支撑

众所周知，作为高端服务业，自创始之初，资产评估行业就因其专业、规范的服务一直在我国经济发展中发挥着重要的作用。"十二五"期间，资产评估的专业服务得到了进一步拓展和提升，在政府资产管理、资产清查、无形资产、税基评估等多个领域中提供着专业规范的服务，同时也积极配合政府部门，在政府资产管理和相关财税政策研究等方面就做了大量基础和技术性工作，为财政工作和财税改革提供专业支持。

当然，行业执业质量和水平是资产评估专业服务的关键倚仗，是行业发展的生命线，为此，行业自律监管至关重要。"十二五"期间，评估行

业一直坚持以提升执业质量为目标，不断健全监管制度、创新监管方法、加强监管力度、提升监管效果，在维护市场秩序、保证公平竞争、促进行业持续健康发展等方面发挥了重要作用。

可以发现，创新是"十二五"期间资产评估行业取得阶段性进步的根基，更是"十三五"期间资产评估行业继续前行、落实好供给侧结构性改革的核心动力。纵观资产评估行业在"十二五"期间的发展，无论是行业监管还是业务发展，无一不贯穿着创新的思维与实践。在"十三五"的落实阶段，资产评估行业更将以创新为核心动力，积极提升专业服务质量与水平，为更多的财经领域提供科学、专业、规范的高端服务。

（本文原载于《中国会计报》2016 年 3 月 7 日）

第二篇

评估市场拓展与创新

以优质资产评估服务，
助力混合所有制经济发展

党的十八届三中全会明确提出"积极发展混合所有制经济"，并强调"国有资本、集体资本和非公有资本等交叉持股、相互融合的混合所有制经济是基本经济制度的重要实现形式"。

党的十八届五中全会和国家"十三五"规划纲要也都明确要求，要稳妥推动国有企业发展混合所有制经济，引入非国有资本参与国有企业改革，鼓励发展非公有资本控股的混合所有制企业，鼓励国有资本以多种方式入股非国有企业。

可以预见，当前及未来相当长的一个时期内，发展混合所有制经济将是我国经济体制改革的一个主要目标和重要任务，以国有和非国有资本、公有和非公有资本相互融合为主体的混合所有制企业，将成为我国未来企业结构的一种"新常态"。

发展混合所有制经济有两个重要的支点，一是促进国有企业改革、增强国有资本活力；二是完善基本经济制度和市场经济体制机制，促进各种所有制经济成分的公平竞争和社会资源优化配置，提升国民经济的整体素质和活力。我国资产评估行业是伴随着国有企业改革而产生的，是伴随着市场经济建设而发展的，是促进国有企业改革和市场经济建设的一支重要专业力量。这是资产评估行业服务国家经济社会发展的两个重要的作用点和支撑点，也是服务混合所有制经济发展的两个重要的契合点和发力点。资产评估行业应当抓住机遇，不辱使命，大胆开拓，勇于创新，积极投身于混合所有制经济发展的大潮之中，以优质的资产评估服务，助力混合所有制经济发展，在国家改革开放新的征程上再度谱写行业发展的辉煌篇章。

一、准确把握混合所有制经济的深层内涵和战略意义

混合所有制经济，是指财产权分属于不同性质所有者的经济形式。从宏观层面讲，混合所有制经济是指一个国家或地区所有制结构的非单一性，既有国有、集体等公有制经济，也有个体、私营、外资等非公有制经济，而且还包括拥有国有和集体成分的合资、合作经济。从微观层面讲，混合所有制经济，是指不同所有制性质的投资主体共同出资组建的企业。我们所讲的"混合所有制经济"，通常是指国有与非国有、公有与非公有经济成分的混合，且同时具有宏观和微观两个层面的含义。

在我国，混合所有制经济曾经历过曲折的发展过程，经历了不断的理论创新、政策推进和实践探索。新中国成立初期，结合国家经济建设和社会主义改造，我们曾实行过手工业合作化、工商业公私合营等混合所有制形式。改革开放以来，结合国有企业改革，探索实行国有企业股份制改造，引入非国有资本和外国资本参与重组国有企业，重新开启了混合所有制经济新的实践。党的十五大从国有产权改革、国有布局的角度，第一次明确提出了"混合所有制经济"概念；党的十六大则进一步提出要"发展混合所有制经济"；党的十八届三中全会更加旗帜鲜明地提出要"积极发展混合所有制经济"。这种理论和政策的变化，每一次都有发展和扬弃，充分体现了改革既一脉相承又与时俱进的时代特征。

与过去不同的是，党的十八届三中全会以来，我们是将混合所有制经济作为国家基本经济制度的重要实现形式来推进的，这本质上是对混合所有制经济在体制上和战略上的一种重新定位，是一种巨大的理论与实践上的创新和进步，其作用和意义与以往也有较大的不同。

第一，发展混合所有制经济为巩固公有制经济主体地位和促进各种所有制经济共同发展建立了有效的制度安排。公有制经济和非公有制经济都是社会主义市场经济的重要组成部分，都是我国经济社会发展的重要基础。发展混合所有制经济，一方面可能在坚持公有制主体的前提下，充分发挥国有经济主导作用，不断增强国有经济活力、控制力、影响力；另一方面，也为非公有制经济发展开拓了渠道，有利于鼓励、支持、引导非公

有制经济发展，激发非公有制经济活力和创造力。

第二，发展混合所有制经济为完善我国市场经济体制和更好发挥政府作用提供了良好的解决路径。市场经济的核心是市场在资源配置中起决定作用，同时更好地发挥政府的宏观调控作用。我国经济体制改革从一开始就把处理政府与市场的关系作为改革的主要任务，通过政企分开、简政放权等推进国有企业改革和市场化建设。但是，在国有企业单一国有产权制度的基础上，政府作为国有企业唯一的投资主体和利益主体，必然要插手和干预企业的生产、决策和经营，而企业也难以真正成为自主决策、自主经营、自负盈亏的市场主体。这种状况，既影响着市场作用的发挥，也影响着政府作用的发挥，必然会制约国有企业发展和市场经济建设。发展混合所有制，将打破国有所有权铁板一块的格局，企业不再是单一国有经济的利益载体，而是各种不同经济利益的代表，政府不能也不必要直接支配和左右企业的投资、生产、经营。这样，既有利于使国有企业真正成为在市场上与其他企业公平竞争的责任主体，也有利于政府跳出微观事务和利益干扰，站在更高层面上，更好地发挥宏观调控职能。

第三，发展混合所有制经济将大大加速国有企业市场化进程。通过交叉持股、共同投资、整体上市等方式，更多国有企业发展成混合所有制企业，可以灵活地兼并、收购、出卖、破产等，将有力化解国有资产流动性差的弊病。组建混合所有制企业，可以促进企业不断完善法人治理结构，使其运行更加有效，能有效解决国有企业法人结构不健全的问题。发展混合经济，实施员工持股，能极大地调动员工积极性，提高企业效率，从而从根本上破解国有企业效率相对低下的难题。这三个问题的解决，将大大促进国有企业的市场化进程。

第四，发展混合所有制经济有利于多种所有制资本取长补短、共同发展，为我国新一轮经济增长提供动力来源。国有企业资本雄厚、资源充足、管理规范、人才济济、技术先进，但包袱重、创新力不足；民营企业制度灵活、创新力强、效率高，但资源欠缺、技术管理较落后。积极发展混合所有制经济，国有经济和民营经济将在更大范围、更广领域形成"你中有我、我中有你"的新局面，通过多种所有制经济共同发展，最终实现"国民共进"，打造更多具有国际竞争力的大企业。当前，混合所有制改革已经成为中国经济增长新一轮的动力来源，推动权力与资本各归其位，公有资本与非公有资本共同发展，其释放出来的生产力，将支撑中国经济持续前行。

第五，发展混合所有制经济有利于国有资本放大功能，提高竞争力和影响力。随着混合所有制经济的发展，国有资本承担的公共建设项目，可以积极引进社会资本一同建设，使民营资本能更顺利地进入基础设施、基础产业、公用事业等领域，这不但能扩展民营资本的发展空间，还可以直接放大国有资本功能，也可由于投资主体多元化而改善公司治理，提高效率和竞争力。随着社会主义市场经济的发展和完善，国有资本会进一步向"两国两重一新一特"（即国家安全、国民经济命脉、重要行业、重要前瞻性战略、新产业新项目、特殊行业）集中，这种战略布局的调整和形成，也需要通过发展混合所有制经济、通过其他非国有资本的配合才能完成。

二、充分发挥资产评估专业作用，积极服务混合所有制经济发展

如前所述，改革开放以来，资产评估在促进国企改革和市场经济建设中发挥了重要的专业作用，为规范国有产权交易行为、保障国有资产权益、防止国有资产流失、促进国有经济发展提供了有力的程序保障和技术支持。混合所有制经济发展，作为改革和市场化建设的重要内容，将为资产评估行业创造更加广阔的服务领域和市场空间。服务混合所有制经济发展，将是资产评估行业未来专业拓展和作用发挥的一个重要的领域和目标。我们要着力做好以下几个方面的工作。

（一）站在国家和行业发展的高度，深度参与混合所有制改革顶层设计和政策研究

混合所有制改革需要通过不同产权融合方式，发现不同资本持有者在特定领域中的比较优势，在相关利益各方平等协商的基础上，形成公平界定各方权利和责任的契约，构建行之有效的商业模式。混合所有制经济发展的政策设计需要政府部门、企业界和评估实务界的共同关注和不懈努力。多年来，评估机构在各种混合经济模式的大量评估实践中积累了足够的数据和案例，较早构建了界定出资权益的专业能力，既可以界定企业因

特殊历史导致的显性、隐性、正式和非正式出资等形成的权益，又有经验分析由经营性与非经营性资产、有形与无形资产、常规与非常规资产、地方与中央资产、军产与非军产、有瑕疵与无瑕疵资产等构成的资产系统，还熟悉与资产高度相关的由中央政策与地方政策、此时政策与彼时政策、此地政策与彼地政策等组成的规制体系。因此，评估行业有资格、有能力也有责任积极参与混合所有制改革的顶层设计和政策制定，从提升评估行业服务能力和服务经济发展大局出发，在政府、企业及市场各个层面，为发展混合所有制经济出谋划策，献智献力。

（二）聚焦国有企业改革发展，为优化国有资源配置、维护国有资产权益提供专业保障

服务国企改革是我们的传统业务和行业优势。发展混合所有制经济，必然会带来国有资本、集体资本和非公有资本进一步融合，国有企业资产转让、重组、增资扩股、股权转让等活动会更加频繁。"混合产权"多样化、流转方式复杂化，需要资产评估为各类产权交易提供公允的价值尺度，为维护各类产权所有者权益提供专业保障。在这个过程中，我们要始终把维护国有资产权益、促进国有资源优化配置作为首要责任，要在确保国有资产保值增值的前提下，着力促进国有企业运营更好地与市场接轨，实现资源、资产、资本、资金的良性循环，有效增强国有经济活力、控制力和影响力。同时，要着眼建立和完善现代企业制度，激发和创造企业活力，以资产评估专业视角，为国有企业改进公司治理、资产营运、成本控制等提供专业咨询服务，积极帮助国有企业推进财务管理向价值运营和资本管理方向的转变，促进国有企业持续健康发展。

（三）积极服务非公经济发展，为各种所有制成分提供公平的价值尺度和专业服务

支持非公有制经济健康发展，是发展混合有所制经济的重要内容和前提。非公有制经济在支撑增长、促进创新、扩大就业、增加税收等方面具有重要作用，是我国经济建设的重要组织部分。因此，十八届三中全会明确提出，要坚持权利平等、机会平等、规则平等，废除对非公有制经济各种形式的不合理规定，消除各种隐性壁垒，鼓励非公有制企业参与国有企业改革，鼓励发展非公有资本控股的混合所有制企业，鼓励有条件的私营企业建立现代企业制度。资产评估作为一种特殊的专业技术服务，要始终秉持客观、独立、公正的原则，为各类服务对象提供公平、公正的专业服务。在界定各方行为主体利益，保护各类企业法人财产权，服务各类经济主体行为中，要使用同样的标准和尺度。在服务混合所有制经济过程中，除了为国有资产评估提供公允的价值尺度服务外，也要为保障非公有制经济依法平等使用生产要素、公平参与市场竞争，提供公允的价值尺度服务。通过公平优质的专业服务，切实维护非公有制资本权益，促进混合所有制经济成分的有机融合。

（四）服务国有资产管理和市场监管需要，积极为政府部门提供资产评估服务

为政府进行国有资产管理和市场监管提供专业服务，也是资产评估行业的一个重要任务和重要市场。我们在积极关注市场需求的同时，还要密切关注政府主管部门、国有资产管理部门和市场监管机构的管理和监督需求，及时为他们提供必要的、过硬的专业服务。一是要在加强国有资产统计核算和规范管理等方面积极作为，努力寻求共进多赢的有效途径，为混合所有制经济发展创造良好的空间。二是要不断改进企业国有资产评估工作的管理制度、管理方式和手段，形成相对完善的国资评估管理制度体系，规范国有资产评估行为，充分发挥资产评估在防止国有资产流失方面的"价值门槛"作用。三是要积极参加如 PPP 项目等政府重大政策制度的研究，在服务政府决策需要的同时，努力为各项资源的有效配置提供评估专业服务。

三、抓改革促发展，推动资产评估行业转型升级

我国资产评估行业是改革开放的产物，也是推动改革开放的重要专业力量，混合所有制经济是中国经济改革为评估行业提供的又一次难得的历史机遇。通过多年服务国有企业改革和非公有制经济发展的实践历练，评估行业具备了继续为混合所有制经济发展提供专业服务的基础和条件。我们要珍惜这次机遇，以崇高的历史使命感和责任感积极参与到这一改革进程中。

（一）积极推进行业管理方式改革，增强行业发展内在动力

根据国务院取消注册资产评估师等职业资格的行政许可，注册资本登

记和行政审批简化等商事制度改革要求，资产评估行业管理方式正在进行全面改革。一是评估师职业资格制度的改革，要按照水平评价类职业资格管理的要求，推动建立新的资产评估师职业资格制度，进一步拓宽行业人才渠道，为行业人才队伍建设奠定制度基础。二是将评估机构及其分支机构设立审批由前置改为后置，不再要求申请人提供验资证明，取消公司制评估机构的最低注册资本和合伙制评估机构最低出资额要求，以达到减少审批流程、简化审批条件、强化机构监督、促进机构科学发展的目的。三是按照政府行政体制改革和简政放权的要求，积极推进行业协会管理方式改革，强化评估行业自律管理，减少政府行政干预，理顺行业自律管理链条，以改革促进行业转型升级，扮演好"市场润滑剂"和"社会管理助推器"的专业角色，激发行业发展内生动力，为维护国有资产权益、优化市场资源配置提供支持和服务。

（二）加强评估理论和方法创新，深化和拓展专业服务领域

发展混合所有制经济，资产评估行业面临交易方式多样化、评估对象复杂化、各方关注度不同的新形势，评估执业中将涌现更多新的业务热点和难点，要求我们在理论和实践上必须有创新和突破。评估机构为混合所有制改革提供评估专业服务，必须发挥资产评估价值发现和价值管理的功能，维护改革当事人各方的合法权益。特别是混合所有制经济实施管理层收购、员工持股和优先股等市场选择机制，为评估行业在期权定价、优先股评估、金融衍生品等领域带来更大的市场空间和发展机遇。评估行业要契合好市场需求，认真把握、分析和规划市场，加强对热点、难点问题的研究，运用先进理念，加强评估理论和方法创新，探索服务混合所有制经济发展的新途径。

（三）强化执业质量监管和诚信体系建设，提升行业社会形象和公信力

执业质量监管和诚信体系建设是评估行业自律管理的重要基础性工作，也是规范评估机构和从业人员执业质量的重要举措，对提升评估行业社会形象和行业公信力具有重要作用。强化执业质量要树立"抓源头、提质量、树形象"的监管新思路，以规范随机选取检查机构、随机选择检查人员、及时公开检查和处理信息的"双随机一公开"为突破口，严格执业质量检查，严格行业自律惩戒。诚信体系建设要进一步加强制度建设，完善评估机构和从业人员失信行为披露制度，树立守信激励和失信约束的奖惩机制，通过正向激励和反向惩罚的约束机制，促使评估机构坚守职业道德"底线"，不踩国资流失"红线"，诚信为本、质量为要，加强执业质量控制，彰显评估专业价值，树立卓越的行业社会形象和公信力，为全面深化改革提供优质服务。

（四）拓宽人才来源和培养渠道，打造创新型高水平专业队伍

评估行业要积极应对混合所有制经济改革与发展的新形势，必须着力打造一批具有良好职业素养、较强创新能力、精通经营管理、具有战略思维的评估专业人才。要积极拓宽人才来源渠道，探索放宽资产评估师考试报名条件，延长考试成绩有效期，采取更加准确高效的机考模式，进一步提升考试工作的科学化、信息化水平，吸引更多优秀人才加入评估行业。要创新人才培养体制机制，构建对评估人才的学历教育、准入教育和继续教育三个阶段的全过程人才培养体制，完善行业人才培养新机制，明确中评协、地方协会和评估机构在人才培养中的定位，形成合力，发挥各自在人才培养中的不同作用。评估行业通过加大改革力度，探索发现人才新体制、创新人才培养新机制，多措并举强素质、提能力，打造一支推动行业创新发展的高水平专业人才队伍。

（五）加快推进行业数字化网络化建设，提升行业信息化水平

随着云计算、移动互联网和物联网等新一代信息技术的创新和应用普及，信息技术与经济社会各领域深度融合，极大地推动了技术进步。数字化网络化发展水平的高低，对增强评估行业服务能力和行业今后的发展将起到至关重要的作用。加强推进评估行业数字化网络化建设，可以提高资产评估效率，提升资产评估可信度，为社会提供更高效更专业的评估服务。资产评估行业要认识到数字化网络化的重要性，优化完善资产评估行业信息化建设顶层设计，培育建设资产评估信息服务平台，向市场提供价值管理、大数据分析等信息服务。资产评估机构要加大对评估从业人员能力的培养，掌握现代化的数据使用和分析能力，有效利用信息技术优势，提高评估报告的准确性和可信度，向社会提供更有公信力的专业服务。

以服务新一轮国企改革为契机，促资产评估行业转型升级

中国资产评估是因应国有企业改革产生和发展的，服务国企改革一直是我国资产评估的一项最重要的任务、一个最大的市场。

党的十八届三中全会开启了全面深化改革的新征程，由此也拉开了新一轮国企改革的序幕。进一步深化国有企业改革，推动企业建立现代企业制度，是增强企业活力和竞争力、提高国有经济发展质量的有效途径和必然选择，也是完善以公有制为主体、多种所有制经济共同发展的基本经济制度和市场经济体制的重要内容。

资产评估是国有资产管理和国有企业改革的基础性工作，深化国企改革，既为资产评估行业发展提供了新的机遇和市场，也提出了更高的标准和要求。资产评估行业要深刻理解新一轮国企改革主要目标和任务，深入分析资产评估服务国企改革面临的主要问题和挑战，紧紧抓住评估行业服务于深化国企改革这一难得的发展机遇，以助力国企改革发展，促评估行业转型升级。

一、新一轮国企改革的主要目标和任务

2015 年 8 月，中共中央、国务院印发了《关于深化国有企业改革的指导意见》，该《指导意见》对新一轮深化国有企业改革主要目标和任务作出全面部署，是新时期指导和推进国有企业改革的纲领性文件，为国企改革指明了方向。

（一）深化国有企业改革的主要目标

国有企业属于全民所有，是推进国家现代化、保障人民共同利益的重要力量，是我们党和国家事业发展的重要物质基础和政治基础。

当前，国企改革的主要目标是：到 2020 年，形成更加符合我国基本经济制度和社会主义市场经济发展要求的国有资产管理体制、现代企业制度、市场化经营机制，国有资本布局结构更趋合理，造就一大批德才兼备、善于经营、充满活力的优秀企业家，培育一大批具有创新能力和国际竞争力的国有骨干企业，国有经济活力、控制力、影响力、抗风险能力明显增强。

（二）深化国有企业改革的主要任务

要实现深化国企改革的主要目标，必须抓好分类推进国企改革、完善现代企业制度、为国企改革创造良好环境条件等六项任务。具体有：

一是分类推进国有企业改革。根据国有资本的战略定位和发展目标，将国有企业分为商业类和公益类，推动国有企业同市场经济深入融合，促进国有企业经济效益和社会效益有机统一。

二是完善现代企业制度。进一步提高国有企业科学决策和经营发展水平，推进公司制股份制改革，健全公司法人治理结构，建立企业领导人员分类分层管理制度，实行与社会主义市场经济相适应的企业薪酬分配制度，深化企业内部用人制度改革。

三是完善国有资产管理体制。改革和完善现有国有资产管理体制的目标是要以管资本为主加强国有资产监管，正确处理好政府与市场的关系，不断增强国有经济的活力、控制力、影响力和抗风险能力。主要举措包括，以管资本为主推进国有资产监管机构职能转变、改革国有资本授权经营体制、推动国有资本合理流动优化配置、推进经营性国有资产集中统一监管。

四是发展混合所有制经济。以促进国有企业转换经营机制，放大国有资本功能，提高国有资本配置和运行效率，实现各种所有制资本取长补短、相互促进、共同发展为目标，引入非国有资本参与国有企业改革，鼓励国有资本以多种方式入股非国有企业，探索实行混合所有制企业员工持股。

五是强化监督，防止国有资产流失。强化企业内部监督，建立健全高效协同的外部监督机制，完善国有资产和国有企业信息公开，加强社会监督，严格责任追究。

六是加强和改进党对国有企业的领导。贯彻全面从严治党方针，充分发挥企业党组织政治核心作用，加强企业领导班子建设和人才队伍建设，切实落实企业反腐倡廉"两个责任"。

（三）深化国有企业改革中亟待解决的突出矛盾和问题

新一轮国企改革按照"有利于国有资本保值增值，有利于提高国有经济竞争力，有利于放大国有资本功能"的标准，全面提出了新时期国有企业改革的目标任务和重大举措，对推动国有企业改革不断深化、完善现代企业制度和维护国有资本权益具有重要意义。但是，在深化国有企业改革中仍然存在亟待解决的突出矛盾和问题：

一是一些企业国有资产监管体制有待完善，国有资本运行效率需进一步提高；

二是一些国有企业存在内部人控制、利益输送、国有资产流失等问题；

三是国有资产流失的方式和途径更加多样化，更具隐蔽性，维护国有资产权益的措施和手段亟待加强和改进。

四是提高国有企业运营效率，实现由管资产、管企业转向以管资本为主，需要探索和建立新的企业国有资产管理方式和评价体系。

这些问题，既是改革面临的问题，也是需要通过改革解决的问题，必须与落实改革的目标和任务同时考虑，同步推进。

二、资产评估在服务国企改革中面临的主要问题和挑战

多年来，资产评估在优化国有资源配置、促进国有资产保值增值、防止国有资产流失等方面发挥了重要的作用。但是，由于制度体制机制及评估市场监管、专业建设等方面的原因，资产评估在服务国企改革的过程中，也存在诸多方面的问题和不足。随着国有企业深化改革的推进和形势的变化，特别是面对经济新常态和新一轮国企改革等新任务，资产评估行业如何更好地发挥专业功能、更有效地促进国有资源优化配置，防止国有

资产流失，仍面临不少的问题和挑战。解决这些问题，是更好地服务国企改革的重要前提。

（一）制度缺陷导致责任主体不明，影响资产评估的独立性和客观性

资产评估同时具有鉴证性和咨询性服务功能。目前许多资产评估机构在实际执业过程中，尤其是在对国有资产评估时，常常将鉴证性服务与咨询性服务相混淆，加上国资评估管理制度和程序上存在一定缺陷，导致责任主体不明确，评估的独立性、客观性、公正性未能充分体现，难以有效防止国有资产流失。

一是有的企业和评估机构之间存在"内幕交易"。国有资产评估由资产占有方（企业）选聘机构，支付费用，有些评估机构为争取业务迎合资产占有方需要，人为调节评估值。在一些评估项目中出现交易双方先议定价格，再由评估机构"求证"、"倒推"评估结果的现象，资产评估流于形式，丧失独立性。

二是资产评估结果"责任不清"。评估结果经批准经济行为的上级国有股权管理者核准或备案后方可生效，在核准过程中，有时评估结果按管理者的意愿进行修改，导致评估结果并不完全代表评估机构独立的意见，同时也将资产评估的责任转移到核准备案部门。

三是资产评估报告核准和备案"走过场"。资产评估专业性较强，核准或备案难以发现真正的问题，形式大于实质，等同于管理机构为资产占有方和评估机构"背书"，给国有资产流失披上了"程序合规"的外衣。资产占有方、上级部门、评估机构、评估师之间权利和责任不对称，角色界定不清是资产评估管理中重要的体制机制性缺陷。

（二）评估方式与方法未能充分满足和适应新形势新变化

随着经济发展和国有企业改革向纵深推进，现行资产评估方式与方法的局限性日益显现。

一是评估机构依据资产占有方提供的资产范围进行评估，不承担评估范围是否合理的鉴证责任，对国有企业改制重组、资产剥离中出现的资产漏评、产权不清等导致的国有资产流失无能为力。

二是评估机构出具的评估报告只反映企业资产在某一时点的价值，不揭示资产价值变化的过程和原因。资产评估成为实现国有资产流失的最后环节，并使之合法化。

三是资产评估以企业账面资产为基础，侧重实物资产评估，不能全面反映企业整体价值和综合实力，降低了资产评估的功能和作用。国有企业掌控的各类资源、营销渠道、产业链等未在企业账目反映的资产是被攫取和侵吞的主要目标，资产评估对这些最能体现企业价值的资产缺乏科学有效的计量和估值方法。

四是资产评估对高新技术、商业模式、品牌商誉、管理水平等无形资产进行评估力不从心，评估结果与实际交易价格相差较大的现象时有发生，资产评估方法存在的局限性日益显现。

（三）评估执业素质和管理环境难以适应市场要求

经过多年不断努力，资产评估执业队伍素质和管理环境建设取得较大成效，但与深化国企改革和市场要求相比，还存在较大差距。

一是评估队伍执业素质有待提高。评估人才队伍建设与行业转型升级的要求不相适应。行业人才队伍规模与结构面临人才涌入减少和中高端人才流失的双重压力，知识结构和专业能力老化，创新能力不足，难以适应市场对评估的专业化和国际化发展需要，承接深化国企改革的新业务能力亟待加强。

二是评估行业监管还未完全到位。近年来，政府行业管理部门存在重审批、轻监管的倾向。资产评估违规行为、国有资产流失案件中评估机构、评估师失职渎职现象不断被社会和媒体揭露，但至今只有极少数评估机构和评估师因违规被撤销执业资格。

三是评估执业环境相对较差。由于体制机制缺陷，评估机构难以在服务内容和质量上拉开明显差距，只在市场开发上下功夫，助推了一些资产评估机构主要靠拉关系、降低收费等不正当手段承揽业务。通过招标方式选聘评估机构，评标权重设计不科学，普遍以价低者中标，更加剧了评估机构之间的恶性竞争，评估机构陷入低收费、低质量、低地位的恶性循环。

三、以服务国企深化改革发展为契机，促资产评估行业转型升级

随着全面深化改革和全面依法治国的推进，资产评估行业发展面临新

的形势：其一，政府职能转变。简政放权，放管结合，优化服务是政府职能转变的必然要求，政府对社会中介组织的管理方式进一步转变。如，已经取消的注册资产评估师职业资格许可和认定事项，就是对资产评估师职业资格管理进行了重大改革，评估行业发展更加开放。其二，明确协会定位。政府行政体制改革赋予协会更多的管理职能，也要求厘清政府和协会的关系，政府职能逐渐归位，协会的定位更加明确，使协会真正成为发挥行业自律管理职能，服务社会、服务行业、服务会员的社会化管理机构。其三，资产评估法出台已成为社会共识。经过十年的立法进程，资产评估法对完善我国市场经济体制、维护基本经济制度和防止国有资产流失的重要意义已逐渐成为社会共识，资产评估法的出台对服务新一轮国企改革，将带来新的评估市场并提出更高水平的服务要求，如，混合所有制改革、国有企业战略重组、国企内部治理结构调整、国有企业国际化发展等都离不开资产评估法定地位的保驾护航。

面对改革与发展，资产评估业必须紧紧围绕党的十八大以来确定的改革任务和目标，在适应政府职能转变和行业改革的同时，牢牢抓住国企深化改革给资产评估行业发展带来的重大发展机遇，破解资产评估行业在服务国企改革中面临的矛盾和问题，着力推进资产评估行业转型升级，提升行业服务能力，使资产评估在国有经济中实现战略性调整，特别是在保障国有资产保值增值、防止国有资产流失等方面继续发挥重要作用。

（一）转变行业监管模式，构建行业管理新格局

划清职责边界，明确责任主体，促使资产评估行业管理和发展更加符合市场化改革方向。

一是厘清政府的行政监管与行业自律管理职责。政府行业管理部门以市场监管人的身份对资产评估行为进行全过程、全方位监管，监管范围从资产评估机构扩展到行业协会、资产评估委托方以及相关当事人，并制定相应的管理规则和制度。资产评估行业协会不再代行政府有关行业监管职能，作为资产评估机构和资产评估师的自律组织实行社会化管理，行业协会领导主要由会员代表大会选举产生，主要职责是制定各项行业规范，组织开展行业技术方面的研究，促进行业协调发展，代表和维护行业利益，与政府部门加强沟通，反映行业诉求。

二是行业监管重点由资质转向行为。要宽准入，严监管，在进一步放宽行业准入的同时，健全和完善监管制度和标准，依法依规加强执业质量的检查，加大对违规行为处罚力度。政府行业管理部门通过专项检查、抽查等多种方式对资产评估行业进行监管，根据违规情形采取不同惩戒和处罚方式。行业协会着重执业质量监督，定期开展自律性检查、考评，形成有机结合的监管体系。

三是在资产评估机构中大力推行合伙制，形成有利于诚信执业的体制机制。按照权责对等的原则，在赋予资产评估机构和资产评估师独立自主执业的同时，明确资产评估机构和资产评估师的主体责任，强化风险防控的自我约束能力。资产评估机构要通过《合伙协议》及内部管理制度，明确界定资产评估机构和资产评估师的权利和责任，建立严格的内控程序和责任清查、追究机制。

四是合理划分不同类型资产评估，采取不同管理方式。根据评估报告用途将资产评估行为划分为两大类，一类是鉴证性资产评估，即法律法规规定的评估事项，主要包括涉及国有产权变动的国有资产评估和《公司法》等有关法律法规规定的评估。评估机构遵循客观、公正原则，以独立第三方身份接受委托，出具资产评估报告，承担法律责任。另一类是咨询性评估，即法定评估之外，根据委托方需要进行的各种评估，评估机构对委托方负责，评估报告供委托方在进行相关经济活动时参考使用。

（二）推进资产评估向价值评估转型，提升资产评估功能和作用

新经济时代的主要特征是实物资产在企业中的作用越来越低，技术、人才、品牌、商业模式、营销渠道等无形资产和资源对企业发展的作用日益提升。高价值、轻资产企业大量涌现。依据企业拥有和控制的全部资源，立足于整体盈利能力、竞争能力和未来发展潜力，进行的企业整体市场价值评估是资产评估行业发展的必然方向，也是防范权益性国有资产流失的迫切需要。

一是组织行业力量对企业价值评估面临的技术难点问题进行攻关。由行业协会牵头组织建立资产评估大数据平台，为运用收益法提供更加充分可靠的参数，为采用市场法提供更加及时全面的信息。改进和完善企业价值评估方法，引导资产评估机构合理运用企业价值评估。

二是加强与相关行业管理部门的合作。推动资产评估机构在以财务报告为目的的评估、上市公司定期估值信息披露等业务领域发挥更大作用。进一步明确审计、清产核资、资产清查、资产评估的关系和界限，建立既职责分明又相互衔接的管理制度。

三是在国有企业绩效考核中推行企业整体价值评估。作为改进国有企业绩效考核的一项重要举措，推行企业整体价值评估，侧重从市场价值、国有资本运营效率、核心竞争力等方面对企业进行评价，跟踪国有资本、国有资产变动过程，及时排查发现企业经营过程中的潜在风险，防范国有资产流失于事前。

（三）围绕防范国有资产流失，改进和加强企业国有资产评估管理

维护国有资本权益，防范国有资产流失是资产评估最主要的任务，针对国有资产流失出现的新情况新问题，贯彻管资本为主的原则，切实改进和加强国有资产评估管理，改善评估执业环境。

一是明确资产评估项目由国有产权持有方委托、付费，进一步规范选聘评估机构的方式和程序，促进选聘过程的公开、透明，提高选聘评估机构的专业胜任能力和职业道德因素权重。国有产权持有方在政府行业管理部门指定的网站上公布选聘资产评估机构的相关信息。

二是重新界定资产评估机构的职责，资产评估机构以第三方身份在产权转让全过程中充分发挥约束和监督作用。评估机构应根据评估目的对评估范围的合理性做出评判，对纳入评估范围的资产权属进行确权，评估报告要对资产减值和增值原因进行分析，发表独立意见。

三是改革国有资产评估项目核准备案，资产评估报告由资产评估机构和评估师承担全部责任，按照政府行业管理部门规定的格式在指定网站上公示，接受社会监督。

四是进一步规范资产评估结果使用，评估结果为产权交易参考价格，最终交易价格由交易双方自主确定，评估机构有责任和义务接受交易双方对评估结果的质询。对实际交易价格与评估结果差异较大的，评估机构应做出说明和解释。

（四）加强评估队伍建设，不断提升人员执业素质

人才是生产力中最活跃最重要的因素，是行业发展的动力。资产评估行业无论是在传统的资产评估专业服务，还是在适应经济发展新常态、为国家供给侧改革中提供精准服务，都迫切需要大量的专业人才，评估行业需要加大改革力度，探索发现人才新机制、创新人才培养新体系，多措并举强素质、提能力，使人才成为行业创新发展的动力源泉。

一是拓宽人才发现渠道。按照国务院取消注册资产评估师职业资格行政许可，职业资格由准入类改为水平评价类的改革要求，2015年4月，财政部、人社部联合发布了《资产评估师职业资格制度暂行规定》和《资产评估师职业资格考试实施办法》，为加强资产评估行业人才队伍建设奠定了制度基础。新的资产评估师考试制度放宽了报名条件，延长了考试成绩有效期，采取了更加准确高效的机考模式，新的改革措施进一步提升考试工作的科学化、信息化水平，将有助于吸引更多优秀人才取得资产评估师职业资格。

二是要创新人才培养体系。构建对评估人才的学历教育、准入教育和继续教育三个阶段的全过程培养体系，遵循人才成长规律，在不同的培养阶段，实施不同的培养策略：重视学历教育，推动更多大学开展资产评估专业教育，做好资产评估专业硕士教育指导委员会工作，夯实人才基础，推进后备人才培养。改革准入教育，通过放宽报名条件、改革考试科目、优化考试大纲和辅导教材，精准地选择德才兼备的人才。优化继续教育，使继续教育成为行业准入、会员管理、执业监管、准则建设等人才管理链条中的重要一环，发挥继续教育在人才队伍建设中的重要作用。

三是完善行业人才培养机制。加强行业人才培养机制研究，进一步完善中评协、地方协会、评估机构三个层次的资产评估人才培养机制，形成合力，加大对地方协会和评估机构人才培养指导和评价力度。

四是强化人才的培训教育。根据社会经济发展对行业人才的新要求，丰富培训内容，创新培训方式。围绕服务财税体制改革、混合所有制经济发展、推进国有企业转型升级和文化市场体系建设等新市场、新业务的特殊要求，加强行业人才知识结构更新和专业胜任能力的培养。充分发挥网络教育平台的作用和优势，探索开通网络在线培训，为广大执业人员提供开放式、自主性的学习平台。

（五）加快评估行业信息化建设，不断提高服务水平

互联网与经济社会各领域深度融合，具有推动技术进步、效率提升和组织变革，提升实体经济创新力和生产力的作用。信息化发展水平的高低，对增强评估行业服务能力和行业今后的发展将起到至关重要的作用。

一是推动互联网在资产评估行业的应用。互联网发展对资产评估的参与主体、业务种类及来源、评估技术运用、资产评估的工作方式等产生深刻影响。资产评估行业应积极应对变革和挑战，运用大数据、云计算等整合资源，培育具有影响力的"互联网＋"资产评估应用平台，向市场提供价值管理、大数据分析等网络服务，为评估行业提供政策交流、信息使用、技术交流、人才培养等专业服务。

二是要积极推进资产评估行业信息化建设工作。要随着经济社会的发展、行业的壮大和管理方式的调整，整合现有行业信息资源，进一步优化、完善资产评估行业信息化建设顶层设计，发展社会和行业通用的技术、标准和服务，为行业提供便捷服务和技术支持。

当前，随着我国"五位一体"总体布局和"四个全面"战略布局的推进，经济步入新常态，国有企业改革任重道远。在深化国有企业改革、发展混合所有制经济的新形势下，促进国企业战略重组、优化国企资源配置、提升国企管理效率、防止国有资产流失的任务和环境更加复杂。资产评估以服务国家供给侧改革为主线，充分发挥资产评估服务于国企改革和经济社会发展的价值评估专业优势，是全面深化国有企业改革、激发市场活力的必然选择。

加强资产评估理论和实践创新，积极服务财税改革和政府资产管理

财政是国家治理的基础和重要支柱。科学的财税体制是优化资源配置、维护市场统一、促进社会公平、实现国家长治久安的制度保障。资产评估具有独立、客观的价值发现和鉴证功能，是维护经济秩序、优化资源配置的重要手段，是国有资产管理和制定财税政策的重要基础性工作。要建立现代财政制度需要资产评估专业支撑。近年来，资产评估行业围绕财政改革和经济发展大局，主动作为，勇于创新，凭借专业、人才、管理等优势，为服务财政改革和资产管理做出了积极贡献。

一、资产评估为服务财税改革和政府资产管理发挥了重要作用

近年来，资产评估行业始终坚持围绕中心、服务大局的原则，充分发挥专业功能，在服务财税改革和政府资产管理等方面取得了显著成效。

（一）财政资金绩效评价

开展财政资金绩效评价工作，是提高政府管理绩效、提升国家治理能力的重要环节。财政部已发文明确中央国有资本经营预算支出项目绩效评价工作，"委托资产评估等中介机构，开展第三方评价"。通过评估机构开展财政资金绩效评价工作，有利于增加公共支出透明度，改进和加强财政监督；通过合理设置资金效益评价中社会效益和经济效益的指标和权重，获取有效评价信息，有利于按照国家预算宏观调控的要求，引导企业重点发展涉及国家核心竞争力、产业结构优化升级等具有社会效益的项目，合理配置资源；通过建立完善的项目支出绩效管理机制，展示支出与绩效之

间的内在联系，有利于推进财政支出管理的科学化、制度化、规范化建设。

为推动财政资金绩效评价工作，中评协组织专家开展了财政支出绩效评价课题研究，对评价内容、评价方式、指标体系和权重等问题进行了重点研究，对绩效评价的工作体系进行完善。在财政部资产管理司的指导下，中评协研究制定了《国有资本经营预算支出项目绩效评价操作指引》，对专业机构开展国资预算支出项目绩效评价工作进行规范，促进专业机构提供高质量的绩效评价服务，防范执业风险。

资产评估行业已拥有完善的估值技术和方法，熟悉企业经营、资本运作和财务管理，已在山西、上海、浙江等地开展了一些大型财政支出项目的绩效评价业务，形成了一套较为完善的评价流程和方法。

（二）涉税评估

公平、合理地确定计税依据是完善税收制度、公平税负的重要基础。利用资产评估等市场化的定价手段确定税基，能科学处理征纳关系，提高纳税人认可度，维护社会公平。为推动资产评估行业更好地服务税收制度改革，中评协组织专家开展了我国税制改革中的涉税业务评估研究、财产税计征等税基定价课题研究，形成了理论上的前瞻准备。目前，诸如财产税、所得税、资源税等税基的评估都逐渐依赖于专业机构出具的意见。资产评估行业已积累了为企业重组、反避税涉及的企业所得税，财产转让涉及的个人所得税等税基进行定价的实践经验。

（三）行政事业单位资产评估

近几年，资产评估报告已成为开展行政事业单位国有资产监管的一个重要依据。行政事业单位国有资产管理是财政管理的重要组成部分，是预算管理的延伸，财务管理的扩展。为了加强对行政事业资产的管理，2006年，财政部印发了《行政单位国有资产管理暂行办法》和《事业单位国有资产管理暂行办法》，在两个《办法》中单独设置了"资产评估"一章，对行政事业单位国有资产需要进行评估的情形、评估项目实行核准制和备案制、资产评估机构资质以及行政事业单位在评估过程中需要履行的义务等做出了明确规定。此后，财政部在开展行政事业单位国有资产监管的过程中，越来越重视资产评估报告的作用和效力。财政部门审核行政事业单位资产处置，行政事业单位所属的企业进行国有资产有偿转让等事项时，明确要求必须由具有相关资质的资产评估机构对涉及的资产进行评估，作为确定所属企业国有资产转让价格的参考依据，以切实提高资产监管质量。资产评估机构也越来越多地参与到行政事业资产的价值评估中，为行政事业单位资产管理提供价值尺度。

（四）以财务报告为目的的评估

资产评估为公允价值广泛应用提供了计量尺度。会计公允价值计量改革及利用专业评估服务已成为国际趋势。公允价值的可靠计量是会计准则的重要计量属性，直接关系到企业的价值和盈亏，关系到市场经济的健康、稳定发展。2007年开始中国实行了与国际会计准则趋同的企业会计准则，引入了公允价值计量属性。按照企业会计准则，企业合并、资产减值时，需进行合并成本分配和资产减值测试等会计处理和财务审计，由此派生出对资产评估的服务需求。中评协为此在2007年出台了《以财务报告为目的的评估指南（试行）》。在实施公允价值计量的过程中，资产评估已经开始发挥重要作用，在企业合并、资产减值、投资性房地产、金融工具计量等领域，为会计提供专业的估值服务。随着金融危机对公允价值计量的反思和完善，更需要进一步发挥评估的计量尺度和"稳定器"作用，防止资产价格的顺周期波动，稳定投资人的预期和市场的反映，避免市场的大起大落。

（五）金融企业改革和金融资产管理

资产评估对促进金融企业重组改制发挥了重要作用。资产评估作为价值管理工具和金融监管的预警标尺，可以全面服务金融企业改制、金融企业经营过程中的风险防范、不良金融资产的处置三大环节，有效地保障金融国有资产安全和我国金融市场的安全。近年来，财政部分别出台了《金融企业国有资产评估监督管理办法》和《金融企业国有资产转让管理办法》等文件，明确了金融企业需要进行资产评估的各种经济行为，并强调了资产评估结果是确定金融企业国有股权转让价格的参考依据，国有金融企业并购重组需要借助评估机构的专业判断。2013年度，我国主板市场发生重组的金融企业共有17家。在19份并购重组资产评估报告中，以评估值作为定价参考的16份，占比84.21%。其中，重大资产重组2家，共出具资产评估报告 2 份，全部以评估结果作为交易定价，占比 100%。在金融国有资产管理链条中，资产评估已经成为防止金融资产低价转让和流失的重要环节。

（六）文化企业资产评估

文化企业的监管政策限制比较复杂，尤其在上市资产剥离、非公资本进入和关联交易方面。资产评估作为独立的第三方，在文化企事业单位改制中充分揭示无形资产价值，能为文化产业市场发展、非公有制文化企业发展、促进金融资本社会资本与文化资源相结合提供价值尺度。目前评估行业已在服务文化企业并购重组、股份制改造、文化资产质押融资、投资等方面发挥了重要的价值鉴证作用，积累了宝贵的实践经验。

为丰富我国的文化评估理论体系，服务文化市场建设，指导文化资产评估实践，近年来，中评协与中央文资办先后合作开展了文化企业资产评估等课题研究，还独立或与有关部门合作开展了版权价值评估，电视剧、电影著作权资产评估，知识产权质押评估，文物艺术品价值发现研究，中国画、中国书法资产评估准则课题研究等，部分成果已经出版，在业内外影响广泛。

财政部 2013 年 5 月 7 日下发《关于加强中央文化企业国有产权转让管理的通知》，中央文化企业国有产权转让应当依法履行内部决策程序和审批程序，按规定做好清产核资、审计和资产评估等有关工作，并以经核准或备案的资产评估值作为转让价格的参考依据。2013 年，共有 21 家文化企业进行了资产重组，共出具评估报告 37 份，以评估值作为定价参考的 32 份，占比 86.49%。其中，1 家公司发生重大资产重组，共出具资产评估报告 10 份，全部以评估值作为定价参考，占比 100%。资产评估有效推动了国有文化资产优化配置和结构调整，有助于加快国有文化企业合并、重组、股改和上市的步伐。

（七）碳资产评估

低碳经济已经成为全球新的经济增长点和各国竞争的焦点，节能环保也日渐上升为我国经济发展的主流趋势、国家发展的重要战略和社会关注的热点问题。利用市场机制减排，可以有效减少社会整体减排成本，优化社会资源，拓展新的经济增长点。在此过程中，碳排放权和减排量进一步成为新型资产，兼具商品和金融属性，碳资产评估是支撑这一新型资产交易体系的重要组成部分。碳资产的合理评估，一方面可以促使企业调整财务内涵与外延，另一方面能够推进与金融市场相融合的全球化碳市场建设，更重要的是碳资产的评估将极大提高政府、企业乃至全社会对低碳经济的认识，把抽象的绿色经济概念转化成了可计量、能交换的有价资产。资产评估作为价值发现和价值衡量的专业手段，能够发现碳资产的内在价值，优化资源配置，促进碳资产的有序流转，保障流转方的合法权益。

为推动碳资产交易发展，中评协与中国清洁发展机制基金管理中心（下称"清洁基金"）合作出版了《碳资产评估理论及实践初探》一书，并于2013年底，在京签署"碳资产评估工作战略合作协议"，继续发挥各自优势，联合开展碳资产评估的理论研究和准则建设，规范碳资产评估执业行为，加强碳资产评估能力建设并促进相关国际合作，助力环境要素从可测量、可核查、可报告向可估值、可交易、可入报表的发展，推动碳市场的发展和完善。

目前，我国处于碳市场发展的初期，评估行业已经依据既有的经验促成一些碳资产相关交易，目前碳资产评估的主要业务包括：提供以交易为目的的排放权单项资产评估和以融资为目的的碳资产评估等。

二、建立现代财政制度对资产评估服务提出的新任务和新要求

2015年，APEC工商咨询理事会（ABAC）主席宁高宁在致APEC财长的信中指出，资产评估是全球经济决策的中心环节，广泛应用于资本市场和不动产市场，也适用于公共部门和私营部门各组织（包括监管组织）的决策和行为。深化财税体制改革是一场关系国家治理现代化的深刻变革，财政制度安排体现并承载着政府与市场、政府与社会、中央与地方等方面的基本关系。建立统一完整、法制规范、公开透明、运行高效，有利于优化资源配置、维护市场统一、促进社会公平、实现国家长治久安的可持续的现代财政制度，更加需要利用资产评估等市场化手段，让市场发挥应有的作用，激发更大的活力。

财政部一直重视发挥资产评估在市场经济和财政工作中的基础性作用。随着现代财政制度的逐步建立，资产评估将继续恪守独立、客观、公

正的职业道德，服务政府管理和科学决策，在预算绩效管理、房地产税改革实施、推进政府和社会合作、金融文化企业深化改革、政府资产管理等领域提供专业支撑。

（一）服务预算绩效管理

现代预算制度是现代财政制度的基础和核心。预算编制科学完整、预算执行规范有效、预算监督公开透明，三者有机衔接、相互制衡，是现代预算管理制度的核心内容。本着"花钱必问效，无效必问责"的理念实施预算绩效管理，被视为建立现代预算制度的突破口，预算绩效管理将贯穿于改革的全过程。2015年1月1日施行的新《预算法》，在国家法律的战略层面首次提出预算应遵循绩效原则，这是对传统预算观念的一次具有深远影响的重大变革，为我国预算体制由传统预算向绩效预算转型奠定了法理基础。"讲求绩效"总则贯穿预算编制、审查和批准、执行和监督、决算及公开等预算管理的各个环节。《预算法实施条例》（修订草案征求意见稿）还明确提出，财政部门对使用单位和债务资金使用情况进行监督检查和绩效评价。财政部印发的《中央对地方专项转移支付管理办法》和《中央国有资本经营预算管理暂行办法》，对专项转移支付资金和中央国有资本经营预算资金均提出了积极开展绩效评价、实现全过程预算绩效管理、提高财政资金使用效益的要求。

随着新《预算法》的实施和现代预算制度的建立，财政支出绩效评价的项目范围和数量将不断拓展，项目资金规模也将不断扩大，绩效评价需求将大量增加。财政支出绩效评价专业程度高、社会影响大，引入第三方评价，有利于促进绩效评价工作的客观公正，保证评价效果和评价质量，提高社会的认可程度。政府购买第三方服务成为未来发展趋势，为评估行业服务财政改革、实现转型升级提供契机。作为第三方中介机构的重要组成部分，资产评估机构多年来一直积极参与财政支出绩效评价工作。中评协在多方总结实践经验的基础上，及时出台了《财政支出（项目支出）绩效评价操作指引（试行）》，有力地指导了评估行业执行财政支出绩效评价业务。在操作指引的指导与规范下，评估行业提升了服务财政资金绩效评价的专业胜任能力，为新形势下进一步服务财政预算绩效管理工作打下了良好的基础，资产评估行业将在绩效评价管理中扮演更重要的角色，为我国财政改革发挥更加重要的作用。

（二）服务房地产税税基确定

加快改革财税体制，形成有利于结构优化、社会公平的税收制度，需要继续发挥资产评估在企业重组、反避税涉及的企业所得税，财产转让涉及的个人所得税税基评估的专业作用。房产税、资源税以及未来开征的遗产税等税基的评估，也需要资产评估等机构出具专业意见。根据国际惯例，物业税征收，需要定期对现有的房地产进行评估，在评估的基础上征收物业税。多年来，评估行业积极参与房地产改革实践，并配合财税部门开展了模拟评税等工作。目前开征个人自住房房产税试点的上海、重庆地区，暂时使用市场交易价格进行参考计征房产税，没有提及涉税评估，但是要彻底解决应税房产的"计税依据"如何确定的问题，需要借助第三方专业力量。房地产税税基评估工作是房地产税改革的重点环节。当前，房地产税立法及相关改革正在酝酿之中，为服务于房地产税改革，中评协配合财政部税政司，开展房地产税税基评估研究，为房地产税的立法提供政策建议。资产评估机构以独立的价值判断，合理确定房地产税税基，使房地产税征收有据、税负合理、基数准确，维护社会公平。

（三）资产评估服务 PPP 项目

为打造大众创业、万众创新和增加公共产品、公共服务"双引擎"，让广大人民群众享受到优质高效的公共服务，在改善民生中培育经济增长新动力，党的十八届三中全会明确提出："允许社会资本通过特许经营等方式参与城市基础设施投资和运营"。创新公共基础设施投融资体制，推广政府和社会资本合作模式，对于加快新型城镇化建设、提升国家治理能力、构建现代财政制度具有重要意义。做好此项工作，涉及到合作或国有资产转让的管理和价值确定。在 PPP 项目中，引入资产评估有利于项目科学决策和维护国有资产权益。

PPP 模式新政策的发布，对资产评估等专业服务提出新需求。国家发展改革委《关于开展政府和社会资本合作的指导意见》明确提出，加强引导，积极发挥资产评估等各类专业中介机构在 PPP 项目中的积极作用，提高项目决策的科学性、项目管理的专业性以及项目实施效率。2015 年 12 月，财政部印发的《PPP 物有所值评价指引（试行）》明确提出，定性评价专家组包括财政、资产评估、会计、金融等经济方面专家。随着 PPP 模式的逐步推开，包括物有所值评价业务在内的相关业务也将大幅增长。

鉴于 PPP 项目的参与方众多、项目涉及范围广、权利义务关系复杂的特点，资产评估作为独立第三方，能为 PPP 项目中确定特许经营权交易底价、运营价格、项目后评价、期满退出价值等环节提供专业服务。这为政府依法行政、科学化管理提供了价值尺度和重要抓手，有助于政府决策程序更加科学、透明、规范，有助于促进 PPP 项目各方平等合作，防止利益输送，维护公共利益。

PPP 模式中的特许经营权属于无形资产。资产评估行业现有无形资产评估等相关准则，规范和指导评估机构开展相关业务。资产评估机构在 BOT 等 PPP 模式中，已经开展专业服务多年，积累了较为丰富的评估实践经验。2016 年，为更好地指导评估机构开展 PPP 模式相关服务，维护社会公众利益和资产评估各方当事人的合法权益，中评协设立并开展了《政府和社会资本合作项目评估及咨询服务研究》，将制定 PPP 项目评估准则。评估机构将继续探索 PPP 模式下的服务方式、范围和评估方法，为维护 PPP 项目各相关当事方的合法权益提供专业支持。

（四）服务国有金融企业资产管理和风险防范

随着我国经济发展水平的不断提高，以及中国金融融入经济全球化步伐的不断加大，国有金融机构的发展对落实宏观调控、促进金融稳定和经济健康发展更加具有举足轻重的作用。财政部继续深化国有金融机构改革，健全国有金融资产管理体制。资产评估作为国有资产管理的重要手段，将继续发挥在国有金融机构产权交易和资产管理中的作用，更好地为国有金融机构深化改革提供专业助力。防控风险是国有金融机构永恒的主题，资产评估要继续发挥在金融不良资产处置和动态管理中的定价优势。与此同时，中评协积极配合财政部金融司工作，制定发布五项金融企业资产评估专家指引——《金融企业评估中应关注的金融监管指标专家指引》、《金融企业首次公开发行上市资产评估方法选用专家指引》、《金融企业收益法评估模型与参数确定专家指引》、《金融企业市场法评估模型与参数确定专家指引》与《寿险公司内部精算报告及价值评估中的利用专家指引》等，对在金融企业评估中如何运用监管指标、收益法、市场法等具体的执业热点和难点问题进行了明确和规范，既为财政金融市场监管提供专业标准，还能更好地指导评估机构从事金融企业改制、上市、IPO 相关业务，助力国有金融机构改革进程。

（五）资产评估服务文化企业无形资产定价

文化产业作为新的增长点，对促进我国经济结构调整、产业转型升级具有重要意义。随着产业化进程的不断推进，文化无形资产的质押融资，文化企业改制、上市、并购重组等各种经济行为日益频繁，文化企业无形资产评估需求不断增长。无形资产作为文化企业的核心资产和重要资源，其价值增长空间较大，对提升产业附加值具有较强作用，但文化无形资产评估影响因素较多、识别难度较大、评估技术复杂，国际上也无相关准则借鉴，目前我国文化企业在兼并重组、转型发展过程中经常遇到"轻资产、融资难"等问题，无形资产的价值难以合理体现。为科学衡量文化企业无形资产价值，推动文化产业发展和文化市场繁荣，受中宣部文改办、财政部文资办委托，中评协制定并发布了《文化企业无形资产评估指导意见》，为指导和规范文化企业无形资产评估行为提供了技术标准，对于加强中央文化企业国有资产管理、对于评估机构从专业角度发现和提升文化企业无形资产价值以及推动文化企业与金融行业、资本市场深度融合起到了重要作用。

（六）服务财政资产管理

财政资产管理是深化财政体制改革和健全财政职能的必然要求。基于我国财政所管资产数额大、分布广、情况复杂等特点，财政部改组成立资产管理司，研究建立覆盖全面、系统规范的资产管理制度和办法，摸清政府家底，盘活资产存量，优化资产增量，建立预算与资产管理相结合的现代财政体系。财政资产管理的重要内容是价值量的确定和核算。随着财政资产管理工作的全面加强，资产评估在科学衡量财政资产价值、服务财政资产清查核资等基础管理中将发挥更加积极的作用。

一是行政事业资产管理中的评估。建立现代财政制度，必须加强行政事业资产管理，挖掘财政存量资金，提高资产和资金使用效率。资产评估是国有产权管理的重要手段，在行政事业资产和产权变动中将继续发挥价值鉴证作用。2016 年 1 月，财政部印发《行政事业单位资产清查核实管理办法》，决定组织开展 2016 年全国行政事业单位国有资产清查工作，摸清全国行政事业单位国有资产家底，加强行政事业单位国有资产监督管理。中评协配合资产管理司，做好行政事业资产评估备案核准等工作，承担了部分行政事业单位资产报表分析报告模板、清查报告模板以及资产分析总报告等的研究工作，参与行政事业单位资产清查工作，为行政事业资产管理注入专业力量。

二是研究政府资产价值量化，推动政府资产负债表的编制。政府资产报告工作对于摸清我国政府家底、夯实政府资产管理基础、防止国有资产流失、推进政府资产管理与预算管理相结合、加强地方政府性债务管理以及提高国家治理能力等具有重要意义。当前国家收储土地、公路、保障房、公园等政府经管资产、自然资源等资产未纳入政府资产统计范围。政府经管资产的权属确认、计量、核算等将对资产评估提出新需求。中评协配合资产管理司研究建立涵盖各类国有资产的政府资产报告制度，参与政府资产项目分类、资产会计核算和价值量评估方法等研究，为实现实物量向价值量的转换、实现资产的全面科学管理提供专业支持。

三是服务国有企业经济运行分析。中评协配合资产管理司做好企业经济运行分析工作，撰写国有企业经济运行年度决算分析报告、国有企业经济运行月度快报，以及国有企业整体债务情况分析、僵尸企业指导意见等专项报告，为党中央准确判断经济形势提供参考，为深化财税改革、制定财税政策提供数据支撑。研究政府资产报告制度下企业资产报告主体内容，为建立全面系统的政府资产报告制度提供理论指导。

2015 年 7~11 月，中评协成功组织实施了首例资产评估专家评审项目，对中国铁路总公司清产核资和资产评估项目相关的资产评估报告进行了四次审核，形成了专家终审意见，为相关政府部门核准该项目提供了技术支撑。

三、积极推进服务财政改革和政府资产管理的评估理论和实践创新

党的十八届三中全会提出，要使市场在资源配置中起决定性作用，更好地发挥政府作用。资产评估作为社会主义市场经济体系的重要组成部

分，是连接政府和市场的桥梁和纽带。下一步，评估行业要牢牢把握财政宏观调控的脉搏，围绕建立现代财政制度的改革目标，增强责任感和使命感，积极作为，在有效服务财政改革的大局中，实现评估行业的可持续发展。

（一）加强业务沟通与政策协调，积极拓展资产评估服务领域

继续加强与财政部资产管理司、金融司、税政司等相关司局的业务沟通和协调，主动协助推动相关工作，继续发挥资产评估在财政管理中的专业作用。根据国家"十三五"规划精神，结合财政部"十三五"规划和行业改革发展要求，关注、学习有关财政政策，深入研究各项财政改革政策和措施给评估行业带来的发展机遇和有利条件，加强与财政部相关司局的政策协调，寻找评估服务财税改革和政府资产管理的切入点。结合国家治理能力和公共产品、公共服务建设，拓展和延伸评估服务领域，创新服务方式，在更高层次上服务财税改革和政府资产管理工作。

（二）深入理论和准则研究，着力解决重点和难点问题

资产评估行业要更好地服务我国财税改革和政府资产管理，理论研究和准则建设是专业保障。要围绕经济新常态和财税改革对资产评估提出的新要求，在总结现有专业实践和经验的基础上，有针对性地研究资产评估服务财税改革和政府资产管理的重点、难点问题，如 PPP 项目评估、政府资产价值量评估、涉税评估等，夯实评估理论基础。适时出台 PPP 项目评估操作指引等准则，为资产评估行业服务财税改革和政府资产管理工作提供技术支持。

（三）加强行业自律监管，提升执业质量和服务水平

行业自律是对行政监管的有益补充和有力支撑，行业自律能够充分发挥作用，是提升评估机构执业质量和水平、促进行业有序规范发展的保障。资产评估服务财政改革和政府资产管理相关业务关系公众利益、民生问题和政府决策，行业自律尤为必要。要不断健全监管制度，加强对评估服务财税改革和政府资产管理相关业务的监管力度，督促从业人员恪守独立、客观、公正的职业道德，诚信服务，规范操作，为财税改革和政府资产管理工作提供高质量的专业服务。

（四）加强人才队伍建设，适应财政改革和发展要求

财税改革和资产管理涉及的相关评估业务难度大、政策性强，且关系

到公共利益，对评估师专业胜任能力要求更高。为适应财政改革和发展的要求，要进一步完善评估人才队伍的知识结构和专业结构，加大评估人才队伍财税改革和政府资产管理相关知识的培养，有针对性地加大培训力度，着力培养职业道德优、专业能力强的服务财政管理的高端人才队伍，积极推进后备人才培养，为开展财税改革和政府资产管理相关评估工作奠定人才基础。

（五）深化国际交流，借鉴财政领域评估的相关经验

积极参加国际评估准则理事会、世界评估组织联合会等国际组织的有关工作与活动，围绕准则建设、评估专业技术探讨，以及财税改革、政府资产管理等工作，推进与国际评估行业的专业交流，加强相关国际信息收集和研究，借鉴国际评估行业有关服务财税改革和政府资产管理工作的评估经验，如发达国家国有资产管理、经管资产管理等的做法，为评估更好地服务财税改革和政府资产管理提供国际视野。

积极开拓创新，为政府和社会资本合作项目提供优质评估服务

政府和社会资本合作（Public-Private Partnership，PPP）是基础设施及公共服务领域中的一种项目融资和管理模式，通常是由社会资本承担设计建设运营维护基础设施的大部分工作，并通过"使用者付费"及必要的"政府付费"获得合理投资回报；政府部门负责基础设施及公共服务价格和质量监管，以保证公共利益最大化。推广 PPP 模式已经成为当前我国重大经济改革任务，财政部为此采取了一系列重要举措，制定了相应的制度。资产评估行业作为受财政管理的专业服务行业，在 PPP 模式推广之初便以不同形式提供着专业服务。当前，PPP 模式推广工作进入新阶段，PPP 已成为稳增长、调结构、惠民生、防风险的重要抓手。为了更好地服务于 PPP 项目，特别是 PPP 项目的全生命周期管理，评估行业需主动作为，充分发挥专业优势，大胆开拓和创新，以优质高效的评估服务，为 PPP 模式的推广和应用发挥更加积极的作用。

一、充分认识 PPP 模式的现实意义

为打造大众创业、万众创新和增加公共产品、公共服务"双引擎"，让广大人民群众享受到优质高效的公共服务，在改善民生中培育经济增长新动力，十八届三中全会明确提出："允许社会资本通过特许经营等方式参与城市基础设施投资和运营"，十八届五中全会指出，"发挥财政资金撬动功能，创新融资方式，带动更多社会资本参与投资。创新公共基础设施投融资体制，推广政府和社会资本合作模式。创新公共服务提供方式，能

由政府购买服务提供的，政府不再直接承办；能由政府和社会资本合作提供的，广泛吸引社会资本参与。"2014年10月24日，国务院常务会议上，李克强总理明确要求，"要大力创新融资方式，积极推广PPP模式，使社会投资和政府投资相辅相成。优化政府投资方向，通过投资补助、基金注资、担保补贴、贷款贴息等，优先支持引入社会资本的项目"。同年10月26日，李克强总理又在相关文件上作出重要批示，"PPP融资关键在于创新思路，探索稳定的投资回报机制，打消社会资本疑虑。财政部要会同相关方面继续在营造环境、规范管理、增进信心上下功夫，助推更多项目落地，实现稳增长、调结构、惠民生和企业发展的多赢"。

为贯彻十八届三中全会、十八届四中全会精神，国务院出台了《关于在公共服务领域推广政府和社会资本合作模式的指导意见》。全国人大积极推动政府和社会资本合作项目立法工作，2016年1月，《中华人民共和国政府和社会资本合作法》公开向社会征求意见。

中央的重视和各项法规的出台为拓宽城镇化建设融资渠道、促进政府职能加快转变、完善财政投入及管理方式、尽快形成有利于促进PPP项目实施与推广的制度体系指明了方向。推广运用PPP，有利于形成多元化、可持续的资金投入机制，减少政府对微观事务的过度参与，加强政府公共服务、市场监管、社会管理、环境保护等职责，在我国有着广阔的发展前景。

二、密切关注 PPP 模式的相关制度和政策进程

根据党的十八届三中全会《中共中央关于全面深化改革若干重大问题的决定》分工方案，财政部是落实"允许社会资本通过特许经营等方式参与城市基础设施投资和运营"改革举措的第一责任部门。楼继伟部长在2013年全国财政工作会议上指出："积极引进和应用国际社会在基建领域广泛采用的政府和社会资本合作模式，吸引社会资本参与公共基础设施的建设和运营，是贯彻十八届三中全会《决定》要求的一项体制机制变革"。

财政部十分重视 PPP 模式推广工作。根据党中央、国务院部署，财政部立足国内实际，借鉴国际成功制度经验，在公共服务及基础设施领域积极推广运用 PPP，在制度建设、项目示范、政策支持、宣传培训等方面，开展了一系列工作。成立 PPP 工作领导小组和 PPP 中心，作为推广 PPP 工

作的政策平台和操作平台；制定了《关于推广运用政府和社会资本合作模式有关问题的通知》、《关于印发政府和社会资本合作模式操作指南（试行）的通知》、PPP 工作通知、操作指南、合同指南、财政承受能力论证指引等文件；完善了预算管理、政府采购等配套办法；目前已纳入全国 PPP 综合信息平台的项目有 7110 个，总投资约 8.31 万亿元；实现了"组建一个工作机制、设立一个专门机构、搭建一个制度框架、推出一批示范项目"的"四个一"工作目标。在财政部的大力推动下，PPP 模式从概念、理念迅速走向实践，各地政府和财政部门积极响应，一大批项目落地实施。此外，财政部积极与发展改革委共同开展特许经营立法研究工作，为推广运用 PPP 创造良好的法律环境。PPP 已迅速从理论走向实践，逐步成为引领我国经济发展新常态的体制机制和发展方式，成为财税改革工作的"新亮点"和各方关注的"焦点"。

三、深入发掘 PPP 模式蕴含的评估服务空间

PPP 模式具有全生命周期管理、风险共担、激励相容等鲜明特征，是政府职能转变和公共服务供给机制的重大体制机制变革。PPP 模式的推广，需要第三方提供咨询服务。

（一）政府职能转变需要专业服务组织承接

PPP 本质上是政府购买服务。PPP 模式中，政府职能发生转变。政府不再"亲力亲为"、"大包大揽"提供公共服务，而是作为监督者和合作者，遵循"让专业的人做专业的事"和"激励与约束相容"的原则，更好地发挥政府引导作用，充分调动市场积极性，推进国家治理体系和治理能力现代化。PPP 对于社会资本是一种商业行为、一个新的公共产品服务市场。这就要求政府要尊重市场规律、依法行政、诚信践约。政府职能转变后，相关职能需要通过市场规则实现，包括资产评估在内的第三方提供的专业服务，将有效承接原有政府履行的信息服务、风险管理、价值判断等职能，促进 PPP 模式更加顺畅地实施。

（二）PPP 模式的复杂性要求专业机构提供服务

一般 PPP 项目持续时间长，涉及面广，投入规模大，建设和经营周期长，需要涉及多个主体共同分工合作，权利与义务关系复杂。由于政府和

社会资本都很难拥有项目实施所需的全部技能，如行业、财务、法律、金融、环境等方面，故而在PPP项目的准备、采购和管理过程中，专业的中介咨询机构可以创造额外价值。同时，PPP模式中，政府与社会资本存在严重信息不对称现象。因此，在PPP模式推广过程中，专业服务机构的加入成为PPP项目有效实施的主要技术力量支撑。专业咨询机构可以为政府提供全过程的咨询服务，包括前期准备、招商选择社会资本、谈判、协助政府和社会资本签署协议等，咨询机构的参与可以最大限度地保证项目规范、专业地运作，提高项目的效率和运作成果。

相关法规中对专业服务机构的作用予以认可。财政部在《政府和社会资本合作模式操作指南（试行）》中提出，要"积极发挥第三方专业机构作用"，《财政部关于进一步做好政府和社会资本合作项目示范工作的通知》中提出，要"通过政府采购平台选择一批能力较强的专业中介机构，为示范项目实施提供技术支持"，《PPP物有所值评价指引（试行）》中规定，"定性评价专家组包括财政、资产评估、会计、金融等经济方面专家，以及行业、工程技术、项目管理和法律方面专家等"。在《国务院办公厅转发 财政部 发展改革委 人民银行关于在公共服务领域推广政府和社会资本合作模式指导意见的通知》中更是明确，"咨询、法律、会计等中介机构要提供质优价廉的服务，促进项目增效升级。"发改委在其文件中也提出了积极发挥各类专业中介机构在PPP项目中的积极作用，提高项目决策的科学性、项目管理的专业性以及项目实施效率。这些规定为专业组织在PPP模式中提供服务奠定了基础。

（三）PPP模式涉及的国有资产需要履行法定程序

根据《国有资产评估管理办法》等相关法规，国有资产发生特定行为时，必须对国有资产进行评估。PPP模式中，项目进行新三板挂牌上市或A股市场IPO、股权转让、资产作价入股或资产处置，不可抗力发生时社会资本退出，以及PPP项目未来收益权或特许经营权作为基础资产进行证券化融资等经济行为中，资产评估都是必经的环节。在这些方面，评估行业拥有其他行业无法比拟的专业技术力量和经验。

四、充分发挥评估行业的专业优势

PPP模式中，涉及多种专业服务机构提供服务。其中，资产评估行业具有独特的专业优势。

（一）评估行业的传统服务领域为开展 PPP 项目服务提供了坚实的专业基础

多年来，评估行业在对外经济合作、国有资产管理、资本市场建设、金融风险管控、政府资产管理、财政绩效评价等方面提供价值评估服务和相关咨询服务，积累了丰富的实践经验。这些经验涵盖了 PPP 模式中资产调查、价值评估、绩效管理等多数专业服务领域，使得评估行业在服务 PPP 模式时具有独特的专业优势。

（二）中评协与有关部门建立了良好的政策和业务合作渠道

财政部金融司和 PPP 管理中心在 PPP 模式专业服务的很多方面都给予协会帮助和支持。在金融司指导下，协会 2015 年 7 月发布了五项金融企业资产评估专家指引。金融司还将很多的评估师优秀代表聘任为金融企业国有资产评估项目评审专家。协会和 PPP 中心、清洁发展基金也有很好的合作，共同开展了碳资产评估等课题研究，中心负责人还为中评协高端人才培训班讲授 PPP 课程。

（三）相关评估理论研究和准则建设正在积极推进

对于评估行业服务 PPP 模式，评估行业已经开展了大量研究，打下了坚实的理论基础。2015 年，中国资产评估协会与世界评估组织联合会共同举办的世界评估组织联合会第七届评估师大会上，PPP 模式专业服务作为议题之一进行研讨。国内外多名专家学者分别从学术和实务的角度，解读了 PPP 项目在提高政府效能、激发市场活力和社会创造力中的功能作用，以及 PPP 项目为资产评估带来的市场空间，通过 PPP 项目案例分析总结经验，助力 PPP 项目降低风险，实现价值最大化。2016 年，在金融司和 PPP 中心支持下，中评协又设立"政府和社会资本合作项目评估咨询服务研究"课题，系统梳理 PPP 政策法规，了解 PPP 运作形式，挖掘评估服务空间。

（四）评估机构已经积累了一定的实践基础

上海、北京等地区的部分评估机构，已经实现了在 PPP 模式推广工作中提供多种形式的专业服务，积累了一定的实践经验。一是项目总体方案及具体实施方案的制定与评估。即对项目整体的经济技术指标、经营服务标准、投资概算构成、投资回报方式、价格确定及调价方式、财政补贴及财政承诺等进行全面收集分析，形成具体操作方案。二是物有所值评价。即对项目是否可以采用 PPP 模式进行定性和定量分析，形成评价结论。三是政府承受能力论证。即通过定性与定量分析方法识别、测算政府和社会资本合作项目的各项财政支出责任，科学评估项目实施对当前及今后年度财政支出的影响。四是项目中期评估及绩效评价。即通过科学的方法对公共产品和服务的数量、质量以及资金使用效率等方面进行综合评价，评价结果作为价费标准、财政补贴以及合作期限等调整的参考依据。五是尽职调查及可行性研究。即核实项目标的物或社会资本的真实情况，并进行合理判断。六是各类资产评估。即对项目实施过程中涉及资产的价值提供专业意见。七是项目实施中各节点的其他咨询服务。这些实践经验，为评估行业进一步提供 PPP 全周期服务提供了基础。

五、积极做好相关研究和市场开拓工作

PPP 模式的大力推广，对评估等咨询服务提出了新的、更高的要求，PPP 项目评估专业服务发展面临新的机遇与挑战，迫切需要我们以实际行动认真贯彻国家全面深化改革的精神，更新观念，研究理论、探索实践、完善准则，有所作为。

（一）夯实基础，认真做好课题研究

PPP 模式既涉及评估业务中的资产估值类服务，又涉及物有所值评价、绩效评价等非估值类服务，评估行业要在财政部金融司、PPP 中心等政府部门相关规定的框架下，深入研究政策，对评估机构开展 PPP 模式相关服务进行探索。"政府和社会资本合作项目评估咨询服务研究"课题组要合理分工，各司其职，认真吸收各方的真知灼见，对课题研究思路进行完善。协会将对课题研究提供人力、物力上的全力支持。课题承办单位及课题组成员所在单位要在组织、人员、经费等方面提供保障。课题组要加强和专家组之间的沟通，遇到重大、疑难问题及时请教。要组织开展实地调研，请相关领域的专家给予指导，借助外力指导提升课题研究工作的质量。课题研究要体现专业感、时代感。课题定位要准确，紧密结合国家和市场经济需要。课题要有国际视野，借鉴国际上服务 PPP 项目相关经验，同时也要接地气，符合中国的实际情况和行业实际，关注各方需求，及时

对各机构评估实践中形成的有效做法和先进经验进行总结和提升。要严格按照课题的研究要求和进度安排，高起点、严要求，保证课题研究扎实、有效地进行，力争出精品、出亮点。

（二）高瞻远瞩，尽快发布评估操作指引

要推动课题研究成果向指导实践转化，争取 2016 年上半年发布《评估服务 PPP 项目操作指引》。该操作指引的制定，具有重要意义。

一是有利于提升评估行业服务 PPP 模式的整体服务水平。通过提供规范的业务流程和操作要求，规范评估机构行为，保证服务质量，防范执业风险，维护各方合法权益。

二是有利于促进评估机构提供全周期服务。PPP 模式是集项目管理、财务管理、法务管理于一体的综合型业务。已经颁布的物有所值评价指引、财政承受能力论证指引、资产评估准则等规范，都是对 PPP 模式中的某个环节或部分业务做出规范和指导，未系统性对 PPP 全周期中各环节的专业服务作出指导。制定操作指引，指明服务方向和要求，可以有力促进评估行业服务过程中，各环节协调配合，系统地防范风险，提供符合市场需求的专业服务。

三是减少评估机构在服务过程中探索的成本和代价。中评协制定行业统一的操作指引，减少了各评估机构分散探索和研究的成本，有助于评估行业快速形成整体服务能力。使评估机构充分发挥第三方独立、客观、公正、专业的优势。

（三）提升质量，赢得更大市场空间

对于评估机构来说，PPP 项目蕴含大量商业机会，市场空间巨大。评估行业在市场经济建立与完善进程中发挥了重要的作用，在 PPP 热潮中也应当为政府及社会资本提供更为优质高效的服务。目前的 PPP 模式中，专业服务处于优胜劣汰的变革期，评估行业只有持续提供高质量服务，才能赢得市场认可。人才是服务质量的保障。中评协已经举办过多次 PPP 模式培训，今后将在现有培训基础上进一步组织更多 PPP 项目咨询服务业务培训。有条件的评估机构也需要加强自身 PPP 相关人才建设，切实提高专业服务能力。通过这些举措，向社会传达评估机构有能力有信心为 PPP 模式的推广提供专业高效的服务。

充分发挥资产评估专业作用，
加快推进国家品牌建设

品牌是国家核心竞争力的重要体现。在经济全球化的时代，品牌代表着国家的信誉、形象和经济实力。一个国家拥有的品牌价值越高，其对全球产业链的主导力就越强，就能够掌握更多的资源，进而提升本国的综合实力。

我们党和国家非常重视品牌建设。2014 年 5 月，习近平总书记在河南视察时明确提出，要推动"中国制造向中国创造转变，中国速度向中国质量转变，中国产品向中国品牌转变"。"十二五"规划和《质量发展纲要（2011 ~ 2020 年）》中也都把推动自主品牌建设，提升品牌价值和效应，形成国际知名品牌作为重要目标。2010 年以来，国家质检总局贯彻实施党和国家的相关政策要求，主导开展了以品牌价值评价为核心内容的中国品牌建设系列工作。中国资产评估行业应邀参与了相关工作，以二十多年的价值评估积淀，积极为我国品牌建设提供专业技术服务，对推动我国品牌建设的专业化、规范化、市场化和国际化做出了积极的贡献。

一、资产评估是推动品牌建设的重要力量

经过二十多年发展，资产评估行业已经成为我国经济发展中一支不可或缺的专业力量。近年来，资产评估行业参与品牌建设的实践证明，资产评估既是品牌建设中的核心要素和重要环节，也是推动品牌建设的重要力量。

（一）通过建立和完善品牌评估准则及评估程序，有助于深化品牌价值认识内涵，促进品牌相关制度建设

品牌价值评估的主要目的是实现品牌价值货币化。中国资产评估行业

建立了完善的价值货币化准则体系，满足了主要资产类型在不同经济行为中的价值评估要求，为科学合理地选用评估方法、明确评估目的提供了技术支持。品牌是重要的无形资产。评估行业针对无形资产评估发布了无形资产评估准则、专利资产评估准则、商标资产评估准则、著作权资产评估准则。这些准则中明确了影响品牌价值的主要因素，凸显了品牌价值是品牌为企业带来的超额收益这一实质内涵，消除了品牌价值等同于企业价值这一误解。这些准则构成了品牌价值货币化的基本技术制度，也是其他品牌相关制度的重要基础。

（二）在企业价值评估等评估实践中，强化品牌价值评估，有助于提升和拓展品牌价值社会认知度

多年来，资产评估行业通过开展企业价值评估业务，服务企业改制和并购重组等经济行为，已经成为量化企业价值、实现动态价值管理的必要手段之一。品牌逐渐成为企业价值评估中重要的关注内容。通过开展企业价值评估，揭示企业品牌价值，促进了社会和企业对品牌价值的了解，增加了品牌价值认知度。

（三）通过品牌价值评估，有助于建立和完善品牌价值的市场发现和实现机制，推进品牌建设市场化运作

资产评估具有独立、客观的价值发现和鉴证功能。其独立身份和客观态度可以提供公正的价值尺度，获得市场交易主体的普遍认可。通过资产评估行业的品牌价值评估服务，可以形成品牌价值的市场发现和实现机制，增强企业创建知名品牌的内生动力，把市场竞争的中心由价格优势引导到品牌效应上来，推进品牌建设市场化运作。

（四）通过品牌价值评估，有助于提高品牌建设在企业管理和资本运作中的地位和作用，提升企业的品牌建设和保护意识

品牌意味着更新、更好的生产方式，意味着更少的投入，更好、更高的产出。资产评估行业提供品牌价值评估服务，有助于企业了解自身品牌价值现状、品牌对企业价值的贡献程度和品牌发展潜力，有助于企业围绕品牌建设、优化资源配置、改进经营管理，有针对性地提升自身产品、质量、服务、技术、文化意识，加强品牌价值管理，维持市场竞争中的优势地位，合理获取超额利润。

（五）通过与国际组织协调，推动国际评估准则对品牌评估的关注，促进国际评估准则与品牌评价国际标准相互交融认可

随着中国国际地位的提升，中国资产评估行业在国际评估界也开始发挥重要影响力。通过与国际评估组织的协调，推动国际标准的相互协调和对品牌评估的关注，增强国际品牌评价标准和制度中的中国元素和话语权。通过发挥中国影响力，构建公平合理的品牌评估标准，促进中国品牌国际化，提升中国品牌的国际认知度。

二、资产评估行业为国家品牌建设做出了积极贡献

2010 年以来，中国资产评估协会组织行业专业力量在质检总局主导的品牌价值评价国家标准制定、自主品牌价值评价和发布、品牌理论和评价技术研究等一系列工作中提供了关键技术支持，得到相关政府部门和社会的认可。

（一）参与品牌价值评价国家标准制定工作

2010 年起，中评协参与了《品牌评价品牌价值评价要求》等四项国家标准的制定发布。2013 年，中评协遴选的 30 多位行业专家参与了 13 个专业行业中多项品牌价值评价标准的制定。2014 年，中评协承担了品牌价值五要素评价体系中，四项基础标准之一的《品牌评价无形资产》国家标准的起草工作。

（二）参与品牌价值评价和发布工作

2012 年开始，质检总局指导开展了品牌价值"企业品牌试评价"、"制造业企业自主品牌评价与发布"、"产品品牌评价与发布"、"区域品牌和地理标志评价与发布"等工作，中评协组织专家积极参与评价的具体技术支持工作，并参与了联合发布等工作。

（三）参与品牌评价国家科技支撑项目研究

在质检总局指导下，中国品牌建设促进会主导申报了国家科技支撑项目《品牌评价技术标准研制与应用示范》。该项目包括"品牌评价关键技术研究"、"品牌评价国家标准及国际标准研制"、"品牌评价应用示范"三个课题。中评协应邀作为课题一"品牌评价关键技术研究"的承担单位以及课题二"品牌评价国家标准及国际标准研制"的参与单位。目前，中

评协已经组织行业专业力量启动了该项目研究工作。

（四）在品牌价值评估方面积累了一定的实践经验

品牌价值是无形资产价值、企业整体价值的重要组成部分。二十多年来，评估行业在交易、融资、税务、财务报告、诉讼等经济行为中提供的企业价值评估服务，涉及大量品牌价值评估。服务于专利、商标、著作权等各类单项无形资产转让、许可、质押等经济行为的评估服务也持续增加。这些服务，为资产评估行业在品牌价值评估方面积累了一定的实践经验。

（五）培养锻炼了一批品牌价值评估人才

资产评估行业在二十多年的实践中已经打造了一支具有丰富执业经验和广阔专业知识的专业队伍。近年来，资产评估行业建立了完善的"中评协、地方协会、评估机构"三个层次的资产评估人才培养机制，实施分层次、分类别的人才培养，优化行业人才知识结构，提升专业胜任能力，引导和指导行业专业力量围绕服务企业转型升级和文化市场体系建设等新市场、新业务提供专业服务，为品牌价值评估提供了人才保障。

三、进一步完善相关体制机制和基础工作，加快推进品牌价值评估和国家品牌建设

经过各方面多年的努力，我国的品牌建设已经取得明显成效。企业品牌意识和品牌培育能力不断增强，4000多家企业建立了品牌培育管理体系。一批知名品牌脱颖而出，高铁、核电等产品已经成为中国制造的"国际品牌"，华为、中兴、海尔等一批自主品牌已经成为国际品牌。

当前，我国经济正在向形态更高级，分工更复杂，结构更合理的阶段演化，经济发展进入新常态。《中共中央关于制定国民经济和社会发展第十三个五年规划的建议》中提出，要坚持"创新发展"的理念，"开展质量品牌提升行动"。创新、质量、品牌三者是一个有机的整体，"十三五"规划建议中对品牌建设提出了新的要求。我们要结合我国经济社会发展实际和"十三五"规划要求，进一步完善相关体制机制，强化品牌建设基础工作，加快推进品牌价值评估和国家品牌建设进程。

（一）建立品牌建设长效机制

企业是品牌建设的主体力量，但品牌建设离不开政府支持和推动。近

年来，我国政府对品牌评价工作日益重视，但由于我国的品牌建设起步较晚，对品牌建设工作的管理和指导系统性不强，效率不高，品牌建设明显滞后。知名品牌数量以及影响力与发达国家相比存在较大差距。为此，政府应在国家高度上，以"创新发展"的理念，注重顶层设计，从国家战略、体制、制度、机制、市场、社会变化等多方面入手，建立一套长效机制，为企业品牌建设提供优良的外部环境。

（二）构建科学公正的品牌评价体系

品牌评价是引导品牌管理、提升品牌价值的重要手段，是品牌建设的重要内容，也是打破发达国家垄断、争夺品牌价值评价话语权的关键环节。要加快建立一套完备的、具有中国特色的科学公正的品牌评价机制，在全国范围内指导各行各业展开规范有序的品牌评价工作，扎实推进品牌建设。通过建立科学公正的品牌评价机制，提升品牌培育意识，加强重点行业、重点企业品牌建设，保障优秀品牌脱颖而出。

（三）加强培育品牌服务中介机构

品牌建设过程离不开咨询、评价、维权等中介机构的服务。我国品牌建设工作开展较晚，专业服务能力亟待提升，中介机构自身品牌创建也处于初期。国务院印发的《关于加快发展生产性服务业促进产业结构调整升级的指导意见》中要求，要"加快形成一批具有国际竞争力的综合型、专业型人力资源服务机构。推动形成具有中国特色的品牌价值评价机制"。为此，国家要鼓励地区和行业规范并推广品牌建设咨询和培训服务，加强品牌建设社会中介组织行为的管理、监督和专业指导，推进专业中介机构积极开展品牌建设基础研究、参与品牌评价实践工作、进行国际交流，创建国际权威的品牌评价、品牌维权、品牌咨询服务专业机构，为中国品牌走向世界保驾护航。

（四）推进国家和国际评价标准建设

目前，我国在国际市场上具有显著影响力和竞争力的知名品牌屈指可数。其中固然有我国品牌建设起步较晚的因素，但一个重要原因是目前国外主要的评价标准，比较适合发达国家品牌建设现状，比较有利于销售范围覆盖全球的国际品牌。因此，迫切需要快速启动、全方位开展品牌评价关键技术攻关，研判我国优势产业品牌优势，研制品牌评价的国家标准，加速我国自主品牌的建设。充分利用我国担任国际标准化组织（ISO）品牌价值评价技术委员会（TC289）秘书国地位，创建一套全球公认的科学、公正的品牌评价标准体系，促进国际品牌评价市场有序健康发展。

（五）推动实现品牌信息化管理

随着信息技术和网络经济快速发展，数据已成为重要的经济资源，世界已经进入大数据时代。谁掌握了数据谁就掌握了未来。"十三五"规划建议中提出"促进信息技术向市场、设计、生产等环节渗透"。国家要高度重视品牌建设的信息化问题，推动建立品牌大数据，利用"云计算"和"互联网＋"等手段实现品牌建设的信息化管理。

（本文原载于《中国资产评估》2016 年第 2 期）

加强司法涉案评估研究，
服务司法审判和法制建设

司法涉案评估是人民法院审判活动不可缺少的辅助手段，是实现司法公正的重要基础。目前，各界对司法涉案目的评估并没有一个权威的定义，但是在评估实践中，对司法涉案评估的认识大体一致，即：评估机构接受委托方委托，依据相关法律法规和资产评估准则，运用专业知识和技术手段，对案件涉及的资产的价值、费用或经济损失的金额等进行核实、分析、估算，并发表专业意见的行为和过程。随着国家全面推进依法治国，司法涉案评估事项将越来越多，其重要性也日益彰显，加强司法涉案评估的研究，意义重大。

一、司法涉案评估的基本情况

随着经济社会的不断发展、社会法制化水平的不断提高和人们法律意识的不断提升，经济活动、社会管理和日常生活中的各种法律事项也随之增加。法院在审理民事经济案件中，涉及的专业技术性问题也越来越多，这些具体的问题需要由专业机构及人员进行鉴定或评估。

（一）司法涉案评估业务的依据

最高人民法院颁布了《关于民事诉讼证据的若干规定》、《人民法院司法鉴定工作暂行规定》、《最高人民法院对外委托鉴定、评估、拍卖等工作管理规定》、《最高人民法院关于人民法院委托评估、拍卖工作的若干规定》等有关规定，对法院在审理及执行案件中涉及的有关专业技术鉴定、包括价值评估工作做出了具体的要求。这些法规从法院的角度对评估委托、资料收集、现场调研、评估报告、评估终止等进行了初步的要求和规范。

最高法院2000年开始相继发布了《最高人民法院关于民事、行政诉讼中司法赔偿若干问题的解释》、《最高人民法院关于冻结、拍卖上市公司国有股和社会法人股若干问题的规定》、《最高人民法院关于审理企业破产案件若干问题的规定》、《最高人民法院关于审理证券市场因虚假陈述引发的民事赔偿案件的若干规定》、《最高人民法院关于适用〈中华人民共和国婚姻法〉若干问题的解释（二）》、《最高人民法院关于人民法院民事执行中拍卖、变卖财产的规定》、《最高人民法院关于在民事审判和执行工作中依法保护金融债权防止国有资产流失问题的通知》等七项司法解释，对涉及司法赔偿，冻结、拍卖上市公司国有股和社会法人股，企业破产，证券市场虚假陈述引起的民事赔偿，保护金融债券防止国有资产流失等事项进行了规定。

（二）司法涉案评估业务的开展情况

自20世纪90年代以来，在经济或民事诉讼案中涉及以资产进行赔偿、还债、拍卖、鉴价、债转股等司法裁定的事项相当普通，需要对这类涉案资产进行评估的业务也越来越多。同时，各类知识产权侵权案件不断涌现，相应的侵权损失评估业务不断增加，包括专利权侵权损失、商标权侵权损失、著作权侵权损失、专有技术侵权损失、计算机软件侵权损失等。除知识产权侵权案件之外，其他侵权行为、合同纠纷、环境污染、合伙经营舞弊、保险纠纷等案件也不断增加，这些行为造成的费用和损失也是司法涉案评估业务的重要领域。司法涉案评估主要是发挥资产评估的价值发现和价值衡量功能，对涉案资产的价值和相关经济利益发表专业意见。

（三）司法涉案评估准则研究制定情况

中国资产评估协会在2013年初成立了由行业协会、评估机构、司法部门等方面共同组成的课题研究项目组。本课题研究是为了更好地促进资产评估机构及其执业人员开展司法评估工作，在系统分析司法评估相关理论和全面总结司法评估实践经验的基础上，以《资产评估准则——基本准则》为依据，充分考虑了司法部门及相关监管部门的要求，根据《司法鉴定程序通则》、《最高人民法院对外委托鉴定、评估、拍卖等工作管理规定》等相关法规的要求，重点研究司法评估业务的评估对象、评估程序、评估方法、报告披露等内容。目前，基于上述研究，中评协已起草完成了《资产评估操作专家提示——司法涉案目的评估（征求意见稿）》，为相关准则出台和指导司法涉案评估奠定了良好的基础。

二、司法涉案评估存在的主要问题

作为一个特殊的评估服务领域，司法涉案目的评估业务在理论和实践方面与其他类型评估业务有着许多不同之处，在资产评估机构执业人员的执业要求、关注重点、评估方法选择、报告披露事项等方面有其特殊之处，实践中产生的问题也复杂多样，如委托手续较为简单、评估基准日、评估范围等基本事项不明确、当事人不配合、评估资料收集困难、评估报告不规范等，亟须解决和规范。

（一）关于司法评估的委托与受理

《司法鉴定程序通则》第十七条规定：司法鉴定机构决定受理鉴定委托的，应当与委托人在协商一致的基础上签订《司法鉴定协议书》。《司法鉴定协议书》是具备鉴定资格的资产评估机构和委托方明确鉴定事项、约定双方权利义务、违约责任和争议解决的书面合同，也是评估机构执行鉴定业务的重要行为依据。但就目前情况看，多数鉴定项目既没有严格按照《资产评估业务——业务约定书》规范要求执行，也没有按照《司法鉴定程序通则》关于"司法鉴定协议书载明的八条事项"执行。其中一个带共性的问题是协议内容的针对性、严密性、合理性不足，双方的责任界限不清晰、不明确、不具体。在执行中，往往是委托方先给评估机构一个格式化的《委托协议书》或者函件，在沟通协商不充分和未认真修改、完善的条件下，便送达评估机构签字盖章，并督促执行。由于委托环节有失规范，对评估过程缺乏约束力，遇到具体问题，多是评估人员根据执业经验随机处理，一旦执行有误，委托方可以不承担责任，但作为评估机构却难辞其咎。

为此，建议最高法对此进行分类管理、规范，适宜形成业务约定书的，与中评协共同开展研究，就司法涉案评估建立科学、合理的评估业务约定书。

（二）关于执行评估程序

司法涉案评估执行评估程序难度较大。常规资产评估一般由企业配合收集资料，有的企业甚至成立专门的团队配合评估工作。而对于司法涉案评估，情况则大相径庭，被告方在很多情况下不配合，甚至销毁资料，因此执行评估程序难度更大。此外，司法评估经常是追溯性评估，即当前评估多年以前的资产，这就需要花费大量的时间调查当时的价格水平，当时的资产状况，因此更需要慎重的调查取证。这些客观因素会影响评估报告结论的准确性，增加评估机构的执业风险。

（三）关于评估机构的选取

据我们了解，部分地方法院建立了中介专业机构库，地方法院往往会从机构库中采用抽签、排序等方式选取评估机构，为案件指定评估机构。这种做法未考虑案件当事人的各种诉求，也未考虑具体案件情况和评估机构的专业特长。同时，由于委托人为法院，资金费用较为紧张，很多情况下不能够按评估行业的收费标准支付合理的评估费用。

（四）关于虚假报告的认定

《中华人民共和国刑法》第二百二十九条规定，承担资产评估的中介组织人员故意提供虚假证明文件，情节严重的，处五年以下有期徒刑或者拘役，并处罚金。实际情况中，会由法院直接认定评估机构是否构成故意提供虚假证明。

我们建议可以吸收法院和评估行业的代表，成立司法涉案职业责任鉴定委员会，由委员会来判定评估机构是否构成故意提供虚假证明。

三、加强合作，共同推进司法涉案评估

党的十八大提出"全面推进依法治国"，"加快建设社会主义法治国家"，彰显了党和国家对法治工作的高度重视。资产评估行业要与司法机构和部门密切配合，充分发挥资产评估专业作用，建立相应工作机制，共同做好司法涉案评估工作。

（一）积极发挥资产评估在司法审判中的专业作用

近年来，司法实践中涉及越来越多的专业性评估问题，司法评估作为司法鉴定工作中的重要组成部分，能够满足不同主体的不同层次的利益和

要求，对案件的顺利审结有着重要作用。一是司法涉案评估延伸了法官的认知能力；二是司法涉案评估为各方达成共识提供了基础；三是评估结论可以作为一种法定证据形式。做好司法涉案评估工作，有利于司法实践和评估实践的共同发展。

（二）建立常态化的司法评估合作机制

一是建立沟通交流机制。双方加强沟通交流，建立联席会议制度。中评协通报评估行业、评估理论和技术最新发展，最高法通报司法涉案中发现的评估问题等。对重大专案或重要文件可随时沟通协调，统一思想，形成共识。二是建立课题研究合作机制。司法涉案评估对相关当事方的权益有重大影响，对于司法涉案评估中的重点、难点、热点中的共性问题，可以建立课题研究合作机制，通过合作开展研究课题的方式来解决。双方共同制定司法涉案评估案例收集、处理、分析和发布的管理制度，组织年度案例汇编，并通过培训、研讨等方式允分加以运用。三是完善标准制度建立机制。中评协在研究制定相关准则和制度时，及时征求最高法的意见和建议，并充分吸收要求和建议。

（三）加强司法涉案评估准则和问题研究

一是共同做好司法涉案评估准则的制定。2014 年 11 月 21 日中评协发布了《资产评估操作专家提示——司法涉案目的评估（征求意见稿）》，希望最高法能提出宝贵意见和建议。二是开展司法涉案评估中难点、热点问题的研究。梳理难点、热点问题，成立相关的课题组或研究小组。三是调研知识产权评估需求。2014 年 11 月，《最高人民法院关于北京、上海、广州知识产权法院案件管辖的规定》，明确了知识产权法院的案件管辖。建议双方就司法涉案中的知识产权评估需求进行调研，评估行业也将一如既往地提供专业服务，并制定知识产权评估准则。

知识产权资产价值与资产评估

近年来，国家实施知识产权战略，人们的知识产权归属和保护意识逐步增强，知识产权资产的交易和融资等行为也在快速增长，这些都对知识产权的管理、保护和转化提出了更高要求。知识产权资产评估是发现和衡量知识产权价值的重要专业手段，是实施知识产权战略的重要一环。资产评估行业要顺势而为，抓住机遇，充分发挥资产评估的专业作用，积极服务于知识产权战略实施，为全面建成小康社会贡献智慧和力量。

一、在知识经济和经济全球化背景下知识产权资产的重要地位

当今世界，知识经济和经济全球化深入发展，知识产权日益成为国家发展的战略性资源和国际竞争力的核心要素，成为建设创新型国家的重要支撑和掌握发展主动权的关键。一个国家、企业拥有多少自主、核心知识产权，成为衡量其经济发展水平、企业实力的重要标志。世界各主要经济体都在利用知识产权战略，推动创新和创业，以期在国际竞争中赢得主动和优势地位。发达国家力图以创新为主要动力，推动经济发展，充分利用知识产权制度维护其竞争优势；发展中国家则积极采取符合国情的知识产权战略，实现创新超越，提升自身竞争力。

我国也高度重视知识产权工作，2008 年国务院发布了《国家知识产权战略纲要》，把知识产权战略提升到了国家重要战略的高度，据此推动建设创新型国家，实现全面建设小康社会的伟大目标。2015 年 12 月 18 日，国务院进一步提出了《关于新形势下加快知识产权强国建设的若干意见》，明确要求深入实施国家知识产权战略，深化知识产权重点领域改革，实行

更加严格的知识产权保护，促进新技术、新产业、新业态蓬勃发展，提升产业国际化发展水平，保障和激励大众创业、万众创新。到 2020 年，知识产权重要领域和关键环节改革上取得决定性成果，创新创业环境进一步优化，形成国际竞争的知识产权新优势，为建成中国特色、世界水平的知识产权强国奠定坚实基础。

加强知识产权的保护和利用，是落实知识产权战略的关键。从资产评估的角度看，合理界定知识产权的内涵，正确把握知识产权资产的价值形成特点，具有重要的意义。

（一）知识产权资产的内涵和特点

虽然知识产权资产在国民经济发展中日益受到重视，但是对于知识产权资产的概念及其特点仍有不同的理解。

1. 知识产权资产的内涵

知识产权作为法律术语，指"权利人对其所创作的智力劳动成果所享有的财产权利"，一般只在有限时间内有效。在我国，这一术语最早出现在 1986 年的《中华人民共和国民法通则》中。

从资产评估来看，知识产权资产是指权利人所拥有或者控制的，能够持续发挥作用并且预期能带来经济利益的知识产权的财产权益。知识产权资产包括专利权、商标专用权、著作权、商业秘密、集成电路布图设计和植物新品种等资产的财产权益。

2. 知识产权资产的特点

（1）专有性。即除权利人同意或法律规定外，权利人以外的任何人不得享有或使用该项权利。这表明除非通过"强制许可"、"征用"等法律程序，否则权利人独占或垄断的专有权利受严格保护，不受他人侵犯。

（2）地域性。即除签有国际公约或双边互惠协定外，经一国法律所保护的某项权利只在该国范围内发生法律效力。

（3）时间性。即法律对各项权利的保护，都规定有一定的有效期，各国法律对保护期限的长短可能一致，也可能不完全相同，只有参加国际协定或进行国际申请时，才对某项权利有统一的保护期限。

（二）知识产权资产的实践作用

不同类型的知识产权资产发挥作用也不同。专利权、专有技术从发明新产品、技术创新方面对企业的经营活动发挥作用，以全面提升企业技术实力和产品竞争力；商标权从企业形象、产品知名度方面对企业的经营活动发挥作用，以扩大企业产品市场占有率和潜在购买力；销售网络与客户关系从企业市场营销、物流管理方面对企业的经营活动发挥作用，以节约企业采购和销售环节的资金和时间成本。

（三）知识产权资产价值形成特征

知识产权资产通常与其他资产共同发挥作用，需要根据评估对象的具体情况和评估目的分析、判断被评估知识产权资产的作用，恰当进行单项知识产权资产或者知识产权资产组合的评估，合理确定知识产权资产的价值。

由于知识产权资产所具有的特殊性，必须关注知识产权资产的权利问题、技术问题及寿命问题。其中，在技术问题中又必须关注被评估知识产权资产所属的技术领域发展状况、技术水平、技术成熟度、同类技术竞争状况、技术更新速度等因素。

二、资产评估在知识产权资产管理中发挥着重要作用

知识产权资产评估一直是评估行业重要的业务领域。多年来，评估行业积极提供服务，积累了丰富的知识产权资产评估实践经验，发挥了重要的专业作用。

（一）服务于知识产权保护

《国务院关于新形势下加快知识产权强国建设的若干意见》提出，完善植物新品种、生物遗传资源及其相关传统知识、数据库保护和国防知识产权等相关法律制度。适时做好地理标志立法工作。研究完善商业模式知识产权保护制度和实用艺术品外观设计专利保护制度。加强互联网、电子商务、大数据等领域的知识产权保护规则研究，推动完善相关法律法规。制定众创、众包、众扶、众筹的知识产权保护政策。知识产权保护必然涉及知识产权损害赔偿，知识产权损害赔偿又需要确定合理的知识产权资产价值。在知识产权资产保护工作中，资产评估可以有效帮助当事方合理确定知识产权资产的价值，维护各方的合法权益。

（二）服务于知识产权资产交易

知识产权资产交易是实施知识产权战略的一个重要环节，在知识产权

交易当中,有一个很大的问题,就是如何客观地确定知识产权的价值。资产评估可以通过客观公正的中介服务为交易双方提供价值参考,降低交易成本,促进知识产权的产业化。资产评估师可以独立、客观、公正地对知识产权价值发表专业意见,为当事各方提供参考,促进顺畅流转,进而促进知识产权市场化和产业化。

(三)服务于知识产权资产融资

大众创业、万众创新被视作中国新常态下经济发展"双引擎"之一。自主创新需要大量的资金投入,仅依靠自身能力是远远不够的。财政部等六部门发布《关于加强知识产权质押融资与评估管理支持中小企业发展的通知》中提出,"完善知识产权质押融资评估管理体系",要求中国资产评估协会加强相关评估业务的准则建设和自律监管,促进资产评估机构、资产评估师规范执业,加快推进知识产权评估理论研究和数据服务系统建设,为评估机构开展知识产权资产评估提供理论和数据支持。通过知识产权资产的质押贷款、吸收外部投资或借助资本市场,可以为企业自主创新提供重要支撑。尤其是部分科技企业和个人创业在初创期,没有较好的抵押物,只能依靠手中的科技成果,以知识产权质押的途径获取贷款,资产评估将在这方面发挥重要作用。

三、评估准则为知识产权资产评估提供了重要支撑

为规范知识产权资产评估行为,保证执业质量,更好地服务知识产权资产管理、保护和交易,中评协通过制定评估准则,针对知识产权资产评估中的难点,提出操作指导,为知识产权资产评估提供了重要专业支撑。

(一)知识产权资产的价值评估难点

由于知识产权资产的复杂性和未来收益的不确定性,知识产权资产评估时,除应遵守一般评估原则和方法,在评估对象确定、资料收集、方法选择、参数确定、报告内容披露等方面还需要体现知识产权资产评估的专业特点,因此,知识产权资产评估一直是无形资产评估业务的难点。

(二)国际主要评估准则体系中通过相关准则对知识产权资产评估做出规定

由于知识产权资产是无形资产的重要组成部分,目前世界上主要评估

准则体系都是围绕无形资产制定相关的评估准则。但各国关于无形资产评估准则的制定工作发展极不均衡。

国际评估准则理事会于 2007 年 7 月颁布无形资产评估指南 GN4，2009 年 1 月重新修订了 GN4，并且制定了财务报告目的无形资产评估指南 GN16。2011 年版后，各版国际评估准则中，虽然保留了无形资产评估准则，但没有针对具体的无形资产类型设计准则项目。美国《专业评估执业统一准则》中没有专门的无形资产评估准则，准则第 9 号——企业价值评估（Business Appraisal，Development）和准则第 10 号——企业价值评估报告（Business Appraisal Reporting）的规定适用于企业价值和无形资产评估。英国皇家特许测量师协会（RICS）近年来已开始突破自评估专业创立时一直坚持的不动产评估范围，并向企业价值和无形资产评估等新的评估业务领域拓展，发布了全球版专业标准"无形资产评估"指南（非强制性），但其在术语、结构、理念等方面与国际评估准则保持了高度的一致性，缺乏针对性和创新性。

（三）我国评估准则体系为知识产权资产评估建立了完备的准则框架

1. 资产评估基本准则

中评协发布的资产评估基本准则以及资产评估职业道德基本准则，从基本要求、操作准则、报告准则、执业准则、专业胜任能力、与各方关系等方面，从总体上对执行知识产权资产评估做出了规范。

2. 程序性准则

中评协发布的评估报告准则、评估程序准则、业务约定书准则、工作底稿准则、利用专家工作准则、独立性准则等程序性准则，对执行知识产权资产评估具体评估程序做出了规范，体现了规范评估业务的目的。

3. 无形资产相关评估准则

2001 年财政部颁布了《资产评估准则——无形资产》，适用于知识产权评估。2006 年，财政部、国家知识产权局启动"知识产权资产评估促进工程"，并发布了《财政部、国家知识产权局关于加强知识产权资产评估管理工作若干问题的通知》中评协配合这项工作启动无形资产评估准则修订和专利资产评估指导意见制定，于 2008 年发布新的《资产评估准则——无形资产》和《专利资产评估指导意见》。此后，2010 年发布了《著作权资产评估指导意见》；2011 年发布了《商标权资产评估指导意见》。

4. 知识产权资产评估指南

（1）制定背景。

近年来，知识产权工作有了新的变化。知识产权资产转让、出资、质押、诉讼等经济行为日益增多。政府已从对加强知识产权保护转变为保护和运用并重。

为应对知识产权审判案件数量迅猛增长、新型疑难案件增多、矛盾化解难度加大的现实，2014 年 8 月 31 日，十二届全国人大常委会第十次会议表决通过了全国人大常委会关于在北京、上海、广州设立知识产权法院的决定。2014 年北京知识产权法院正式揭牌，这是我国首个建成并揭牌的知识产权法院。

2014 年 11 月 5 日，国务院常务会议对加强知识产权保护和运用进行部署，提出加大财税金融支持。会议提出，强化知识产权保护，运用财政资金引导和促进知识产权产业化，支持金融机构创新知识产权融资服务等重要意见。《国务院关于加快科技服务业发展的若干意见》要求，提升知识产权评估交易、保护维权、投融资等服务水平，构建全链条的知识产权服务体系。

国际评估界也高度关注知识产权评估，2014 年英国皇家特许测量师学会及香港测量师学会联合会议专门就知识产权评估进行了研讨。

（2）制定意义。

资产评估行业应顺应行业发展趋势，以此为契机，积极服务于知识产权有关的各项工作，积极制定有效服务国家知识产权战略，具有国际视野，符合时代特色，站位高立意远的评估准则，从而体现资产评估自身的政治、社会、经济价值，进一步发挥其在维护法治环境、市场秩序方面的重要作用。根据新形势下国家政策和市场需要，有必要制定专门的知识产权评估准则。为合理体现知识产权资产价值，有效服务知识产权管理、保护和转化，2015 年中国资产评估协会在"1＋3"准则框架基础上，广泛征求政府相关部门、评估报告使用者和评估执业界意见，发布了《知识产权资产评估指南》，进一步对知识产权资产评估提供指导。

（3）准则的特征及主要内容。

知识产权资产评估指南在定位上突出知识产权资产在不同评估目的下的运用，包括知识产权资产在转让或许可交易、出资、质押、诉讼、财务报告为目的下的特殊要求，以及主要关注事项、价值类型的选择、必要信息的披露等，为资产评估师和评估机构在实务工作中解决实际问题提供了借鉴。同时，由于知识产权资产包括专利权、商标专用权、著作权、商业秘密、集成电路布图设计和植物新品种等资产类型，为使指南更加具有操作性，指南也兼顾了对资产类型的介绍。

四、进一步加强知识产权资产评估的工作思路

为深入实施创新驱动发展战略，深化知识产权领域改革，加快知识产权强国建设，国务院于 2015 年 12 月发布《关于新形势下加快知识产权强国建设的若干意见》，对知识产权管理体制机制改革，知识产权保护、创造、运用、海外布局、风险防控、对外合作等提出新要求。资产评估行业需要进一步发挥专业功能，服务知识产权强国建设。

（一）加强市场开拓

围绕国家改革发展目标和知识产权战略，形成知识产权资产评估市场转型升级新思路。服务领域要从传统的知识产权交易、抵押评估向新兴、高附加值的知识产权培育、管理、转化咨询领域优化升级。增长动力要从法定业务向市场内生需求转变。

（二）加强理论和准则研究

要针对知识产权管理、保护、转化行为中的特点，继续加强相关评估技术研究。要加强数据库的建设，广泛搜集整理知识产权评估的各种基础数据。要加强案例库的建设，搜集整理各种知识产权交易案例和评估案例。要进一步完善知识产权评估准则，丰富准则内容，提升准则操作性。

（三）开展相关业务培训和人才培养

要根据评估业务发展的新要求，把人才培养作为优先发展战略，加强行业人才知识结构更新和专业胜任能力的培养，制定系统的知识产权评估培训规划。既要有基础知识的培训，也要有针对性地开展一些高层次的培训，着力培养一批高水平的知识产权评估人才。

（四）建立专业委员会

评估业务涉及行政管理、业务监管、评估操作、评估报告使用等多个方面，有效管理评估项目、推动评估业务质量提升，需要各方协同发挥作用。要研究建立知识产权评估专业委员会，吸收各方专家在同一个平台上交流知识产权评估业务的需求和问题，提出解决办法，共同推进知识产权评估业务顺利发展。

（五）重视国际交流与合作

随着国内和国际市场的不断融合，国际合作与竞争日趋扩大，知识产权跨境合作日益广泛。我国评估行业要进一步加强与各国评估组织的务实合作，协同推进准则互认、数据共享、人文交流，相互借鉴市场经验，努力形成各国评估行业深度融合的共享合作格局。

无形资产价值与资产评估

无形资产是科学技术、社会生产力发展到一定阶段的必然产物。在传统经济模式下，人们没有形成对无形资产的普遍重视。随着全球市场经济的不断发展，无形资产对经济发展的巨大作用逐步显现，无形资产价值的评估成为人们关注的热点。资产评估对于提升无形资产价值、优化无形资产管理、保障无形资产交易市场健康有序、促进市场经济繁荣发展具有重要意义。

一、无形资产是现代经济的重要资源

无形资产是集经济、技术、法律于一体的重要资源，在经济发展中起着关键的作用。随着社会经济的迅速发展，无形资产在现代经济生活中的重要性日益凸显，无论是国家、企业还是个人，都对无形资产的研发、保值和增值给予极大的关注。无形资产是一个动态的、不断变化发展的概念，随着科学技术的发展和社会的进步，其内涵和作用都在不断改变。

（一）无形资产的内涵

无形资产是指企业拥有或者控制的没有实物形态的可辨认非货币性资产。无形资产有广义和狭义之分，广义的无形资产包括货币资金、应收账款、金融资产、长期股权投资、专利权、商标权等，它们没有物质实体，而是表现为某种法定权利或技术。会计上通常将无形资产作狭义的理解，即将专利权、商标权等称为无形资产。

资产评估中，无形资产是指特定主体所拥有或者控制的，不具有实物形态，能持续发挥作用且能带来经济利益的资源。评估对象包括但不限于会计科目中的无形资产，通常需要区分可辨认无形资产和不可辨认无形资产、单项无形资产和无形资产组合。

（二）无形资产的特点

与实物资产相比，无形资产具有显著的特点。

1. 不具有实物形态

无形资产通常表现为某种权利、技术或获取超额利润的综合能力，如土地使用权、专利技术、商誉等。它没有实物形态，却能够为企业带来经济利益，或使企业获取超额收益。但有些无形资产的存在有赖于实物载体。

2. 属于非货币性长期资产

无形资产属于长期资产，主要是因为其能在超过企业的一个经营周期内为企业创造经济利益。那些虽然具有无形资产的其他特性却不能在超过一个经营周期内为企业服务的资产，不能作为企业的无形资产核算。

3. 是为企业使用而非出售的资产

企业持有无形资产的目的不是为了出售而是为了生产经营，即利用无形资产来生产商品、提供劳务、出租给他人或为企业经营管理服务。无形资产为企业创造经济利益的方式，具体表现为销售产品或提供劳务取得的收入、让渡无形资产的使用权给他人取得的租金收入，也可能表现为因为使用无形资产而改进了生产工艺、节约了生产成本等。

4. 在创造经济利益方面存在较大的不确定性

无形资产必须与人力资源、高素质的管理队伍、相关的硬件设备、相关的原材料等企业的其他资产相结合，才能为企业创造经济利益。此外，无形资产创造经济利益的能力受外界因素影响较大。

5. 类型复杂，识别困难

随着知识经济时代的到来，产业不断向技术密集型和智力密集型转化，不断涌现出种类繁多的无形资产，如专利技术、专业知识、经验技能、产品设计、管理方法、规章制度等。这些无形资产发挥作用方式独特，与其他资产的效用较难区分，资产识别困难。

（三）无形资产的作用

随着世界经济一体化进程的加快，国际国内间市场竞争日趋激烈，作为独特资源的无形资产发挥着越来越重要的作用。我国现阶段的发展还处于社会主义的初级阶段，应该提高各界人士对无形资产重要性的认识，注重开发、培育、创造、维护和保护无形资产，利用无形资产的扩大、扩展和扩张作用，促进我国全面发展。无形资产的作用主要体现在以下几方面。

1. 代表国家的综合国力

在我国社会主义市场经济条件下，无形资产是现代企业生存发展必不可少的宝贵资源。一个企业拥有无形资产的多少，代表企业经济技术实力和竞争能力的强弱；一个国家拥有无形资产的多少，代表一个国家综合国力的强弱。在经济全球化趋势日益发展的今天，经济的发展，既需要企业无形资产的提升，也离不开国家形象的塑造。国家形象是国家力量和民族精神的表征，是主权国家重要的无形资产，是综合国力的集中体现。

2. 能够带来巨大的超额收益

无形资产与有形资产相结合，可以相互转化并产生巨大的经济效益，能够带来强大的增值功能。过去，价值创造以实物方式为主。而无形资产以其独特的、不易被模仿的价值创造方式，能够带来巨大的超额收益，在价值创造过程中做出显著贡献。

3. 推进市场经济的繁荣发展

近年来，无形资产越来越成为经济增长的重要推动力。当前经济形势下，企业的各项资产业务迅猛发展，出现了因资产转让、企业兼并、企业出售、企业联营、股份经营、中外合资合作、企业清算、企业租赁等而发生的产权、经营权的变动；同时随着知识经济时代的到来，以知识为基础的专利权、商标权、计算机软件等无形资产在企业中所占比例不断增加。

二、资产评估是服务无形资产管理的重要手段

由于无形资产识别与价值确定难度大，人们普遍对无形资产认识不足，造成交易市场与管理混乱。资产评估从专业角度对无形资产进行评估，可以助力无形资产价值的发现，服务无形资产管理。多年来，资产评估行业在无形资产管理方面发挥了重要作用。

（一）促进无形资产培育和转化，服务经济转型升级

通过合理体现无形资产的价值，可引导经营主体树立无形资产经营意

识，关注无形资产的各项要素，加大无形资产研发投入，加强无形资产产权管理和保护，提升无形资产在生产经营过程中的重要性，服务经济转型升级。

（二）协助企业动态监管，适时调整管理体制

由于无形资产的公允价值、受益期等受外界影响较大，资产评估可协助企业依据法规政策、市场变化与行业发展，对无形资产实施动态监管，并适时调整无形资产管理体制，也有助于对无形资产的灵活运用。

（三）增强企业全局意识，优化内部管理

资产评估人员可为企业提供专业评估指导，协助企业建立积极的评估意识和开发适合本企业的评估管理系统，将评估思维渗透到产品开发、生产和销售的各个环节，优化无形资产的全面管理。

（四）促进无形资产交易和监管，维护各方合法权益

无形资产产生的巨大经济效益在经济活动中表现最为明显，在转让、租赁、承包、拍卖等情况下进行评估，可以从整体、全面的角度对合理识别和体现无形资产价值，防止漏评、错评、高评或低评，为资产所有者和监管方提供清晰的价值信息，方便相关方作出决策，维护社会公共利益和资产评估各方当事人合法权益。

三、评估准则是无形资产评估的重要保障

我国资产评估行业在无形资产评估方面进行了大量探索，在开展丰富实践的基础上，通过评估准则的制定，形成统一评估执业标准和规范，可以有效解决无形资产类型复杂、识别难、收益难以预测等问题，完整、合理地体现无形资产的价值，促进无形资产评估的健康发展。资产评估行业在无形资产评估准则建设方面做了大量工作，形成了良好的基础。

（一）无形资产评估的基础准则较为完备

目前，在财政部和中国资产评估协会累计发布的28项评估准则中，资产评估基本准则、职业道德准则和所有程序性评估准则，都适用于无形资产评估，这些评估准则对无形资产评估的基本执业要求、基本职业道德要求和基本程序要求做出了规定，保证了无形资产评估业务的基本质量。部分实体性准则，如企业价值评估准则、财务报告目的评估准则等，也涉及

无形资产评估，其相关规定对无形资产评估也具有指导意义。

（二）资产类无形资产评估准则框架建立

在基础准则之外，中评协针对无形资产的特点，发布了专门的无形资产评估准则，对所有类型无形资产评估业务中共同遵守的基本原则、主要关注点进行了科学的规范，并提供了较具针对性的操作指导。在无形资产评估准则共性要求的基础上，中评协发布了专利、商标和著作权资产评估指导意见，分别通过具体分析价值影响因素、规范评估业务的操作和披露，对无形资产中的三种重要的细类资产的评估业务提供指导。

（三）行为类无形资产评估准则发布

随着我国知识产权战略的实施，涉及知识产权资产的交易行为日渐丰富，具体经济行为中的知识产权资产评估需求快速增长。为满足评估执业需求，中评协发布了《知识产权资产评估指南》。《知识产权资产评估指南》在定位上突出知识产权资产在不同评估目的下的运用，包括知识产权资产在转让或许可交易、出资、质押、诉讼、财务报告为目的下的特殊要求，包括重点关注事项、价值类型的选择、必要信息的披露等，为资产评估师和评估机构在实务工作中解决实际问题提供借鉴。同时，由于知识产权资产包括专利权、商标专用权、著作权、商业秘密、集成电路布图设计和植物新品种等资产类型，为使指南更具操作性，指南兼顾了对资产类型的介绍。

（四）配合监管需求发布专门准则

为深入贯彻落实党的十八大和十八届历次全会精神，推动文化产业发展和文化市场繁荣，根据中共中央办公厅、国务院办公厅印发的《关于推动国有文化企业把社会效益放在首位、实现社会效益和经济效益相统一的指导意见》，在中共中央宣传部和财政部的组织和指导下，在商务部、文化部、人民银行、审计署、国务院国资委、税务总局、工商总局、知识产权局、新闻出版广电总局、科技部、银监会、证监会、保监会等有关部门和单位支持下，中评协发布了《文化企业无形资产评估指导意见》（以下简称《指导意见》）。《指导意见》是评估准则体系中首次针对特定产业资产的评估业务制定的准则项目。《指导意见》以适应市场发展需求、服务文化企业改革为目的，一是明确评估文化企业无形资产，应当关注不同类型的文化企业在政治导向、文化创作生产和服务、受众反应、社会影响、内部制度和队伍建设等方面产生的社会效益对其无形资产价值的影响。二是注重突出文化企业的特点，体现文化企业相对其他行业在无形资产评估方法上的特殊性，明确细分各文化行业不同类型无形资产的范围和特征，以及评估需要考虑的各方面因素。三是注重对评估实践的指导，突出可操作性。部分条款以举例的形式介绍了文化企业的典型案例，为评估实施提供针对性强的指导。

（五）适应新形势，完善无形资产评估准则

党的十八大以来，特别是党的十八届三中全会、四中全会和五中全会以来，我们党做出了关于全面深化改革、全面推进依法治国若干重大问题的决定与重大战略部署，重点提出了创新的发展理念，以及一系列新思路、新任务、新举措，这对评估行业依法执业、规范发展提出更高的要求。经济新常态下的新市场、新业务，要求进一步完善资产评估理论、方法和技术，重视无形资产的培育与管理，动态跟踪新需求。

为了适应新经济形势的发展，积极响应国家关于全面深化改革、"四个全面"战略布局、五个发展新理念的政策，资产评估行业要加强理论研究与技术创新，通过准则修订和制定新领域准则，不断完善无形资产评估准则体系，满足市场需求，维护公共利益。

文化资产价值与资产评估

金融是现代经济的核心和血液，文化是民族的血脉和人民的精神家园，文化金融合作已经成为文化产业持续健康发展的重要引擎。文化产权、文化资产在现代市场经济中流转、交易的核心是定价，文化资产和金融对接的前提也是定价。如何科学、公允地衡量文化资产的价值是一个备受政府、市场和社会各界广泛关注的重大课题，也是资产评估行业不断研究探索和实践的重要领域。

一、资产评估是市场优化资源配置的重要手段

资产评估是市场经济的产物，是服务中国改革开放的重要力量。资产评估具有独立、客观的价值发现和鉴证功能，是市场运行机制的重要环节，是市场优化资源配置的重要手段。随着国家改革开放的不断深入和市场经济体制的逐步完善，资产评估行业在维护产权所有者权益、规范资本市场运作、防范金融风险、保障社会公共利益和国家经济安全等方面发挥了重要作用，为推动经济体制改革和结构调整，维护市场经济秩序和社会进步做出了积极贡献。经过二十多年的努力，中国资产评估行业走出了一条适合中国市场经济的评估服务专业之路，创立了一套服务于中国经济社会的评估理论体系和部分领域国际领行的执业规范标准，培养了一支政治素质高、职业道德优、专业能力强的服务队伍，赢得了政府信赖、社会信任、市场认可和国际同行的尊重。目前，资产评估行业已有3000多家评估机构，3万多名资产评估师，10万多名从业人员，执业领域持续拓宽，服务水平不断提高。

改革开放是当代中国的主旋律，也是资产评估行业发展的内在动力。党的十八大，特别是党的十八届三中全会对全面深化改革作出了重大战略部署，使市场在资源配置中起决定性作用和更好发挥政府作用，提出了加快完善现代市场体系、深化财税体制改革、构建开放型经济新体制、创新社会治理体制等一系列新思路、新任务、新举措，加快了改革的步伐，为资产评估行业带来了新机遇、新期望。国务院近期发布了一系列文件，大力推动资产评估在内的现代服务业发展。财政部党组书记、部长楼继伟指出，市场经济发展需要资产评估，资产评估前景广阔。财政部党组成员、部长助理许宏才强调，随着改革的全面深化和混合所有制经济发展的推进，资产评估行业会有更广阔的服务领域和市场空间，将会发挥更为重要的作用。目前，评估行业和中评协已经做好了迎接改革、挑战自我、赢取新发展的基本准备。我们坚信，在中央有关方针政策指引下、在部党组的正确领导下，资产评估行业一定会将顺势而上，积极支持改革，热情拥抱改革，着力推进改革，促进评估行业转型升级，为国家全面深化改革作出新的更大的贡献。

二、文化资产评估是推进文化市场建设的重要力量

文化资产评估是资产评估的重要服务领域之一，伴随文化产业发展应运而生。文化资产作为一种特殊资产，凝结着人类智慧的创新成果，具有附加值高、资产类型多、价值不确定性大、评估专业性强等特点，易受文化潮流、大众喜好等影响。文化资产价值是文化资产与市场对接的标尺，其核心价值体现在无形资产上。文化资产评估有利于挖掘文化资产的价值，是适应文化体制改革、满足我国文化市场不断繁荣发展的客观需要，是促进文化产业与金融业融合的重要手段，是规范文化产权交易秩序的基础环节。开展文化资产评估工作，具有重要意义。

第一，推进文化资产评估是实现文化强国战略的必然要求。党的十八大报告强调要推进文化强国建设，促进文化产业快速发展。开展文化资产评估有利于加速文化产权的流转、保护市场主体的合法权益，是构建现代文化产业体系，形成公有制为主体、多种所有制共同发展的文化产业格局不可或缺的专业途径，对于推进文化科技创新，扩大文化消费，开辟文化

产业的国内外市场具有积极作用。

第二，推进文化资产评估是文化产业发展的必然选择。文化产业是典型的朝阳产业，对我国经济的贡献率不断提升。文化资产评估为文化金融合作提供了有力的支撑，通过独立客观公正的评估，能够服务中央文化企业兼并重组、公司制、股份制改造；支持中央文化企业境外投资，并购等，推动文化产品和服务出口；支持文化企业上市融资和并购重组；推动文化资产证券化，拓宽融资渠道，盘活存量文化资产等。

第三，推进文化资产评估是文化企业国有资产监管的必要保障。随着国有文化企业资产规模日渐庞大，对资产监管能力和水平提出了更高的要求。党的十八大报告明确提出要健全国有文化资产监管体制。资产评估是国有文化企业资产监管的价值标尺，是保障国有资产合法权益的重要手段。国有文化企业资产兼有商品和意识形态双重属性，具有不同于一般经营性国有资产的特殊性和复杂性，科学评估国有文化企业资产价值，是防止国有资产流失、促进国有资产保值增值的必要保障。

三、积极推进文化资产评估的理论与实践

文化资产评估创新性强、专业要求高，在国际上也是一个创新性的课题，中评协利用在国际评估组织中的话语权和影响力，及时掌握国际上文化产品、艺术品评估发展的前沿动态，加强交流与合作，同时也将中国文化资产评估的经验和成果在国际上推广。经过多年的努力，在有关政府部门的指导和金融、文化各界的支持下，文化资产评估工作已经取得了一定的成效。

在理论研究方面，形成的研究成果为文化资产评估奠定了坚实的理论支撑。针对文化资产的特点，中评协与财政部文资办合作开展了"文化企业资产评估研究"课题，并将研究成果出版，是第一部系统研究该领域的著作，在业内外引起强烈反响。我们还组织开展了版权价值评估，电视剧、电影著作权资产评估，知识产权质押评估，上市公司并购重组企业价值评估和定价等课题研究，正在开展文物艺术品价值发现研究，中国画、中国书法资产评估准则课题研究。这些研究为开展文化资产评估实践、服务文化市场建设提供了理论上的指导。

在准则体系建设方面，已经基本形成了完备的、既符合国情又与国际趋同的资产评估准则体系。文化资产价值评估的核心和难点是执业标准。中评协发布了无形资产、企业价值、珠宝首饰评估准则，著作权、商标、专利资产评估指导意见等相关准则，保障了文化资产评估结果的科学性、合理性，对于规范文化资产评估执业行为、维护各方合法权益和社会公共利益起到了重要作用，得到了国际、国内评估界、委托方和政府部门的认可。2012 年，中评协与中国银行业协会又联合发布《关于规范珠宝等特殊资产抵质押贷款评估有关事项的提示》，以防范和化解珠宝等特殊资产抵质押贷款产生的经营风险。2013 年，中评协开展了"翡翠品质分级及价值评估"研究，为翡翠鉴定和评估提供了技术依据。

在评估实践方面，资产评估机构在服务文化事业单位改制、文化企业上市、文化资产抵质押融资等过程中积累了丰富的经验。如对《狄仁杰之通天帝国》电影国内院线放映权价值进行的评估，对资本市场第一单手游企业掌趣科技并购重组的评估，对新华网转企改制的评估，以及商务印书馆股份制改造的评估，等等。通过服务文化企业改革的实践历练，评估行业培养了一支政治素质高、职业道德优、专业能力强的资产评估师队伍，具备了继续为文化资产价值发现和管理提供专业服务的基础和条件。中评协也非常重视加强相关培训，如和中央文资办联合举办清华大学高级研修班，共同培养文化资产评估专业人才。

文化资产评估建设是一个系统工程，需要汇聚各方的智慧和力量。下一步，中评协将继续认真研究并准确把握新形势下文化产业发展的总体要求和重点任务，进一步发挥专业优势，从理论准则研究、市场建设、合作机制等方面着力推进以下工作。

一是继续加强文化资产理论研究和准则建设。中评协将与文资办合作开展"文化企业无形资产评估研究"，为制定文化企业无形资产管理政策、进一步服务文化体制改革提供理论指导。充分发挥业内外专家的集合优势，围绕文化资产评估热点和难点问题，加强文化资产细分领域的评估研究。在准则方面，中评协将积极配合中宣部、文资办制定《文化企业无形资产评估指导意见》，为文化企业无形资产价值确定提供准则标尺，为国家加强文化无形资产管理提供专业支撑。同时，还将丰富和深化相关评估准则，细化现有文化无形资产评估准则框架。

二是继续加强文化资产评估市场建设。加快建立起与经济社会发展相协调的文化金融体系，利用资产评估优化文化产业资源配置任务迫切。上海文化产权交易所作为国家重点支持的交易所，是推动文化与金融对接的前沿阵地和改革试验田，在推动文化产权交易、加快文化要素流转等方面发挥了重要作用，也为开展文化资产评估奠定了市场基础。中评协将继续发挥在文化资产评估领域的理论和实践优势，加强与上海文交所的合作，为文化资产产权交易、抵质押、并购重组等提供专业定价服务，不断拓展服务文化资本运作的市场领域。同时，加大文化资产评估人才培养力度，进一步提升从业人员文化资产评估的专业胜任能力。

三是深化文化资产评估交流与合作。文化资产评估除了包含大部分文化市场信息，还涉及文化史学等相关内容。尤其是艺术品领域，需要文化专家先对其进行"质"的评定，评估师才能进行价值"量"的衡量。这需要汇聚文化界、金融界和评估界共同的专家智慧。中评协将根据文化金融合作的新形势，秉承创新、合作、共赢的宗旨，愿同大家加强沟通，精诚合作，成立文化资产评估专业委员会，邀请致力于文化产业发展的业界翘楚、学者名流加入，推进文化专家与评估专家的合作，为更好地服务文化与金融对接、文化产业发展发挥"智库"作用。

（本文系 2014 年 12 月 24 日在上海文交所 2014 文化金融论坛上的演讲）

创新资产评估，助力文化金融

当前，中国经济发展已经步入新常态，随着经济结构调整步伐加快，文化产业总产值占 GDP 比重逐步提升，对社会经济发展的拉动作用逐渐增强。2014 年全国文化及相关产业增加值 2.4 万亿元，占 GDP 的比重近 4%。预计"十三五"时期，文化产业占 GDP 的比重将达到 5% 或 5% 以上，进而成为国民经济支柱性产业。

随着文化产业的蓬勃发展，文化金融正在演化为一种新兴业态，进而反过来成为推动文化和金融产业发展的巨大动力。文化与金融的有机融合，其前提是文化资源和文化产品的商品化、资产化、货币化，资产评估则是实现文化与金融对接的重要环节。文化企业生产的是精神产品，无法像一般企业那样，有明确的成本收益对应关系，有明晰的价值形成模式，文化资产价值的确定要复杂得多。与其他产业相比，文化产业更加需要资产评估的价值发现作用，通过提炼、量化文化产品和文化企业的价值，为文化市场和文化金融提供客观的价值尺度。

近年来，根据我国文化产业和文化市场建设需要，资产评估行业不断开拓创新，在文化评估领域进行了卓有成效的探索与创新，开展了以下工作。

一是积极开拓文化评估市场，为文化产业发展提供专业服务。资产评估机构在服务文化企业并购重组、股份制改造、文化资产质押融资、投资等方面发挥了重要的价值鉴证作用，积累了宝贵的实践经验。为适应文化产业发展对资产评估的需求，中评协开展了文化企业资产评估、版权价值评估、影视著作权评估、知识产权质押评估等多项课题研究，引导评估机构开展文化企业资产评估业务，丰富我国的文化评估理论体系。

二是积极构建文化资产评估准则体系，为促进文化与金融对接提供专业支持。党中央、国务院重视发挥资产评估在促进产业结构调整升级、构建开放型经济新体制中的专业作用，明确要求，要制定文化企业无形资产评估指导意见。在中宣部文改办、财政部文资办的指导和有关部门的支持下，中评协通过实地调研和问卷调查，结合文化领域的评估实践，起草了《文化企业无形资产评估指导意见》，对文化资产评估过程中应当关注的一些重要问题进行了规范，如，文化企业盈利模式对价值的影响，如何有效识别文化企业无形资产等。虽然评估行业已经基本建立了无形资产评估准则体系，但没有专门针对文化企业的评估准则，《指导意见》的出台，将填补文化评估领域的空白，有利于从评估专业角度，推动文化产业与金融行业、资本市场的深度融合。

三是着力解决文化资产评估中的重大技术问题，助力提升文化企业价值。文化产品具有巨大的外部性，其社会价值如何衡量、如何货币化，是一个世界性难题。文化企业通过提供文化产品、传播思想信息、传承精神文明，无论是对人类道德水平的提升、人类精神世界的丰富，还是对经济体制降低运行成本都会产生巨大作用，其社会效益是难以用价值评估的。因此，对文化企业的价值评估，不仅需要考虑经济效益，还需要同时考虑其社会效益。互联网等信息技术与文化产业的高度融合，催生了以网络视频、动漫、手游等为代表的新兴业态文化企业，如何评估"互联网＋文化"企业的价值是一个全新课题。网络是把"双刃剑"，不能仅靠网站流量、用户量、点击量等作为衡量价值的依据，还需要评估师结合大数据分析，客观反映文化企业无形资产传播的正能量与外部效应，合理确定文化企业与互联网企业融合过程中资产的对价。目前我们正在组织对有关重要问题进行研究，通过破解一些重大技术问题，着力在评估中发现和反映文化资产的内在价值，使文化产品和文化企业在市场化和商品化的过程中更加客观公正。

四是着力推进相关制度体系对接，客观反映文化企业的资产状况和经营水平。根据现行的会计准则，对于自创型或新颖的无形资产以及销售网络、合同权益等关系型无形资产，企业尚未纳入或难以完整纳入财务报表中核算，造成我国文化企业无形资产占账面资产总额的比例远远低于国际知名文化企业。由于企业财务账面确认的无形资产种类与评估实践中存在差异，我们正在与有关部门沟通协调，积极推进会计制度与评估制度的对接，利用资产评估的定价功能，充分披露文化企业无形资产，真实反映企业的资产状况和经营水平。

近年来，中评协与上海文交所保持了密切的专业交流与合作，上海文交所在探索文化资产的认证、确权、评估、登记等方面做了很多创新性的工作。为进一步创新资产评估，促进文化与金融相结合，我们将着力推进以下工作：

一是围绕国家文化兴国战略，进一步加强文化评估市场开拓和相关准则建设。积极开拓文化资产评估新兴领域，如互联网新媒体企业价值评估，文化产业发展专项资金绩效的评价等。根据文化市场发展的特点，分类施策，适时编制影视企业、网络游戏等更具操作性的评估指引。

二是加强文化信息合作共享，着力解决技术性问题。中评协希望与有关文化和金融机构加强合作，共同探讨文化数据的开发与共享，加大数据整合力度，充分考虑大数据对消费者体验价值的衡量和文化资产评估的影响，着力解决文化资产评估的一些技术性问题，提升文化资产评估的信息化水平。

三是推进文化金融与资产评估对接，探索文化金融的实践路径。我们将深入研究资产评估服务文化金融的具体领域和方法，如文化资产抵质押评估、文化资产证券化评估、文化企业股权众筹评估等，为不同文化金融提供相应的评价方法和价值尺度，提升资产评估服务文化金融的针对性和专业性。

四是结合文化市场发展需要，着力培育文化资产评估人才队伍。要进一步完善评估人才队伍的知识结构和专业结构，加大评估人才队伍文化和金融知识的培养，加大对评估从业人员的文化评估技能培训，适当吸引优秀文化和金融人才加入评估行业，鼓励评估人才积极参与文化评估业务，建立起一支职业道德优良、专业能力优秀的文化评估人才队伍，为文化产业和文化金融发展提供及时、优质的专业服务。

文化是民族之魂，金融是现代经济的血脉，借助金融的输血功能和杠杆效应，我国文化产业必将获得更快更好的发展，从而为实现中华民族伟大复兴的中国梦增添强大的文化力量。我们相信，通过此次论坛，借助各方的共同智慧与努力，必将为文化与金融的深度融合编织起一个更加强大的社会纽带。中国资产评估协会和中国资产评估行业，愿与在座的各位和社会各个方面，齐心协力，开拓创新，为我国文化金融的发展做出我们应有的贡献！

（本文系 2015 年 12 月 13 日在上海文交所 2015 文化金融论坛上的演讲）

第三篇

评估队伍作风和职业道德建设

打造"三严三实"干部队伍，
扎实推进评估行业改革发展

开展"三严三实"专题教育是全党当前一项重要工作。按照财政部党组关于开展"三严三实"专题教育方案，中评协党委对"三严三实"专题教育活动进行了专门部署和安排，迅速将思想和行动统一到中央和部党组要求上来，制定了《中国资产评估协会开展"三严三实"专题教育方案》，并下发到协会全体党员干部。我们要认真学习、积极践行，切实将"三严三实"要求贯穿到协会和行业工作的各个方面，贯穿到每个党员干部工作和生活之中，以"三严三实"打造干部队伍，整饬作风，凝心聚力，扎实推进行业改革创新、转型升级。

一、充分认识"三严三实"专题教育的重要意义

党的十八大以来，以习近平同志为总书记的党中央团结带领全国各族人民努力应对前进路上的各种困难和挑战，积极适应新常态，协调推进"四个全面"，不断开拓治国理政的新境界，凝聚起实现中华民族伟大"中国梦"的强大力量。推进"四个全面"和实现"中国梦"关键在党，因此习总书记在许多场合反复强调从严治党的重要意义，并在2014年全国两会期间参加安徽代表团审议时，专门就加强党风廉政建设做了重要讲话，强调党员干部要严以修身、严以用权、严以律己，谋事要实、创业要实、做人要实，这就是"三严三实"。"三严三实"的提出，是我们党特别是习总书记总结十八大以来，在群众路线教育活动基础上，在加强党的自身建设、加强党风廉政建设方面的一个新的理念。开展"三严三实"教育，具

有重要的历史和现实意义。

（一）"三严三实"专题教育是全面从严治党的重要体现，对实现"四个全面"具有重要战略意义

习近平总书记在江苏调研时强调，要"协调推进全面建成小康社会、全面深化改革、全面推进依法治国、全面从严治党，推动改革开放和社会主义现代化建设迈上新台阶"。"四个全面"的协调推进，必将进一步推动党的理论与实践的大发展，对于坚持和发展中国特色社会主义、实现中华民族伟大复兴的中国梦具有重大现实意义和深远历史意义。"四个全面"中，全面建成小康社会是奋斗目标；全面深化改革是实现奋斗目标的根本路径、强大动力；全面推进依法治国是实现奋斗目标的基本方式和可靠保障；而全面从严治党是实现前三个"全面"的坚强保证。党中央总揽全局，将"三严三实"专题教育作为党建工作重要任务来部署，体现了驰而不息推动党的建设、实现全面从严治党的决心，对实现"四个全面"具有重要战略意义。

（二）"三严三实"专题教育是持续深入推进党的作风建设的重要举措，是党的群众路线教育实践活动的延展深化

"三严三实"着眼于解决作风方面的突出问题，是党中央和习近平总书记在清醒把握作风现状基础上对党员干部改进作风提出的新要求，具有很强的现实针对性。应当看到，党员干部队伍的作风与党和人民事业发展要求总体上是适应的，特别是党的群众路线教育实践活动开展以来，党风政风得到明显改善、呈现出新的气象。以习近平总书记为核心的新一届中央集体在抓党风、抓反腐、抓廉政建设方面，"打虎拍蝇"，力度空前，取得了非常显著的效果，发挥了非常重大的威慑作用，有效地遏制了腐败势头的滋生和蔓延。但是也要看到，形式主义、官僚主义、享乐主义和奢靡之风这"四风"还没有根除，无论党员干部队伍管理还是党员干部自身，都存在不严、不实的问题，失之于宽、失之于软、失之于虚的现象比较严重。有的党组织对党员干部要求不严，常常是不敢管、不愿管、不会管；有的执行中央政策打折扣、搞变通，有令不行、有禁不止的现象时有发生；有的自由主义、好人主义盛行，组织涣散、纪律松弛，一些规章制度形同虚设。有的党员干部目无组织纪律，凌驾于组织之上、游离于组织之外；有的心浮气躁，弄虚作假；有的特权思想严重，滥用手中权力，违法乱纪、贪污腐败，等等。可以说，要求不严的问题、作风不实的问题，是党员干部不良作风的突出表现，也是作风建设亟待解决的突出问题。"三严三实"的着眼点，就是解决这些作风方面的突出问题，是党的群众路线教育实践活动的延展深化，也是深入推进党的作风建设的一项重要举措。我认为，"三严三实"要求的提出，抓住了当前党风问题上的核心问题和问题的要害，抓住了党风建设的主要矛盾和矛盾的主要方面，搞好这次专题教育，对从根本上促进党风好转将会起到巨大的推动作用。

（三）"三严三实"专题教育是加强党的思想政治建设、严肃党内政治生活、严明党的政治纪律和政治规矩的重要抓手，有利于营造从严从实的氛围和良好的政治生态

当前，一些党员干部不守纪律、不讲规矩的现象，一些地方政治生态不好的问题还比较突出。比如，对党不忠诚、不讲政治、自行其是的问题，有令不行、有禁不止、阳奉阴违的问题，组织涣散、纪律松弛、我行我素的问题，公器私用、设租寻租、以权谋私的问题，等等，需要引起高度重视。这些问题在我们评估行业干部队伍中也有不同程度的表现。解决这些问题，必须从严上入手、从实处着力。有些地方和有些部门之所以党风出现很大的问题，甚至出现坍塌式的腐败，很重要的原因就是要求不严、着力不实，政治生态出现了问题。开展"三严三实"专题教育，就是要加强思想政治建设、严肃党内政治生活，进一步明规矩、严纪律、强约束，形成从严从实的浓厚氛围，营造风清气正的政治生态。

（四）"三严三实"专题教育是锻造过硬队伍、推进事业发展的内在要求，有利于增强干部适应经济发展新常态的能力

楼继伟部长在财政部党组专题党课上指出，开展"三严三实"专题教育活动是锻炼干部队伍、推进财政事业发展的内在要求。我们现在正处在一个历史发展的最好时期，也是最关键的时期，改革发展的任务之重前所未有，面临的风险、矛盾和挑战也前所未有，对我们党治国理政能力的考验也是前所未有。要实现"两个一百年"的目标，实现我们中华民族伟大复兴的"中国梦"，没有一个坚强的党的领导是不行的，面对新形势和任务，必须把我们的党建设好。我们党作为马克思主义的执政党，不仅要有

强大的真理的力量，而且要有强大的人格力量。人格的力量主要体现在党风上，所以需要以"严"的精神管党治党，以务实的精神干事创业。只有认真贯彻"三严三实"，解决党员干部的作风问题，才能够适应新形势、适应新任务，才能够始终保持我们党的先进性、纯洁性，才能够不断地巩固我们党的执政地位，提高我们的执政能力，从而担负起国家富强、民族振兴、人民幸福的历史使命。

二、深刻领会"三严三实"的政治内涵和精神实质

党中央和财政部党组对"三严三实"专题教育的总体要求是：深入学习贯彻党的十八大和十八届三中、四中全会精神，深入学习贯彻习近平总书记系列重要讲话精神，紧紧围绕协调推进"四个全面"战略布局，对照"严以修身、严以用权、严以律己、谋事要实、创业要实、做人要实"的要求，聚焦对党忠诚、个人干净、敢于担当，把思想教育、党性分析、整改落实、立规执纪结合起来，教育引导各级领导干部加强党性修养，坚持实事求是，改进工作作风，着力解决"不严不实"问题，切实增强践行"三严三实"要求的思想自觉和行动自觉，做到心中有党不忘恩、心中有民不忘本、心中有责不懈怠、心中有戒不妄为，努力在深化"四风"整治、巩固和拓展党的群众路线教育实践活动成果上见实效，在守纪律讲规矩、营造良好政治生态上见实效，在真抓实干、推动改革上见实效。

"三严三实"涵盖了修身用权律己、谋事创业做人等多个方面，贯穿着马克思主义政党建设的基本原则和内在要求，体现着共产党人的价值追求和政治品格，明确了领导干部的修身之本、为政之道、成事之要，为加强新形势下党的思想政治建设和作风建设提供了重要遵循。我们要不断学习和品味习近平总书记对"三严三实"的有关论述，深刻领会、准确把握其政治内涵和精神实质。

（一）"严"字当头，把好"修身、用权、律己"关

习近平总书记指出"作风建设永远在路上"。作风和作风建设的本质就是严，"严"字当头是作风的本质，是作风建设的关键，是作风建设的必由之路。从思想认识上说，严是一种态度、一种意志，是一种标准，一种力量，更是一种责任、一种担当。"一处弛则百处懈"，要求一旦放松，

标准一旦从宽，自我约束将变成自我放任，制度刚性就变成了"橡皮泥"。只要把"严"字当作修身正己的价值观，就会增强规避违规违纪行为的自觉性。因此，加强作风建设，践行"三严"是基础。

1. 严以修身，就是要加强党性修养，坚定理想信念，提升道德境界，追求高尚情操，自觉远离低级趣味，自觉抵制歪风邪气

中国古代有修身齐家治国平天下的道德传统，强调修身为本。但是，我们共产党员修身与之有本质的区别。我们党的宗旨是全心全意为人民服务，我们修身的目的就是怎样能够更自觉地去做一个好党员，去履行我们党的宗旨，修身不是为了自己，而是为家国和天下。楼继伟部长讲"家国情怀"，家就是党，国就是国家，修身就是要培养为党为国家的情怀、为百姓、为天下的情怀。只有有了这样的情怀，才配做一个共产党员，才能建立起一个共产党员的立身之本。

习近平总书记讲，理想信念是共产党人的精神之"钙"，所以加强修身对共产党人来讲就是要解决好世界观、人生观、价值观的问题。按照马克思主义理论，物质决定意识、经济基础决定上层建筑、生产力决定生产关系，资本主义一定要灭亡，共产主义一定要实现，这是马克思主义的世界观，共产党人的世界观，也是我们的理想和信念之所在。《共产党宣言》讲"无产阶级只有解放全人类，才能解放自己"，共产党人除了人民的利益，没有自己的利益，因此，我们党始终把全心全意为人民服务作为自己的宗旨。所以，共产党员一生要为解放全人类而奋斗，一生要为人民服务，这就是共产党人的人生观、价值观。我们判断人生价值的标准，就是为人民服务，就是为老百姓做事。我们讲的修身，就是我修为人民服务之身，修为人民服务之道，修为人民服务之德，修为人民服务之能，修为人民服务之绩。这是我们党能够不断走向壮大的生命力之所在，也是我们党同其他非马克思主义政党的本质区别。

习总书记阐述过许多修身立德的方法。他多次讲"吾日三省吾身"、"见贤思齐，见不贤则内省"，强调自我批评和个人修养；他常引用"与人不求备，检身若不及"，"以责人之心责己，以恕己之心恕人"，强调正确处理与他人关系；他曾引用"非淡泊无以明志，非宁静无以致远"，强调树立远大理想，力戒短视浮躁；他经常讲要"慎权、慎独、慎微、慎友"，

"莫以善小而不为，莫以恶小而为之"，强调防微杜渐，不弃微末，告诫广大领导干部要自觉抑制各种不良现象的侵蚀，戒除各种违法违纪行为。所以这些，都是一些做人的原则、做人的方法，核心是要以共产党员的标准严格要求自己，做一个合格的共产党员，做一个有利于人民的人。

2. 严以用权，就是要坚持用权为民，按规则、按制度行使权力，把权力关进制度的笼子里，任何时候都不搞特权、不以权谋私

严以用权，关键是如何看待权力，如何对待私心。老子讲，"天地之所以能长久者，以其不自生，故能长生"，范仲淹讲"先天下之忧而忧，后天下之乐而乐"，毛主席讲"毫不利己，专门利人"，都是教育我们正确对待私心。习总书记在十八届中央纪委三次全会上的讲话中指出，作为党的干部，就是要讲大公无私、公私分明、先公后私、公而忘私，只有一心为公、事事出于公心，才能坦荡做人、谨慎用权，才能光明正大、堂堂正正。

为什么要严以用权？因为我们手中的一切权力都是党和人民赋予的，只能为人民谋利益。严以用权，是践行党的宗旨的基本要求。我们党一切工作的出发点和落脚点，就是要实现人民的愿望、满足人民的需要、维护人民的利益，因此，必须权为民所用、情为民所系、利为民所谋。同时，严以用权，也是建设法治国家的必然选择。依法治国，首先依法用权，严格规范和监督权力的运行，任何组织或者个人都不得有超越宪法和法律的特权。

严以用权，要把好几道关。第一，要重民敬民，用权为民。习总书记在不同场合都说过，"心无百姓莫为官"，为官一任，就要造福一方，手握公权就要为民办事。他《在党的群众路线教育实践活动第一批总结暨第二批部署会议上的讲话》等文中引用"人视水见形，视民知治不"，形象地说明了"以民情为镜"的执政理念。他在《在庆祝中国人民政治协商会议成立65周年大会上的讲话》中引用管子名句"政之所兴在顺民心，政之所废在逆民心"，反复强调要"以百姓心为心"，充分反映了"民心"问题在他心中的分量。第二，为政以德，用权以正。习总书记在《之江新语》一书中多处引用孔子的话，"政者正也，其身正，不令而行；其身不正，虽令不从"，"为政以德，譬如星辰，居其所而众星拱之"，意在说明

为政者自身行为端正的重要性，强调的是为政者的道德品质，用权以正。第三，要"把权力关进制度的笼子里"，依法用权。当前，我国正处在改革攻坚期，到了爬坡过坎的紧要关口，各种利益关系错综复杂，面临的形势益发严峻，各级领导干部必须保持清醒的头脑，树立正确的权力观，严用权，慎用权，严格依法循规地行使权力，把权力放在阳光下运行，接受社会和广大民众的监督。

3. 严以律己，就是要心存敬畏、手握戒尺，慎独慎微、勤于自省，遵守党纪国法，做到为政清廉

严以修身、严以用权，归根到底是要严以律己。习总书记曾引用"从善如登，从恶如崩"、"由俭入奢易，由奢入俭难"、"不以善小而不为，不以恶小而为之"等古人名言，说明自律的重要性。面对复杂的社会现实，面对权力引发的种种诱惑，领导干部必须保持清醒的头脑，强化理想信念，加强自律约束，站稳脚跟，固守内心的净土。要自觉树立和践行社会主义核心价值观，始终保持积极的人生态度、良好的道德品质、健康的生活情趣；要自尊、自重、自爱，不为邪念、邪气所动，要不断自省、自警、自励，自觉加强党性修养，筑牢思想篱笆，始终做到遵纪守法、为政清廉。

律己的方法很多，最重要的是要趋善避恶。首先，要坚持"吾日三省吾身"、坚持"时时勤拂拭"。人生在世，如明镜处室，难免受到各种尘垢的污染，心灵产生瑕疵。因此，要经常"涤除玄鉴"，净化心灵，发现自己的缺点，认识自己的短处，日日扫除心灵的杂草，时时修炼道德的境界。其次，要"见善如不及"，向高尚的人学习，向高尚的人看齐，始终以先进为榜样、以楷模为标杆，常怀进取之心，常修为政之德。第三，要"见不善如探汤"，坚守道德底线，常怀敬畏之心，不因蝇头小利而鼠目寸光，不为荣耀光环而急功近利，自筑"防火墙"、自套"紧箍咒"、自设"高压线"，始终做到"政治上跟党走、经济上不伸手、生活上不丢丑"，切实练就金刚不坏之身。要自重、自省、自警、自励，不断增强是非面前的辨别能力、诱惑面前的自控能力、警示面前的醒悟能力，不断提高慎权、慎独、慎微、慎友的自觉性。第四，要抓早抓小，有病就马上治，发现问题就及时处理，不能养痈遗患。

（二）"实"处着力，苦练"谋事、创业、做人"功

习近平总书记反复强调，空谈误国、实干兴邦。现在社会上普遍存在"急"的问题、"浮"的问题、"虚"的问题，这些都违背了实事求是、求真务实的精神，都是干事创业的大忌。因而，习总书记提出谋事、创业、做人要实，这是实现中国梦的关键之举。

1. 谋事要实，就是要从实际出发谋划事业和工作，使点子、政策、方案符合实际情况、符合客观规律、符合科学精神，不好高骛远，不脱离实际

习总书记在《切实把思想统一到党的十八届三中全会精神上来》中指出，在全面深化改革进程中，遇到关系复杂、难以权衡的利益问题，要认认真真想一想群众实际情况究竟怎样，群众到底在期待什么，群众利益如何保障，群众对我们的改革是否满意。要提高改革决策的科学性，很重要的一条，就是要广泛听取群众意见和建议，及时总结群众创造的新鲜经验，充分调动群众推进改革的积极性、主动性、创造性，把最广大人民的智慧和力量凝聚到改革上来，同人民一道把改革推向前进。同样，我们思考问题、谋划工作，要多调查研究、少主观决断，多听群众心声、少些官僚作风，一切从国家经济发展实际需要出发，一切从会员实际需求出发。

2. 创业要实，就是要脚踏实地、真抓实干，敢于担当责任，勇于直面矛盾，善于解决问题，努力创造经得起实践、人民、历史检验的实绩

习近平总书记《在全国宣传思想工作会议上的讲话》中指出，党员、干部要坚定马克思主义、共产主义信仰，脚踏实地为实现党在现阶段的基本纲领而不懈努力，扎扎实实做好每一项工作，取得"接力赛"中我们这一棒的优异成绩。他在《着力培养选拔党和人民需要的好干部》中指出，党的干部必须勤勉敬业、求真务实、真抓实干、精益求精，创造出经得起实践、人民、历史检验的实绩。创业要实，首先需要强烈的社会责任感和历史责任感，要有舍我其谁的担当精神，面对大是大非敢于亮剑，面对矛盾敢于迎难而上，面对危机敢于挺身而出，面对失误敢于承担责任，面对歪风邪气敢于坚决斗争，这样才能创造出无愧于人民、无愧于国家、无愧于时代、无愧于历史的真实业绩。

3. 做人要实，就是要对党、对组织、对人民、对同志忠诚老实，做老实人、说老实话、干老实事，襟怀坦白，公道正派

常言道，"做官是一阵子，做人是一辈子"。做人是做事、做官的基础，只有把"人"做得端端正正，做事才能有正确的动机，当官才能真正为群众所称道。做人不见得非要顶天立地，但起码要做一个善人，善是人生最大的智慧，恶是人生最大的愚蠢，这是人生最大的学问。孔子有言，"人无信不立"、"人而无信，不知其可也"。诚以待人、信以处世，是做人的起码品质。对党员干部来讲，诚信首先表现为对党、对组织的忠诚，对人民、对祖国的忠诚，对同志、对事业的忠诚。要始终坚持做老实人、说老实话、办老实事。无论何时何事，都要与人为善，以诚待人，襟怀坦白，公道正派，对得起党性，对得起良心，对得起党，对得起人民。

三、以"三严三实"精神扎实推进评估行业改革发展

（一）以"三严三实"精神严格教育和管理干部

第一，要把"三严三实"的要求制度化。最近我们开展了一系列活动，一是群众路线教育实践活动整改措施的落实，二是巡视工作整改意见的落实，三是内控工作流程化。要结合群众路线教育、巡视工作整改、内控管理要求，把"三严三实"的要求落实到制度中，使"三严三实"的要求制度化。

第二，要把"三严三实"的内容具体化。"三严三实"博大精深，内容十分丰富，但只有与具体工作相结合，才会发生应有的作用。将工作和责任落实到位、落实到人。要结合制度建设和内控管理，把"三严三实"的要求落实到具体工作中，每项工作、每个岗位、每个环节、每个工作流程，都要体现"严"、"实"的要求。要让以权谋私、徇私枉法没有空间，让说假话、说空话没有空间。

第三，要把"三严三实"的教育经常化。所谓经常化，就是要把"三严三实"的要求落实在日常工作和生活中，经常提醒，经常教育。要把"三严三实"作为我们教育和管理干部的一个日常内容，不搞一阵风，不摆花架子。要通过"三严三实"教育和管理，打造一支忠诚、干净、担当的干部队伍。

（二）准确把握新常态下评估行业改革发展的新趋势、新特点，努力推进评估行业改革发展的重点难点问题

资产评估与经济发展息息相关。伴随着经济新常态以及国家全面深化改革和实施依法治国战略的推进，我国经济社会各领域都将发生深刻变化，这种新常态、新变化将对资产评估发展的内生动力和外部环境产生深远而重大的影响。认真研究和分析经济新常态下资产评估行业发展变化的新特点和新趋势，对未来行业建设具有十分重要的意义。

一是市场结构发生深刻变化，传统市场结构深刻调整，新兴市场不断扩大，潜在市场亟待发现；传统的低端行业供大于求，而新兴高端的服务能力不足，评估行业面临着转型升级，任重道远。二是市场格局面临深刻调整，市场准入门槛逐渐放宽，市场服务价格全面放开，市场竞争会更加激烈。三是管理方式发生重大变革，政府职能逐步退出，自律管理不断加强，行业要求的管理难度更大，任务更重。四是国际合作和竞争日趋扩大，准则趋同，市场交融，我国评估行业走出去势在必行，国际市场的竞争也在加剧。

资产评估行业要主动适应经济发展新常态，以评估市场建设为核心，着力推进资产评估管理方式改革和行业法治建设，努力拓展评估服务领域，加强和完善自律管理体制机制，全面提升职业道德和执业能力，推进行业转型升级，为国家经济社会发展做出更大贡献。

（三）积极推进评估行业管理方式改革，着力构建与我国社会主义市场经济体制相适应的评估行业管理新体制

一是要强化市场建设，拓展服务领域。着力服务混合所有制经济发展和国企改革，加强和改善企业国有资产评估业务，推动国有资产优化配置，维护各类资产所有者权益；配合资本市场完善和金融体制改革，充分发挥资产评估专业作用，提升市场价值发现和风险防范功能；配合政府职能转变，积极为政府资产管理和财税改革提供专业支持；配合国家文化科技体制改革以及生态文明建设，着力拓展新兴市场，完善资产评估社会功能。

二是要加强准则建设，推动评估立法。针对当前评估市场面临的主要矛盾和问题，进一步强化评估准则及执业规范建设，积极推动评估立法及

相关法律法规修订,强化评估各方的责任和权益意识,规范评估市场行为,优化评估市场环境,推动行业良性竞争。

三是要创新管理模式,加强自律监管。适应政府职能转变和简政放权,改革评估师、评估机构管理方式,以提升市场活力和执业水平为目标,构建以评估师和评估机构为主体、行业协会和政府管理部门协调配合、内部管控与外部监督相结合的行业自律体制机制。

四是要强化队伍建设,提升执业质量。充分体现资产评估行业作为现代高端服务业的专业特色,围绕我国经济和社会发展需要,着力打造一支知识结构优、专业水平高、职业道德好、创新能力强的智能型现代化评估队伍。充分利用信息化技术和手段,提升行业服务能力和水平。进一步加强行业诚信建设和自律惩戒力度,全面提升行业执业质量和社会形象。

五是要深化国际交流,增强国际话语权。积极参与国际交流与合作,鼓励评估机构拓展境外业务,着力构建国际评估市场服务网络,提升评估行业国际服务能力。主动参与国际评估规则制定,逐步推动准则趋同和资格互认,增强中国评估行业的国际话语权,彰显国际评估市场的中国元素和中国力量。

(四) 坚持不懈地加强评估协会党员干部队伍党风和能力建设,全面提升服务和管理水平

"三严三实"既包括作风,也包括能力。从中评协干部队伍的建设角度来看,无论是作风还是能力,都离党中央和部党组对我们的要求、离社会和行业对我们的要求有一定的差距。我们必须在转作风、提能力方面下更大的力气,花更多的功夫。今年以来,我们在党风党纪教育、人员培训方面,下了不少功夫,今后还要进一步强化。特别是要通过"三严三实"专题教育的开展,进一步加强协会党员干部队伍党风和能力建设,全面改进工作作风,全面提升服务管理水平。

建严明党纪的战斗堡垒，做严守党纪的合格党员

党的十八大以来，党中央对党要管党、从严治党、严明党纪等方面重视程度之高，工作力度之大，大家有目共睹。近一阶段时间，我集中学习了《习近平总书记重要讲话文章选编》、《习近平同志关于严明党的纪律和规矩论述摘编》等著作，习总书记关于严明党纪的论述之多，认识之深刻，思想之丰富，使我在思想深处接受了一次深刻的党性和党纪教育。中评协党委和各支部，都要认真学习和领会习近平总书记系列重要讲话精神，切实抓好党的纪律建设，充分履行管党治党责任，努力把协会党委和各党支部建设成为严明党纪的战斗堡垒，使我们每个党员都成为严守党纪的合格党员。

一、深刻领会严明党纪的时代背景和重要意义

党要管党、从严治党是我们党加强自身建设的宝贵经验和基本方针。当前，国际政治经济形势正面临深刻变化和深度调整，我们党正带领全国人民努力实现"两个百年"的奋斗目标。世情、国情、党情的深刻变化使从严治党的任务比以往任何时候都更为繁重，更加迫切。为此，我们必须不断深化对从严治党的规律性认识，进一步增强从严治党的全面性、系统性、创造性和实效性。习近平总书记关于严明党纪的许多论述正是在这样的大背景、大前提下展开的，这对我们正确理解严明党纪的重要意义和本质内涵具有重要指导作用。

（一）严明党纪是全面从严治党的内在要求和治本之策

2014 年 5 月，习总书记在参加河南省兰考县委常委班子专题民主生活会时的讲话中指出，"我们这么大一个政党，靠什么来管好自己的队伍？

靠什么来战胜风险挑战？除了正确理论和路线方针政策外，必须靠严明规范和纪律。我们提出那么多要求，要多管齐下、标本兼治来落实，光靠觉悟不够，必须有刚性约束、强制推动，这就是纪律。"将严明规范和纪律提到了与执行党的路线方针政策同等重要的高度。2014 年 12 月，他在江苏调研时强调，"要协调推进全面建成小康社会、全面深化改革、全面推进依法治国、全面从严治党，推动改革开放和社会主义现代化建设迈上新台阶"。这是"四个全面"的首次提出，它使"全面从严治党"上升到了前所未有的战略高度，也使我们对"全面从严治党"有了更加全面和深刻的认识。一方面，展示了"四个全面"的内在逻辑联系，突出了全面从严治党对于全面建成小康社会、全面深化改革、全面推进依法治国的根本保证作用；另一方面，又对提高从严治党全面性、系统性提出了明确要求，深化了我们党对治国理政和从严治党规律的认识。

关于全面从严治党与严明党纪的关系，习近平总书记在 2015 年 10 月 8 日中央政治局常委会审议廉政准则和党纪处分条例修订稿时，指出："办好中国的事情，关键在党。全面从严治党，核心是加强党的领导。我们当前主要的挑战还是党的领导弱化和组织涣散、纪律松弛。不改变这种局面，就会削弱党的执政能力，动摇党的执政基础，甚至会断送我们党和人民的美好未来。""加强纪律建设是全面从严治党的治本之策。我们党是用革命理想和铁的纪律组织起来的马克思主义政党，组织严密、纪律严明是党的优良传统和政治优势，也是我们的力量所在。全面从严治党，重在加强纪律建设。我们现在要强调的是扎紧党规党纪的笼子，把党的纪律刻印在全体党员特别是党员领导干部的心上。"深刻领会习总书记的这段讲话，我们会对严明党纪的历史作用和现实意义有更加强烈的感受，进而不断增强严格遵守党纪的紧迫感和使命感，增强严格遵守党纪的自觉性和主动性。

（二）严明党纪是我党的优良传统和制胜法宝

古人说："欲知平直，则必准绳；欲知方圆，则必规矩。"没有规矩不成其为政党，更不成其为马克思主义政党。我们党在革命、建设和改革的伟大实践中，都十分重视严明的组织纪律。党从弱小到辉煌是靠严密的组织体系、严明的组织和各项纪律作保证的，如习近平总书记所说，"我们党是靠革命理想和铁的纪律组织起来的马克思主义政党，纪律严明是党的光荣传统和独特优势"。

毛泽东同志和第一代中央领导集体，在革命战争时期创建了党的组织纪律。党的第二次代表大会通过的《中国共产党章程》将"纪律"单独成章，明确提出"全国大会及中央执行委员会之议决，本党党员皆须绝对服从之"等要求。1927年9月，毛泽东发动秋收起义时制定了"三大纪律六项注意"，成为战争年代党和军队的行为规范，对于严肃党纪军纪，凝聚战斗力发挥了重要作用。党的七大通过的党章首次把"四个服从"作为党的组织纪律予以确立。1947年10月，毛泽东亲自起草了《中国人民解放军总部关于重新颁布"三大纪律八项注意"的训令》，赢得了人民群众的信任、拥护和支持。邓小平同志和党的第二代中央领导集体，恢复和健全党的组织纪律，使党内政治生活日益正常、生动和活跃。邓小平同志说过："我们这么大一个国家，怎样才能团结起来、组织起来呢？一靠理想，二靠纪律。"

党的十八大以来，以习近平同志为总书记的党中央，站在全面建成小康社会新的历史起点上，特别重视加强党的组织纪律性。习近平总书记在中央纪委三次全会上提出"四个切实"，即"切实增强党性、切实遵守组织制度、切实加强组织管理、切实执行组织纪律"，为我们严明组织纪律提供了新的重要遵循。

从革命到建设到改革，历史一再雄辩地证明：党的力量来自组织，组织的力量来自纪律。严密的组织和纪律是我们党独特的优势和成功的保证。

（三）严明党纪是做好各项工作的重要前提和政治保证

2015年1月13日，习近平总书记在十八届中纪委第五次全体会议讲话时指出："党面临的形势越复杂、肩负的任务越艰巨，就越要保持党的团结统一。党的团结统一靠什么来保证？要靠共同的理想信念，靠严密的组织体系，靠全党同志的高度自觉，还要靠严明的纪律和规矩。"党的十八大以来，以习近平同志为总书记的党中央围绕实现"两个百年"目标，制定"四个全面"战略部署及各项工作的重大方针政策，涉及党和国家工作的方方面面，是我们做好各项工作的行动指南。顶层设计作出之后，关键在于执行。但是，在我们这样一个发展中大国，把中央的战略部署通过不同行政层级坚决贯彻执行下去，并不是件容易的事情。常见的分散主义、地方主义、小团体主义等，会形成对战略部署执行的种种干扰。目前在一些党员干部身上不同程度地存在"上有政策、下有对策"，阳奉阴违，实用主义、选择性地执行中央战略部署的现象，造成执行中的走样变形和效益递减。为此，必然通过严明纪律，提高执行力，增强执行力。我们各级党组织、每个党员干部必须毫无保留地执行中央的战略部署，尤其是在重大政治原则问题上必须与党中央保持高度一致。这样，才能克服中央战略部署执行中的"梗阻"，产生最佳政策效果，才能保证党的路线方针政策和各项战略部署的贯彻落实，才能保证我们各项工作的有效开展。

二、准确把握严明党纪的核心要义和行为规范

关于党的纪律，习近平总书记有一段十分精彩的论述。他在十八届中央纪委第五次全体会议上指出："党内规矩是党的各级组织和全体党员必须遵守的行为规范和规则。党的规矩总的包括什么呢？其一，党章是全党必须遵循的总章程，也是总规矩。其二，党的纪律是刚性约束，政治纪律更是全党在政治方向、政治立场、政治言论、政治行动方面必须遵守的刚性约束。其三，国家法律是党员、干部必须遵守的规矩，法律是党领导人民制定的，全党必须模范执行。其四，党在长期实践中形成的优良传统和工作惯例。"这是对党纪内容一个十分全面的论述。

作为一名党员，必须无条件遵守党的各项纪律，2015 年，新修订的《中国共产党纪律处分条例》已经颁布，列举了违反政治、组织、廉洁、群众、工作、生活六大纪律的处分办法。这里，我结合学习习近平总书记的有关论述，谈谈我的认识和体会。

（一）严明党的纪律，首要的是严守政治纪律

政治纪律是维护党的政治原则和党的政治路线的纪律，在党的纪律中具有特别重要的意义。习近平总书记 2013 年 1 月 22 日在十八届中纪委二次全会上明确指出："严明党的纪律，首要的就是严明政治纪律。党的纪律是多方面的，但政治纪律是最重要、最根本、最关键的纪律，遵守党的政治纪律是遵守党的全部纪律的重要基础。"

党的政治纪律，指各个不同时期根据党的政治任务的要求，对各级党组织和党员的政治活动和政治行为的基本要求，是各级党组织和党员在政

治生活中必须遵守的行为准则。政治纪律的基本要求是：各级党组织和党员，必须在政治原则、政治立场、政治观点和路线、方针、政策上同党中央保持高度一致。党组织和党员对中央已经做出决定的重大方针和政策问题有不同意见，在坚决执行的前提下，可以经过一定的组织程序提出，但绝不允许自行其是，公开发表与党的路线、方针、政策和决议相反的言论，采取同中央的决定、决议相违背的行动。

在不同的历史时期，党的政治纪律和政治规矩的具体内容不尽相同。在新的历史时期，正确执行党的政治纪律，就是要求党的各级组织和每个共产党员必须坚定不移地贯彻执行党在社会主义初级阶段的基本路线。就是要"坚持党的领导，坚持四项基本原则，坚持改革开放，坚定不移走中国特色社会主义道路"。当前遵守政治纪律和政治规矩的重点就是要严格执行习近平总书记提出的"五个必须、五个决不允许"的要求。有关具体内容，请大家认真学习，严格遵守。

严守党的政治纪律，必须同违反政治纪律的行为做斗争。从近年来查处的高级干部严重违纪违法案件看，破坏党的政治纪律和政治规矩问题非常严重。为此，习总书记在2015年政治局常委会审议准则、条例时突出强调："要坚持问题导向，把严守政治纪律和政治规矩放在首位。加强党的纪律建设，要针对现阶段党纪存在的主要问题，更加强调政治纪律和政治规矩。这次修订的条例将纪律整合为政治纪律、组织纪律、廉洁纪律、群众纪律、工作纪律和生活纪律，其中政治纪律是打头、管总的。实际上你违反哪方面的纪律，最终都会侵蚀党的执政基础，说到底都是破坏党的政治纪律。因此，讲政治、遵守政治纪律和政治规矩永远排在首要位置。要抓住这个纲，把严肃其他纪律带起来"。

《中国共产党纪律处分条例》第六章共十七条明确了违反政治纪律行为的处分。主要对反对党的领导和反对党的基本理论、基本路线、基本纲领、基本经验、基本要求的违纪行为做出处分规定。该章依次对"发表危害党的言论，破坏党的团结统一，损害中央权威、妨碍党和国家方针政策实施，对抗组织审查，组织和参加迷信活动，叛逃及在涉外活动中损害党和国家尊严利益，违反政治规矩"等违反政治纪律的行为做出了明确的处分规定。希望大家严格遵守《条例》的有关规定，严格禁止违反政治纪律的言行。

（二）要严明党的组织纪律，增强组织纪律性

组织纪律和组织规矩是维护党的团结统一的重要保证，也是党履行使命的需要。习近平总书记强调，"要好好抓一抓组织纪律，加强全党的组织纪律性"。

党的组织纪律，指党的组织和党员必须遵守的维护党在组织上团结统一的行为准则，是处理党组织之间和党组织与党员之间关系的纪律，是维护党的集中统一、保持党的战斗力的重要保证。

民主集中制是党的根本组织制度和领导制度。严明组织纪律和组织规矩首先要坚持按民主集中制原则处理党内组织和组织、组织和个人、同志和同志、集体领导和个人分工负责等重要关系。必须做到以下三个基本点：第一，必须坚持组织原则，落实组织制度。要严格落实以民主集中制为核心的党内组织生活制度，特别是党章规定的"四个服从"，即：党员个人服从党的组织、少数服从多数、下级组织服从上级组织、全党各个组织和全体党员服从党的全国代表大会和中央委员会。这是最基本的组织原则，也是最基本的组织纪律。第二，严明组织纪律和组织规矩，必须严格执行党的干部路线、方针、政策，坚决反对任人唯亲，拉帮结派，搞小团体、小圈子。第三，要强化组织意识，对党忠诚，自觉接受组织和纪律约束，相信组织、依靠组织、服从组织。要如实报告组织要求报告的有关事项，对组织讲实话；要坚决服从续保安排，执行组织决定；要自觉维护党的团结，不拉帮结派，不搞团团伙伙。

党的组织纪律还有一些最基本的要求，如：党员必须参加组织活动；必须按时交党费；党的各级领导机关，除他们派出的代表机关和在非党组织中的党组外，都由选举产生；党的上级组织要经常听取下级组织和党员群众的意见；党的各级委员会实行集体领导和个人分工负责相结合的制度；在党的纪律面前人人平等；党内不允许搞派别组织等，这些都是需要我们在日常工作中认真遵守的。

违反组织纪律会受到相应的处分。新修订的《中国共产党纪律处分条例》第七章"对违反组织纪律行为的处分"，主要对违反民主集中制原则、违背"四个服从"要求的违纪行为作出处分规定。增加了不按照有关规定或者工作要求向组织请示报告重大问题，不如实报告个人有关事项，篡改、伪造个人档案资料，隐瞒入党前严重错误，党员领导干部违反有关规定组织、参加自发成立的老乡会、校友会、战友会，违规取得国（境）外居留权或者外国国籍，违规办理因私出国（境）证件等违纪条款。该章依次对"违反民主集中制原则、侵犯党员权利、违反组织工作原则、违规办理因私出国（境）证件和在国（境）外擅自脱离组织"等违反组织纪律的行为，作出了明确的处分规定。

（三）要严格执行党的廉洁纪律，从制度上防止腐败

为政清廉才能取信于民，秉公用权才能赢得人心。清正廉洁是领导干部的为政之德，也是领导干部任何时候都必须坚守的原则底线。因此，必须加强廉洁纪律，提高党员干部的廉洁性，执政为民，廉洁奉公。

廉洁纪律是党组织和党员在从事公务活动或者其他与行使职权有关的活动中，应当遵守的廉洁用权的行为规则，是实现干部清正、政府清廉、政治清明的重要保障。

党章规定，中国共产党党员永远是劳动人民的普通一员。除了法律和政策规定范围内的个人利益和工作职权以外，所有共产党员都不得谋求任何私利和特权。党员领导干部必须正确行使人民赋予的权力，坚持原则，依法办事，清正廉洁，反对任何滥用职权、谋取私利的不正之风，永葆共产党人清正廉洁的政治本色。树立宗旨意识，为民掌权用权，为人民谋幸福，为群众谋利益，是领导干部行使权力的根本要求。

近些年来，特别是党的十八大以来，党中央、国务院就党风廉政建设，做出了许多规定，这些规定也都是党的纪律，包括我们财政部制定的许多财经纪律，也都是我们每个党员干部必须认真遵守的。

《条例》第八章"对违反廉洁纪律行为的处分"，主要对党员干部特别是领导干部以权谋私的违纪行为作出处分规定。将原《廉政准则》规定的"8个禁止"、"52个不准"相关内容纳入条例。该章依次对"以权谋私行为、违规接受礼品礼金和服务等行为、违规从事营利活动行为、违反工作生活待遇规定等行为、违规占有使用公款公物等行为、违反厉行节约反对浪费规定行为、权色交易等行为"作出了明确的处分规定。

（四）要高度重视党的群众纪律，密切党和人民群众关系

密切联系群众是我们党的最大政治优势，党执政后的最大危险是脱离

群众，因此，要特别强调群众工作纪律。

党的群众纪律，是我们党为保持党的组织和全体党员与人民群众的密切联系而制定的行为准则，是我们党在各个历史时期处理党群关系的总的规范，是党的各级组织和党员个人与人民群众交往过程中不能踩踏的行为底线。群众纪律是党的性质和宗旨的体现，是密切党与群众血肉联系的重要保证。

新的历史时期，严守党的群众工作纪律，必须牢固树立马克思主义的群众观点，即人民群众创造历史的观点；向人民群众学习的观点；全心全意为人民服务的观点；干部的权力是人民赋予的观点；对党负责与对人民负责相一致的观点；党要依靠群众又要教育和引导群众前进的观点。党员特别是党的干部在任何时候都把群众利益放在第一位，同群众同甘共苦，保持最密切的联系，坚持权为民所用，情为民所系，利为民所谋，不允许任何党员脱离群众，凌驾于群众之上，更不得有侵害群众利益行为。这是我们每个党员必须牢记的行为准则。

对于违反群众纪律的行为的界定和处分，新修订的《中国共产党纪律处分条例》第九章将其单设为一类，作出了明确的规定。恢复了"三大纪律、八项注意"中关于群众纪律的优良传统，以保持党与人民群众的血肉联系。同时，对破坏党同人民群众血肉联系的违纪行为包括侵害群众利益行为、漠视群众利益行为、侵害群众知情权作出处分规定，完善了超标准、超范围向群众筹资筹劳，在办理涉及群众事务时故意刁难、吃拿卡要，在社会保障、政策扶持、救灾救济款物分配等事项中优亲厚友、显失公平等侵害群众利益行为的违纪处分条款；增加了不按规定公开党务、政务、厂务、村（居）务等侵犯群众知情权行为的违纪处分条款。

（五）严格遵守党的工作纪律，防止渎职失职、滥用职权和玩忽职守

工作纪律是党组织和党员在党的各项具体工作中必须遵循的行为规则，是党组织和党员依规开展各项工作的重要保证。

严格党的工作纪律，重点在三个方面：一是防止党组织失职行为。党组织必须严格执行和维护党的纪律，要全面履行党章赋予的职责，在思想认识、责任担当、方法措施上跟上中央部署，真正把纪律严起来、执行到位。二是防止滥用职权和玩忽职守行为。领导干部要防止决策失误，要把权力用在贯彻执行党的路线方针政策和各项部署上，按规定的权限行使权力，不超越用权界限，按规定程序行使权力、不任意妄为，按规定责任行使权力、不逃避约束，对"滥用职权和玩忽职守"等违反工作纪律的行为，都要给予相应的纪律处分。三是防止违反外事工作纪律的行为。党的外事纪律指共产党员在外事活动中必须遵守的行为准则。主要内容包括：坚决维护国家的主权和利益；在一切对外活动中要严格按照党的方针政策办事；分清内外，提高警惕，严守国家机密；不许背着组织同外国机构和外国人私自交往等。同时，我们必须严格遵守财政部外事工作管理规定。严格履行报批、审批程序；严格经费、礼品、护照管理；外事出访任务严格执行"因事定人"原则；出访团组在外实行团长负责制，出访期间须严格遵守相关规定及外事纪律。详细内容，请大家认真学习，自觉遵守。

新修订的《中国共产党纪律处分条例》第十章对违反工作纪律行为作出了明确的界定和处分原则，主要对管党治党失职渎职的违纪行为作出处分规定，增加了党组织不履行全面从严治党主体责任，违规干预和插手市场经济活动，违规干预和插手司法活动、执纪执法活动，泄露、扩散或者窃取涉密资料等违纪条款。该章依次对"党组织失职行为、滥用职权和玩忽职守行为、失泄密行为、违反外事工作纪律"等违反工作纪律的行为作出了明确的处分规定。《条例》第一百二十二条至第一百二十五条明确了"违反外事工作"等违反工作纪律的行为，比如以不正当方式谋求本人或者其他人用公款出国（境）；临时出国（境）团（组）或者人员中的党员，擅自延长在国（境）外期限，或者擅自变更路线等，并对处分情形作了明确规定。

（六）严格遵守生活纪律，树立党员良好社会形象

党员干部生活情趣的高尚与否，不是个人小事，也不是可管可不管的闲事，而是事关党在群众中的形象和凝聚力的重大原则问题。一些党员干部走上犯罪道路，往往也是从生活作风上不检点、出问题开始的。因此，党员干部必须遵守生活纪律。

生活纪律是党员在日常生活和社会交往中应当遵守的行为规则，涉及党员个人品德、家庭美德、社会公德等各个方面，关系党的形象。主要体现在三个方面：一是要时刻注意培养自己健康纯洁的生活情趣和爱好。二

是要纯洁人际交往。三是要崇尚勤俭朴素。坚决反对"四风"即形式主义、官僚主义、享乐主义和奢靡之风。严格遵守八项规定，要轻车简从、减少陪同、简化接待，不张贴悬挂标语横幅，不安排群众迎送，不铺设迎宾地毯，不摆放花草，不安排宴请；要精简会议活动，切实改进会风，严格控制以中央名义召开的各类全国性会议和举行的重大活动，不开泛泛部署工作和提要求的会，未经中央批准一律不出席各类剪彩、奠基活动和庆祝会、纪念会、表彰会、博览会、研讨会及各类论坛；提高会议实效，开短会、讲短话，力戒空话、套话；要精简文件简报，切实改进文风，没有实质内容、可发可不发的文件、简报一律不发；要规范出访活动，从外交工作大局需要出发合理安排出访活动，严格控制出访随行人员，严格按照规定乘坐交通工具，一般不安排中资机构、华侨华人、留学生代表等到机场迎送；要改进警卫工作，坚持有利于联系群众的原则，减少交通管制，一般情况下不得封路、不清场闭馆；要改进新闻报道，中央政治局同志出席会议和活动应根据工作需要、新闻价值、社会效果决定是否报道，进一步压缩报道的数量、字数、时长；要严格文稿发表，除中央统一安排外，个人不公开出版著作、讲话单行本，不发贺信、贺电，不题词、题字；要厉行勤俭节约，严格遵守廉洁从政有关规定，严格执行住房、车辆配备等有关工作和生活待遇的规定。

《条例》第十一章强调了"对违反生活纪律行为的处分"，主要对"四风"问题和违反社会主义道德的违纪行为作出处分规定，将党的十八大以来党中央落实中央八项规定、反对"四风"的要求和实践成果转化为纪律条文，增加了生活奢靡、违背社会公序良俗等违纪条款。该章条款依次对"生活奢靡、贪图享乐、追求低级趣味"、"与他人发生不正当性关系"、"利用职权、教养关系、从属关系或者其他相类似关系与他人发生性关系"、"违背社会公序良俗"、"严重违反社会公德、家庭美德"等违反生活纪律行为作出了明确的处分规定，充分体现了党的十八大以来管党治党的实践成果。

三、把严明党纪贯穿到日常工作和生活中，强化党组织的战斗堡垒作用和党员的先锋模范作用

"律己方能服人，身正方能带人，无私方能感人。"要发挥党组织的战

斗堡垒作用和党员的先锋模范作用，每个党员、特别是党员领导干部都应当率先垂范，从我做起，从点滴做起，把严明党纪、严守党纪扎扎实实地落实到具体的工作和生活中。

（一）要时刻牢记和遵守党的政治纪律，在工作中坚决贯彻党的路线方针政策，在思想言论和行动上同党中央保持一致

要把严守党的政治纪律放在一切纪律的前面，同违反党的政治纪律的行为做坚决的斗争。要坚决做到不发表、不传播有悖党的基本理论、基本纲领和路线方针政策的言论，不妄议中央大政，不做与党的方针政策以及决策部署相违背的决策和事情，不组织和参与各种非组织和非法活动，不搞团团伙伙、结党营私、拉帮结派。我们自觉维护协会党组织和党员之间的团结，把协会党委和各党支部建成政治立场坚定、政治纪律严明、团结战斗的政治堡垒。

（二）要严格执行和遵守党的组织纪律，切实加强组织管理和组织纪律性

一是要切实加强党的组织建设。要按照部党组要求，建立党委领导下的行政领导人负责制，进一步加强党委和各支部组织建设，把党的各项活动开展起来。二是要认真贯彻落实民主集中制。任何党员、干部，无论党龄长短、职务高低，都必须严守党的组织纪律和组织规矩，都不能把自己凌驾于组织之上。三是严格执行党的干部路线、方针、政策，坚决反对任人唯亲，拉帮结派，搞小团体、小圈子。四是切实加强组织管理、严格执行组织纪律和组织规矩。"明制度于前，重威刑于后"。五是要强化组织观念、组织意识，时时刻刻想着组织，事事处处维护组织。使协会党委和各个支部成为纪律严明、组织有序的战斗群体，使协会每个党员都成为遵守纪律、令行禁止的表率。

（三）严格遵守中央八项规定和各项廉政纪律，树立牢固的纪律意识，时时处处把纪律挺在前面

反腐倡廉是一项长期的任务。《廉洁自律准则》为我们指明了努力方向，为我们树立了标准，同时《纪律处分条例》则为我们提出了警戒，为我们划出了"底线"。我们要牢固树立"底线"意识，防腐意识，坚决做到不踩雷区，不越底线。对此，我们要始终保持清醒的头脑。当前，要特

别突出强调严格遵守中央八项规定和各项廉政纪律，把八项规定精神和各项廉政要求全面融入各项制度之中。同时，要着力在执行上下功夫。一是要严格照章办事，时时处处把纪律挺在前面。一事当前，先看规章制度。凡是符合规定的事情，就可以办；凡是不符合规定的事情，一律不办。对违反八项规定及各项廉政纪律、规定制度的行为，要坚决制止。严格禁止打擦边球、搞变通、明一套暗一套。二是要加强查处和责任追究，要加大纪律执行情况的监督检查，加大违规违纪问题处理的力度，做到违纪必究，违规必查。对工作落实和纪律执行不到位的、出现重大问题的，要加强责任追究。三是要推进作风建设常态化，不断加强政治思想教育和道德品质教育，做到及时提醒，警钟长鸣，巩固成果，防止反弹。

（四）要从严从实履行主体责任，一级管一级，层层抓落实

要始终坚持党风廉政建设与行业发展工作"两手抓，两手都要硬"的方针。层层落实分解"一岗双责"责任。结合协会工作实际，从一把手、分管领导、党委委员到部门负责人、支部书记，层层分解任务，责任到人，形成"一级抓一级，层层抓落实"责任机制。协会党委作为党风廉政建设的责任主体，对党风廉政建设工作负总责、把方向、管大局。秘书长作为协会党委书记，担负着行业建设和协会党风廉政建设的两个主体责任，要双肩挑、双负责；班子其他成员在按分管原则抓好业务工作的基础上，同时担负抓好分管部门及业务范围的党风廉政建设工作的责任。各支部要切实抓好党员干部的日常教育、管理和监督，组织党员参加组织生活，督促党员遵纪守法。部门主任是党员的，在负责部门业务工作的同时，要担负本部门党风廉政建设责任；部门主任是非党员的，除负责部门业务工作外，也要对本部门的作风建设和廉政建设负责，也要实行"一岗双责"。

（五）严格遵守各项工作纪律和规章制度，执行纪律不打折扣、不走过场

党的工作是多方面的，各项工作都有特定的纪律要求。从协会党委工作看，要突出注意几个方面：一是严格遵守宣传纪律。党的宣传工作必须服从党的领导，凡是涉及党的路线、方针、政策以及重大政治性理论问题，必须同党中央保持一致。二是严格遵守外事纪律。严格执行财政部外事工作管理规定。严禁临时出国（境）团（组）或人员中的党员，擅自延长在国（境）外期限，或擅自变更路线等；出访任务完成后，入境 5 日内归还护照、港澳通行证、台湾大陆往来证等证件，提交住宿费发票、注册费发票，入境 20 日内提交出访报告及相关资料；从严控制外事宴请活动和对外赠礼活动等。三是要严格遵守单位日常工作纪律。要严格考勤制度，做到有奖有罚；要严格会议和学习制度；要严格报销制度；要严格有痕管理等。

（六）要加强党纪宣传教育，强化党性修养，提高党员干部遵守党纪的自觉性、主动性

守不守纪律，讲不讲规矩，是党性和对党忠诚度的"试金石"。共产党员必须在增强党性上下功夫，强化党的意识，始终把党放在心中最高位置，真正做到心中有党，要在提高自觉性和个人修养上下功夫。一是加强学习，坚定理想信念，提高理论修养，增强遵守党纪的自觉性和主动性。二是要积极实践，在日常工作和生活中，严格要求自己，自觉培养党性至上、纪律至上的行为理念和习惯。三是要加强品德修炼，要树立"敬畏"意识、底线意识，要慎独慎微，防偏防小，积极从我做起，从小事做起，自觉遵守党的各项纪律，将党的纪律内化为工作及生活中的自觉行为，在思想和行动上做一名严守党纪的合格党员。

不忘初心，继续前进，推进评估行业改革创新，献身中华民族伟大复兴

2016 年 7 月 1 日上午，中共中央在人民大会堂隆重集会庆祝中国共产党成立 95 周年，习近平总书记在会上发表了重要讲话。习总书记的讲话，回顾了中国共产党成立 95 年来团结带领中国人民走过的波澜壮阔的历史进程和做出的伟大历史贡献，深刻阐述了面向未来、面对挑战必须牢牢把握的八个方面的要求，对全党在新的历史条件上统筹推进"五位一体"总体布局和"四个全面"战略布局，做好党和国家各项工作，具有重要指导意义。这是一篇当代马克思主义的重要文献，是 21 世纪的中国共产党宣言，是中共十八大以来以习近平同志为总书记的党中央治国理政新理念、新思想、新战略的高度概括和提炼，是在新的历史条件下，奋力推进中国特色社会主义伟大事业、推进党的建设新的伟大工程、推进具有许多新的历史特点的伟大斗争的行动纲领和指南。中协会党委和各党支部要按照党中央和财政部部党组的要求，认真组织学习习总书记七一重要讲话，并结合资产评估行业改革发展实际，认真贯彻讲话精神，凝聚行业力量，着力推进评估行业改革创新和转型升级，为国家社会发展献智献力，为中华民族伟大复兴增光添彩。

一、铭记党的光辉业绩，坚定永远跟党走的理想信念

习近平总书记的讲话，首先以优美、生动的笔触，站在中华民族和人类发展的历史高度，凝练地概括了我们党 95 年走过的光辉历程，深刻阐述了中国共产党产生的伟大意义、中国共产党对中华民族的伟大贡献以及这

些贡献对中华民族、对社会主义、对人类历史的重大影响。我们学习习近平总书记讲话，首先要明白党的历史发展过程，铭记历史，不忘初心。只有铭记历史，不忘初心，才能步伐坚定，继续前行。

（一）深刻理解中国共产党产生的时代背景和历史意义

习近平总书记指出："在几千年的历史发展中，中华民族创造了悠久灿烂的中华文明，为人类做出了卓越贡献，成为世界上伟大的民族。但是，近代以后，由于西方列强的入侵，由于封建统治的腐败，中国逐渐成为半殖民地半封建社会，山河破碎，生灵涂炭，中华民族遭受了前所未有的苦难。面对苦难，中国人民没有屈服，而是挺起脊梁、奋起抗争，以百折不挠的精神，进行了一场场气壮山河的斗争，谱写了一曲曲可歌可泣的史诗。1921 年，五四运动之后，在中华民族内忧外患、社会危机空前深重的背景下，在马克思列宁主义同中国工人运动相结合的进程中，中国共产党诞生了"。这个大的背景有两个方面，一是中华民族近代以来的艰苦奋斗和探索，二是马克思主义同中国工人运动的结合。

中国产生了共产党，这是开天辟地的大事件。这一开天辟地的大事件，带来了三个深刻改变。一是深刻改变了近代以后中华民族发展的方向和进程；二是深刻改变了中国人民和中华民族的前途和命运；三是深刻改变了世界发展的趋势和格局。

理解了这个背景，我们就会更加深刻地领会到中国共产党产生及其光辉历史的重要意义。

（二）永远铭记中国共产党为中华民族做出的伟大历史贡献

习近平总书记讲，"在 95 年波澜壮阔的历史进程中，中国共产党紧紧依靠人民，跨过一道又一道沟坎，取得一个又一个胜利，为中华民族做出了伟大历史贡献"。他将这些贡献概括为三个方面，或者说，三个历史时期做出的三大历史贡献、实现的三个伟大飞跃。

第一，我们党团结带领中国人民进行 28 年浴血奋战，打败日本帝国主义，推翻国民党反动统治，完成新民主主义革命，建立了中华人民共和国。其历史贡献在于，彻底结束了旧中国半殖民地半封建社会的历史、结束了旧中国一盘散沙的局面、废除了列强强加给中国的不平等条约和帝国主义在中国的一切特权，实现了中国从几千年封建专制政治向人民民主的伟大飞跃。

第二，我们党团结带领中国人民完成社会主义革命，确立社会主义基本制度，消灭一切剥削制度，推进了社会主义建设。其历史贡献在于，完成了中华民族有史以来最为广泛而深刻的社会变革，为当代中国一切发展进步奠定了根本政治前提和制度基础，为中国发展富强、中国人民生活富裕奠定了坚实基础，实现了中华民族由不断衰落到根本扭转命运、持续走向繁荣富强的伟大飞跃。

第三，我们党团结带领中国人民进行改革开放新的伟大革命，极大激发广大人民群众的创造性，极大解放和发展社会生产力，极大增强社会发展活力，人民生活显著改善，综合国力显著增强，国际地位显著提高。其历史贡献在于，开辟了中国特色社会主义道路，形成了中国特色社会主义理论体系，确立了中国特色社会主义制度，使中国赶上了时代，实现了中国人民从站起来到富起来、强起来的伟大飞跃。

我们要永远铭记中国共产党为中华民族做出的这些伟大历史贡献，这是我们不忘初心、继续前进的重要基础。

（三）充分认识中国共产党领导中国人民取得的伟大胜利，为中华民族和人类发展带来的新的蓬勃生机

习近平总书记强调，中国共产党领导中国人民取得的伟大胜利，为中华民族和人类发展带来新的蓬勃生机。这主要表现在三个方面。

一是使具有5000多年文明历史的中华民族全面迈向现代化，让中华文明在现代化进程中焕发出新的蓬勃生机；

二是使具有500年历史的社会主义主张在世界上人口最多的国家成功开辟出具有高度现实性和可行性的正确道路，让科学社会主义在21世纪焕发出新的蓬勃生机；

三是使具有六十多年历史的新中国建设取得举世瞩目的成就，中国这个世界上最大的发展中国家在短短三十多年里摆脱贫困并跃升为世界第二大经济体，彻底摆脱被开除球籍的危险，创造了人类社会发展史上惊天动地的发展奇迹，使中华民族焕发出新的蓬勃生机。

中国共产党领导中国人民取得的伟大胜利，是对中华文明的巨大贡献，是对科学社会主义的巨大贡献，是对人类文明的巨大贡献。

（四）始终牢记 95 年来中国人民和中华民族得出的历史经验和历史选择

在讲话中习近平总书记用三个"历史告诉我们"，深刻总结了中华民族和中国人民在近百年的抗争和奋斗得出的历史经验和做出的历史选择。

第一，历史告诉我们，没有先进理论的指导，没有用先进理论武装起来的先进政党的领导，没有先进政党顺应历史潮流、勇担历史重任、敢于做出巨大牺牲，中国人民就无法打败压在自己头上的各种反动派，中华民族就无法改变被压迫、被奴役的命运，我们的国家就无法团结统一、在社会主义道路上走向繁荣富强。

第二，历史告诉我们，95 年来，中国走过的历程，中国人民和中华民族走过的历程，是中国共产党和中国人民用鲜血、汗水、泪水写就的，充满着苦难和辉煌、曲折和胜利、付出和收获，这是中华民族发展史上不能忘却、不容否定的壮丽篇章，也是中国人民和中华民族继往开来、奋勇前进的现实基础。

第三，历史还告诉我们，历史和人民选择中国共产党领导中华民族伟大复兴的事业是正确的，必须长期坚持、永不动摇；中国共产党领导中国人民开辟的中国特色社会主义道路是正确的，必须长期坚持、永不动摇；中国共产党和中国人民扎根中国大地、吸纳人类文明优秀成果、独立自主实现国家发展的战略是正确的，必须长期坚持、永不动摇。

这三个"必须长期坚持、永不动摇"，是我们党带领全国人民用 95 年的英勇奋斗得出的结论，是用无数革命先烈的鲜血和生命换来的，我们各级党组织和每个共产党人都要倍加珍惜、始终牢记、永远坚守。

（五）牢固树立永远跟党走的理想信念

习近平总书记指出："'明镜所以照形，古事所以知今'。今天，我们回顾历史，不是为了从成功中寻求慰藉，更不是为了躺在功劳簿上、为回避今天面临的困难和问题寻找借口，而是为了总结历史经验、把握历史规律，增强开拓前进的勇气和力量"。回顾历史，是为前进；铭记历史，是为了未来。通过重温我党走过的光辉历程，我们会更加珍惜今天来之不易的伟大成就，会进一步坚定永远跟党走的理想信念，会不断增强开拓前进的勇气和力量。

从历史上看，我们现在正处于一个伟大的时代，也处在一个伟大的历史转折点上，为此，习近平总书记特别强调，"坚持和发展中国特色社会主义是一项长期而艰巨的历史任务，必须准备进行具有许多新的历史特点的伟大斗争。这就告诫全党，要时刻准备应对重大挑战、抵御重大风险、克服重大阻力、解决重大矛盾，坚持和发展中国特色社会主义，坚持和巩固党的领导地位和执政地位，使我们的党、我们的国家、我们的人民永远立于不败之地。""历史总是要前进的，历史从不等待一切犹豫者、观望者、懈怠者、软弱者。只有与历史同步伐、与时代共命运的人，才能赢得光明的未来。"

我们各级党组织和每个共产党员都时刻牢记习近平总书记的这些教导，清醒认识自己肩负的历史使命，自觉地投入到建设中国特色社会主义的伟大事业之中，不畏艰险，勇于担当，与时俱进，奋力拼搏，在党的领导下，同全国人民一道共同开创中华民族美好光明的未来。

二、不忘初心，继续前进，献身中华民族伟大复兴壮丽事业

习近平总书记指出，我们党已经走过了95年的历程，但我们要永远保持建党时中国共产党人的奋斗精神，永远保持对人民的赤子之心。一切向前走，都不能忘记走过的路；走得再远、走到再光辉的未来，也不能忘记走过的过去，不能忘记为什么出发。面向未来，面对挑战，全党同志一定要不忘初心、继续前进。这是一个伟大的号令，也是一个深刻的课题，我们认真学习，深刻领会，积极践行。

（一）准确把握"不忘初心，继续前行"的总体方向和要求

在讲话中，习近平总书记从八个方面为我们阐释"不忘初心，继续前行"的总体方向和要求：

一是要坚持马克思主义的指导地位，坚持把马克思主义基本原理同当代中国实际和时代特点紧密结合起来，推进理论创新、实践创新，不断把马克思主义中国化推向前进。

二是要牢记我们党从成立起就把为共产主义、社会主义而奋斗确定为自己的纲领，坚定共产主义远大理想和中国特色社会主义共同理想，不断把为崇高理想奋斗的伟大实践推向前进。

三是要坚持中国特色社会主义道路自信、理论自信、制度自信、文化自信，坚持党的基本路线不动摇，不断把中国特色社会主义伟大事业推向前进。

四是要统筹推进"五位一体"总体布局，协调推进"四个全面"战略布局，全力推进全面建成小康社会进程，不断把实现"两个一百年"奋斗目标推向前进。

五是要坚定不移高举改革开放旗帜，勇于全面深化改革，进一步解放思想、解放和发展社会生产力、解放和增强社会活力，不断把改革开放推向前进。

六是要坚信党的根基在人民、党的力量在人民，坚持一切为了人民、一切依靠人民，充分发挥广大人民群众积极性、主动性、创造性，不断把为人民造福事业推向前进。

七是要始终不渝走和平发展道路，始终不渝奉行互利共赢的开放战略，加强同各国的友好往来，同各国人民一道，不断把人类和平与发展的崇高事业推向前进。

八是要保持党的先进性和纯洁性，着力提高执政能力和领导水平，着力增强抵御风险和拒腐防变能力，不断把党的建设新的伟大工程推向前进。

习近平总书记这些论述，既是指导我们顺利实现"两个一百年目标"和中华民族伟大复兴中国梦的战斗号令和行动指南，也是我们党不断从胜利走向胜利的制胜法宝和动力源泉。我们要努力把这些要求全面贯彻于各项工作和社会生活之中，将这些要求变成积极的行动，为中华民族伟大复兴的壮丽事业贡献自己的智慧和力量。

（二）每个共产党员都要"不忘初心，继续前行"，坚定理想信念，充分发挥模范带头作用

我们要始终牢记自己的入党誓词，始终保持对马克思主义的坚定信仰、对共产主义的坚定信念，始终保持为共产主义远大理想和中国特色社会主义共同理想而奋斗终生的坚定立场和坚强信心。要始终牢固树立对中国特色社会主义的道路自信、理论自信、制度自信、文化自信，团结在党的旗帜下，不断把中国特色社会主义伟大事业推向前进。要结合统筹推进

"五位一体"总体布局和"四个全面"战略布局，努力做好自己的本职工作，为全面建成小康社会和实现"两个一百年"奋斗目标做出自己的贡献。要始终牢记全心全意为人民服务的宗旨，始终保持共产党员的先进性和纯洁性，严格遵守党章常规，自觉抑制各种不良风气的侵蚀，增强抵御风险和拒腐防变的能力，在各个方面发挥党员模范带头作用，努力做一名合格的、优秀的共产党员。

（三）各级党组织都要"不忘初心，继续前行"，坚决贯彻执行党的路线方针政策，充分发挥战斗堡垒作用

要充分发挥协会党委和各支部的领导核心作用，进一步加强和完善党的思想建设、组织建设、作风建设、廉政建设，增强政治意识、大局意识、核心意识、看齐意识，在政治上思想上行动上与党中央保持高度一致，在工作中认真贯彻落实中央和部党组的各项部署和要求。要聚焦资产评估行业改革发展的重大问题和难点、焦点问题，大胆改革，勇于创新，敢于碰硬，勇于担当，真抓实干，取得实效。要严格按照党章党规开展工作，严格遵守民主集中制，充分尊重和发挥广大党员和班干部职工的积极性、主动性、创造性，使我们党的组织真正成为团结带领广大群众为党的事业和各项工作而奋斗的战斗集体和坚强堡垒，为党旗增辉，为党旗添彩。

（四）资产评估行业要"不忘初心，继续前进"，积极服务国家经济社会发展，为实现中华民族伟大复兴的中国梦贡献专业力量

我国资产评估行业是伴随着改革开放和社会主义市场经济建设而产生发展的，是推进改革开放和社会主义市场经济建设的一支重要专业力量。我们要不忘初心，继续前行，始终牢记行业的职责和使命，积极献身于改革开放和中国特色社会主义建设的伟大事业。要着力通过自身的改革和创新，加快行业转型升级，更好地服务于国家经济和社会发展，在优化社会资源配置、维护国有资产权益、维护市场经济秩序、促进社会公平正义等方面更好地发挥专业作用，为实现国家经济社会健康发展和中华民族伟大复兴的中国梦做出更大的贡献。

三、认真贯彻落实讲话精神，推进资产评估行业改革创新发展

"两学一做"专题教育强调"基础在学、关键在做"，这也是我们学习

贯彻习近平总书记七一重要讲话的一个基本要求。协会党委、各支部、各部门都要在认真组织开展学习活动的过程中，始终把贯彻落实作为活动的关键和重点。要按照习近平总书记的讲话精神和要求，结合资产评估行业改革发展和协会重点工作，找问题，查不足，定措施，抓落实。近期要着力做好以下几个方面的工作。

（一）深入学习贯彻落实《资产评估法》

7月2日，十二届全国人大常委会第二十一次会议审议通过了《中华人民共和国资产评估法》，国家主席习近平签署第46号主席令予以公布，2016年12月1日起施行。这是资产评估行业发展的一件大事，是我国社会主义市场经济法律体系建设的一项重要成果，对我国资产评估行业发展具有里程碑式的意义。认真贯彻实施资产评估法是当前及今后一个时期内资产评估行业的一项重要任务。

1. 统一思想，提高认识，认真做好资产评估法的学习宣传和教育培训工作

各级评估协会要把资产评估法的宣传教育工作作为今年的一项重要工作，努力营造知法、懂法、守法的良好氛围，推动全行业有重点、有步骤、有秩序地抓好学习宣传贯彻工作。要利用各项媒体和渠道强化宣传教育，确保资产评估法的要求和精神在行业内人人皆知，人人皆懂。各评估机制和从业人员要有组织地进行一次全面的学习和培训，全面理解和准确掌握资产评估法的精神、原则和各项具体规定。要加强对从业人员的法律教育，增强法治意识，培养守法用法习惯，把资产评估法的各项规定作为从事具体工作的行为准则，严格依法管理，依法执业。

2. 完善制度，健全机制，抓紧研究制定资产评估法相关配套制度及现有制度的梳理修订工作

一是根据资产评估法的规定，对现行的法规制度进行全面梳理。对目前空缺，按法律需要新建的，要组织力量抓紧研究制定；不符合资产评估法要求的，要及时清理、修订或调整。二是要根据资产评估法赋予行业协会在自律管理方面的责任，修订协会章程，修改和建立新的配套制度和运行机制，包括会员自律管理办法、评估执业准则和职业道德准则、会员信用档案管理办法、风险防范、会员投诉举报、执业质量检查等制度。三是

修改评估准则，对评估准则体系中不符合法律规定和不适应制度要求的内容，要进行全面修订。

3. 配合有关政府行政、司法部门工作做好资产评估法的实施工作

一是要积极配合有关政府主管部门履行职责，认真履行协会职责，协助做好评估行业的监管工作。二是要适应司法部门对资产评估法的司法要求，做好涉诉资产评估相关业务，建立健全涉及资产评估案件专业鉴定、机构及人员违法行为专业鉴定和处理制度。三是要积极维护资产评估行业及评估机构和从业人员的合法权益，建立健全评估机构及从业人员或协会会员的维权、申诉等方面规则和制度。

（二）积极推进资产评估行业管理方式改革和创新

1. 改革创新评估师及从业人员管理方式

按照资产评估法的要求和行业发展需要，探索建立对资产评估职业资格考试合格人员、资产评估从业人员和协会会员等不同人员类型进行分类分级管理的体制制度机制，探索建立评估师和评估从业人员有进有退、能升能降、约束与激励相结合的管理模式。

2. 改革创新资产评估机构管理方式

要根据资产评估法和有关行政规章制度，建立新的评估机构管理制度和方式，做好法律与现行制度的转承工作。要通过管理制度和方式的改革，加强和维护评估机构的主体地位，激发评估机构的市场活力和创新能力，提高机构的管理水平和业务质量，提升行业的社会形象和社会公信力，推动评估市场和评估行业的良性发展。

3. 改革创新协会工作和管理方式

要根据资产评估法的要求，修改完善中国资产评估协会章程，调整完善协会的职能，以保证充分履行法律职责。要处理好与各评估专业和专业协会的关系，理清各评估专业和专业协会的职责界限，探索建立各评估专业和协会之间的协调配合机制，形成共同履行法定职责、共同维护建设评估市场、既分工明确又相互配合的良好局面。

（三）着力推动资产评估行业理论实践创新和规范健康发展

1. 积极推进评估市场开拓和专业创新

要着眼国内经济体制改革和混合所有制经济建设，以及经济新常态和

供给侧结构性改革等重大政策实施，积极关注和研究评估市场变化，努力深耕传统市场，全力开拓新兴市场，紧紧盯住潜在市场。要结合市场中出现的新情况、新问题，特别是近年来出现的新产业、新业态，大力推进资产评估行业的理论和专业创新，加大对新业务、新方法的研究，以理论创新和方法创新，提升行业服务能力和水平，引领行业改革发展和转型升级，增强行业市场竞争力。

2. 高度重视评估人才培养和队伍建设

要结合资产评估法的实施和行业发展需要，创新人才引入和培养机制，扭转行业队伍人员不足、年龄老化、知识老化状况。要从高校评估专业教育入手，建立评估师资格考试、后继职业教育、高端人才培养、领军人才建设等全方位的人才教育和培训系统。要结合国家经济社会发展和评估市场需要，改革资格考试科目和内容以及后续职业教育和高校专业教育的相关科目和内容，加强评估专业知识更新和相关学科知识融合。要从行业发展规划和从业人员职业规划入手，在会员类型设计、评估师阶梯式发展等方面改革创新，提升行业荣誉感和吸引力，为行业培养并留住更多优秀人才。

3. 大力加强评估市场监管和规范化建设

要按照国家简政放权改革和资产评估法的有关要求，不断加强和完善行业自律监管，抓紧研究制定评估市场监管的体制制度机制及具体有效的方法措施手段。要严格按照资产评估法和有关制度准则要求，要加强行业执业质量检查，创新检查方法和思路，加强执业人员的事前预警、事中监督和事后监管，加大对违法违规行为的惩戒力度，培育遵纪守法的良好行业风尚。要强化监管执业中出现的苗头性、倾向性问题，抓早抓小，及时提醒，形成批评教育与法纪惩戒相结合的监管处理机制。要加强与财政部、国资委、证监会等相关管理部门的沟通协调，促进行政监管和自律监管有机结合、形成合力，营造评估机构规范执业的良好市场环境。

4. 主动应对国际化带来的机遇和挑战

随着我国外向型经济的不断发展和"企业走出去"、"一带一路"等战略的深入推进，评估行业面临着前所未有的国际化发展机遇。但是，资产评估法出台后，国内评估市场会进一步开放，国内评估机构也将面对在国内外两个市场同时与国际专业机构共同竞争的局面。我们必须同时在"攻"和"守"两个方面做好准备。要努力加强国际市场业务开拓，加强国际化人才的培养，加强国际评估行业理论和实践问题研究。同时，要加强行业国际化的顶层设计，积极发挥中评协在国际评估组织的主导作用，主动策划和参与有关重要活动和制度准则的制定，不断增强我国评估行业的国际影响力和话语权。要加强与有关国家评估行业的交流与合作，配合我国企业走出去积极拓展海外评估业务，为我国企业海外投资和经营提供高质量的专业支持。

"路漫漫其修远兮，吾将上下而求索。"习近平总书记在讲话结尾引用了屈原的这句诗词，以激励全党同志不忘初心、继续前行。我们资产评估人、资产评估行业的共产党员，一定要不辜负党和人民的期望，如习近平总书记所期望的那样："永远保持谦虚、谨慎、不骄、不躁的作风，永远保持艰苦奋斗的作风，勇于变革、勇于创新，永不僵化、永不停滞，继续在这场历史性考试中经受考验，努力向历史、向人民交出新的更加优异的答卷！"

做好行业统战工作，凝聚行业发展动力

中国共产党历来高度重视统一战线工作，在领导中国革命、建设和改革事业的各个历史时期，统一战线都是获得成功的重要法宝。2015 年 5 月，中央统战工作会议在北京召开，与此同时，《中国共产党统一战线工作条例（试行）》正式颁发。这是党中央着眼新形势下巩固和发展最广泛爱国统一战线召开的一次重要会议，体现了党中央对统一战线工作的高度重视。习近平总书记在会议上强调："全面贯彻落实党的十八大和十八届三中、四中全会精神，坚持以邓小平理论、'三个代表'重要思想、科学发展观为指导，深入研究统战工作面临的形势，扎扎实实做好统一战线各方面工作，巩固和发展最广泛的爱国统一战线，为推进'四个全面'战略布局，为实现'两个一百年'奋斗目标、实现中华民族伟大复兴的中国梦，提供广泛力量支持"。

在改革开放和市场经济体制建立过程中，我国社会结构产生了历史性的变迁，不断涌现出一些新的社会阶层，其中就包括了资产评估师这一重要专业人士群体。他们在促进社会主义市场经济的健康发展，维护正常的经济秩序、社会秩序，推进社会主义民主与法制建设，促进社会文明和进步等方面，发挥着越来越重要的作用，已成为统战工作的重要新领域和重要的着力点。

中国资产评估协会作为资产评估行业的全国性自律组织，十分重视行业统战工作，并把其作为开展中心工作的重要抓手。面对经济新常态及统战工作新形势，如何深入学习贯彻中央统战工作会议及《中国共产党统一战线工作条例》精神，加强资产评估行业统战工作研究，引导资产评估行业专业人士群体充分发挥专业优势和聪明才智，为服务经济社会发展，维护社会稳定，推进国家治理体系和治理能力现代化，贯彻落实"四个全面"战略布局，发挥更大作用，是一个重要课题。

一、资产评估行业和评估专业人士在我国经济社会建设中的独特功能和作用

资产评估是一个人才密集、智力密集型专业服务行业，充分了解和把握资产评估行业的发展状况、评估专业人士的特点及其在我国经济社会中的优势和作用，是有的放矢做好行业统战工作的重要基础。

（一）资产评估行业发展状况

中国资产评估行业产生于 20 世纪 80 年代末，最初为防止国有资产流失和维护国有资产权益而创立。随着国家改革和社会主义市场经济体制的建立、发展和不断完善，资产评估的服务领域正逐步扩大。在近三十年的时间里，资产评估行业以服务经济社会为目标，以维护社会主义市场秩序为己任，在推动国有企业顺利改革、促进资本市场快速发展、维护公共利益和市场主体合法权益等方面发挥了重要的作用，成为社会主义市场经济不可或缺的重要组成部分。目前，评估对象已经涵盖了动产、不动产、有形资产、无形资产等各类资产，评估领域已经涉及经济、政治、文化等各个方面。评估服务的经济行为包括企业改制、并购重组、资源资产管理、公允价值计量以及金融不良资产处置等多个方面。行业准则体系健全，专业能力、市场竞争力和社会公信力稳步提高，服务领域日益拓展，社会影响力和国际话语权逐步增强，资产评估行业日益发展壮大。截至 2015 年 7 月末，全国资产评估机构共计 3256 家，执业资产评估师共计 33516 人，全体从业人员共计 10 万多人。2014 年全行业实现全年收入近 100 亿元，2005～2014 年，行业收入年复合增长率在 10% 以上。

（二）资产评估专业人士的主要特点

资产评估师主要从事各类资产及经济权益的价值评估专业工作，是一类典型的专业人士。在资产评估师当中，非中共党员人士占 76.68%，大学本科及以上学历人员占 52.48%。资产评估师的年龄主要集中在 31～50 岁之间，占 77.21%。这是一支较高素质、年富力强的知识分子队伍。中

国资产评估协会曾对评估专业人士做过问卷及多种方式的调查，概括为以下几个主要特点：

1. 学历高、专业背景多样

资产评估师专业背景覆盖经管、理工、文史哲、法律教育等多个领域，且有交叉性和复杂性的特点。一名资产评估师的专业资质除资产评估师外，大多还兼有注册会计师、房地产评估师、土地估价师以及造价工程师等。

2. 群众基础好，具有一定的社会影响力

资产评估师普遍具有良好的群众基础和较强的社会影响力。他们积极联系群众，能通过微信、微博、QQ等新兴的网络社交软件相互之间保持沟通和联系，形成畅通的联系网络。

3. 担任重要社会职务，社会表现活跃

一些评估师担任过人大代表、政协委员、中国证监会并购重组委委员等重要社会职务，具有一定的话语权。普遍在行业内具有较高的活跃度。

4. 对社会热点关注度高，具有一定的社会责任感和公益心

评估师对"环境保护"、"食品安全"、"医疗保险"、"教育改革"、"退休养老"、"社会收入分配"、"反腐"、"政府改革"以及"国家安全形势"等社会热点问题都给予了广泛的关注。同时，绝大多数热心于社会公益事业，且身体力行，积极参与社会公益事业，并承担一定社会责任。

5. 拥护国家方针政策、政治参与意愿较强烈

评估师普遍拥护国家改革开放等主要方针政策，愿意为国家建设"提供专业服务"、"建言献策、参政议政"、"提供社会公益服务"并"维护社会公平正义"等。愿意"以专家身份提供专业建议与技术咨询"、"参加供政府决策参考的专题调研"、"担任特邀监察员、特邀检查员、特邀审计员、教育督导员、廉政监察员等"，积极为社会服务。

6. 对个人现状感到较满意、对未来发展较有信心

评估师普遍对个人经济、社会、政治地位感到较满意，并对行业发展及自身事业的发展较有信心。

（三）资产评估专业人士的社会优势

资产评估行业专业人士是资产评估专业服务的行为主体，他们知识层

次普遍较高，思想解放、善于独立思考，对相关事物有着专业和独到的见解，具有独特的社会作用和优势。

1. 具有价值评估领域的独特专业优势，能够发挥服务经济社会发展的重要作用

资产评估行业专业人士凭借自身专业优势和特长，通过提供专业的价值评估，在服务于改革开放、经济社会发展、维护社会公平等方面发挥重要作用。例如，在国有企业改革和国有经济战略性重组的进程中，为涉及国有产权变动的各种经济活动提供价值评估的专业鉴证，在保障国有资产安全，防止国有资产流失方面做出重要贡献；在各类资产和权益的市场交易中，为交易各方提供公允、公平、公正的价值咨询意见，降低市场交易成本，提高市场交易效率，规范市场交易行为；适应国家财税体制改革的新要求，在财政资金绩效评价，所得税、财产税税收征纳等领域，为政府提供科学合理的价值参考依据和衡量尺度；作为客观、独立、公正的第三方专业人员，为企业抵押贷款、破产清算、司法诉讼所涉资产定价、经济损失赔偿或补偿等各类行为，维护各方合法权益，提供可信赖的价值评估服务及客观公正的价值参考。

随着我国经济社会的不断发展以及全面深化改革各项具体措施的不断推进，在经济建设、政治建设、文化建设、社会建设以及生态文明建设各个领域，资产评估行业专业人士所服务和参与的业务范围越来越广阔。他们将充分发挥资产评估价值发现和价值管理的重要功能，为混合所有制改革保驾护航；开展金融资产评估，科学计量金融资产公允价值，为完善金融市场体系服务；开展知识产权资产评估，支持科技成果转化，为深化科技体制改革服务；开展文化资产评估，活跃文化市场，为推进文化体制机制创新服务；开展自然生态资源资产评估，为建立健全自然资源资产产权制度、资源有偿使用制度和生态补偿制度服务。

中共十八届三中全会提出，使市场在资源配置中起决定性作用，加快完善现代市场体系，形成商品和要素自由流动、平等交换的现代市场体系。以市场机制定价的领域将越来越多，资源优化配置、要素自由流动离不开价值的发现与衡量，资产评估行业专业人士所拥有的独一无二、不可替代的专业优势将愈加强化。

2. 具有社会联系广泛的社交优势，能够发挥沟通了解情况与收集信息的重要作用

资产评估行业专业人士的执业范围十分广泛，几乎涵盖了社会所有的经济生活领域。服务对象形形色色，包含了政府、各种社会组织、各类经济性质的企业、事业单位以及个人。因工作关系保持联系与沟通的人数比较多，且涉及多个不同阶层，社会交往频繁，层次也很丰富。资产评估行业专业人士通过随时与各类市场主体保持深入接触与沟通，能够及时准确地掌握着大量第一手市场动态信息，时刻把握着市场经济发展的脉搏。正所谓"春江水暖鸭先知"，工作在市场经济第一线的资产评估行业专业人士，对市场运行情况有非常深入的了解，对市场发展变化有非常深刻的认识，因此能够为研究经济运行总体态势提供有用的信息支持。

这种社交优势，使得资产评估行业专业人士具有广泛的影响力。他们与社会各个层面的广泛接触，能够更加全面地了解社会有关问题情况，有机会听到不同阶层的意见和呼声，这给他们参与对政治、经济、文化和社会生活中重要问题的调查研究，广泛反映社情民意提供了有利条件。

3. 具有文化素质高、综合素养好的人才优势，能够发挥参与民主政治的重要作用

资产评估行业是社会公认的知识素养较高和人才相对集中的智力密集型专业服务行业。资产评估行业专业人士是新的社会阶层中具有较高文化素质的知识分子，据统计，资产评估师中具有大学本科及以上学历的超过52%，且专业背景十分丰富。良好的教育背景有助于增强公民的责任义务观念，培养公民的政治参与意识，也有助于建立社交自信和沟通表达协商的能力。

同时，资产评估行业专业人士作为以知识技能谋生、具有一定经济收入水平的新型知识分子，不同于一般非公有制经济人士，其政治参与心态比较正面，更多的是追求一种适当的政治存在感和话语权，个人功利性相对较弱，能在参与民主政治过程中发挥比较健康的影响和作用。

二、做好资产评估行业统战工作的重要意义

发挥行业优势，服务于党领导下的政治、经济、社会各项事业蓬勃发

展是评估行业统战工作的目的。做好资产评估行业统战工作是坚持和完善我国基本经济制度，使市场在资源配置中起决定性作用，加强和创新社会管理，推进国家治理体系和治理能力现代化的切实需要。

1. 加强资产评估行业统战工作是坚持和完善我国基本经济制度的需要

以公有制为主体，多种所有制经济共同发展的基本经济制度是我国社会主义市场经济体制的根基。党的十八届三中全会提出，国家保障各种所有制经济依法平等使用生产要素、公开公平公正参与市场竞争，积极发展混合所有制经济。随着改革不断向纵深发展，一些新的行业领域，如文化企业、环境经营机构等也相继走向资本市场，评估业将在巩固和挖掘传统市场的同时开拓新兴市场和潜在市场，为类型纷繁、构成复杂、分布广泛的各种资产提供专业的估值服务。公正独立的评估专业服务，可以维护国有资本权益，有效防止国有资产流失，同时也为私营经济、个体经济和中小投资者等"弱势方"提供公允的参考，从而有效维护市场秩序和各方利益，有力保障各种所有制经济公平参与竞争，促进和完善我国基本经济制度。

坚持和完善我国基本经济制度是党的历史使命，也是统战工作的重要任务，资产评估在这方面所发挥的作用，与统战工作在思路和目的上具有高度的一致性。

2. 加强资产评估行业统战工作是促进经济在新常态下健康发展，使市场在资源配置中起决定性作用的需要

中共十八届三中全会进一步提出使市场在资源配置中起决定性作用，资产评估在维护和协调各方权益，推动要素合理流动和优化配置等方面发挥着重要作用。按照加快完善商品和要素自由流动、平等交换的现代市场体系的要求，资产评估在越来越多的领域发挥着日益重要的作用。

做好行业统战工作，能够更好地发挥资产评估在提高经济信息质量、引导资源合理配置、优化企业治理结构、维护市场经济秩序和社会公众利益等方面的积极作用。

3. 加强资产评估行业统战工作是加强和创新社会管理，推进国家治理体系和治理能力现代化的需要

中共十八届三中全会提出，要改进社会治理方式，激发社会组织活

力，适合由社会组织提供的公共服务和解决的事项，交由社会组织承担。这将为评估协会和行业发展提供更大空间。一方面，协会承接政府转移职能，具有更大空间和舞台，可充分发挥其优势；另一方面，政府购买服务，为评估机构提供更多机遇和更高要求。行业协会的灵活、自律性以及资产评估的客观公正性、评估人员知识结构的多元化是评估行业参与社会管理的优势。

加强评估行业统战工作，不仅能发挥其专业优势，更能发挥评估行业在政府与社会之间的纽带作用，扮演"社会治理助推器"的角色。在积极参与改革的过程中，资产评估师作为政策具体落实者和市场交易的见证者，与各方利益群体有着广泛联系，在做好群众工作方面具有独特优势和有利条件，能够发挥好社情民意观察站、矛盾纠纷调节器的作用。

三、近年来资产评估行业统战工作取得到的主要成绩和主要做法

包括资产评估行业专业人士在内的新的社会阶层人士统战工作，是党的统一战线工作的新领域和新的着力点。近年来，在行之有效的工作机制下，资产评估行业统战工作顺利开展并取得了一些成效。

1. 以行业协会为纽带，初步形成了行之有效的行业统战总体工作机制

资产评估行业协会是资产评估行业专业人士共同加入的自律性社会团体，承担着实施自律管理、服务行业发展、协调外部关系、维护会员合法权益的重要职能，在凝聚资产评估行业专业人士方面具有不可替代的优势和作用，是开展对资产评估行业统战工作的重要载体和渠道。近年来，资产评估行业协会，积极作为，大力加强横纵双向沟通和交流，充分发挥自身优势，深入推进行业统战工作，已经形成了以中国资产评估协会及各地方协会作为重要依托和纽带，在中央及地方各级党委的领导下，各级统战部门、财政部门党组的指导下，资产评估机构基层党组织广泛参与的资产评估行业统战总体工作机制。

2. 通过深入调研和遴选，探索建立了广泛的党外代表人士发现机制

中国资产评估协会积极协助中央统战部开展"促进社会组织中人才成长和发挥作用的政策机制和有效措施"课题研究，完成了"促进资产评估

行业人才成长和发挥作用的政策机制及措施"研究报告。积极配合中央统战部开展"资产评估行业代表人士评价体系"调研工作，并高质量地完成有关调研报告。在全行业范围内，对地市级及以上人大代表、政协委员情况等有关信息，开展全面调查和统计，为扎实做好行业统战工作奠定坚实基础。

此外，中评协将代表人士后备人才队伍的遴选工作与旨在树立青年专业人士崇尚诚信、敬业奉献典型榜样的"全国十佳和优秀青年注册资产评估师"评选活动有机结合起来。经严格评选脱颖而出的百名全国十佳和优秀青年资产评估师，普遍具有较高的政治素质、专业素质和较强的社会活动能力，大多数都在资产评估机构中担任副总经理以上重要职务，其中，非中共党外人士占61%，为进一步加强代表人士队伍建设提供了良好的后备人才储备。

3. 加强系统教育，着力提升党外代表人士的政治素养和综合能力，形成了有效的统战人才培养机制

除了积极争取和大力支持党外代表人士参加统战部门组织举办的"新的社会阶层人士理论研究班"等各类培训研讨活动以外，中评协还充分发挥行业自身的主观能动性，加强对党外代表人士的教育培养。在中央统战部六局的鼎力支持下，中评协连续多次成功举办"评估行业人大代表、政协委员提高参政议政能力研讨班"，得到中央统战部、财政部有关领导的高度评价。

在具体工作中，中评协还坚持双向教育培养的原则和方针，将统战教育培养与行业教育培养融会贯通。在行业教育培养中积极渗透统战元素，增加并强化思想教育、政治素养等内容；在统战教育培养中也灵活融入专业因子，适当丰富国情时政、重大经济或改革政策解读等有助于拓宽知识面、加强专业工作能力的内容，使两者相互促进，相得益彰。

4. 积极择优推用，拓展党外代表人士发挥优势作用空间，建立了比较完善的推荐和任用机制

在充分研究、科学评价的基础上，中评协将多名资产评估行业党外人士中的领军人物向中央统战部积极举荐。这些领军人物都是行业翘楚和资深专业人士，且为担任资产评估机构中总经理以上的高级管理人员。他们

中有的已担任各级人大代表或政协委员，有的担任着一些其他重要社会职务，都具有很强的代表性和社会影响力。由于工作积极，贡献突出，多人次被评为"各民主党派、工商联和无党派人士为全面建设小康社会做贡献先进个人"、全国或地方"优秀中国特色社会主义事业建设者"等光荣称号。

同时，有意识地吸纳和安排重点统战工作对象加入协会理事会、专门委员会、专业委员会，发挥他们的作用，使他们得到锻炼成长。另外，在行业准则建设、重大课题研究、高端人才培养、资深会员评定等各方面，也注重吸收党外代表人士的加入，创造机会、提供条件，努力为他们搭建发挥优势作用的新平台。

5. 加强经验交流，充分展示行业人士参政议政情况，形成了互动式成果汇集利用机制

行业各级人大代表、政协委员认真履行参政议政职责，充分发挥自身专长，认真调查研究，积极提交议案提案，立足行业，放眼全局，为推进我国经济发展、社会进步以及行业健康发展凝聚智慧和力量，为社会主义现代化建设做出重要贡献。经统计，2013 年以来，行业各级人大代表、政协委员提交的议案、提案总数达 400 份以上，关系到经济发展、国家社会治理、民主法制建设等国计民生重大问题或评估行业发展。为了充分利用代表人士参政议政成果，在行业内形成学习交流机制，中评协组织对这些议案和提案进行认真梳理，精心挑选出 97 篇汇编成册。一方面可以不断提升资产评估行业党外代表人士参政议政能力及热情；同时，也为评估行业发展决策提供参考依据，进一步深化党外代表人士参政议政成果的充分利用。

6. 加强各层面沟通，凝聚智慧和力量，建立了有效的统战联络机制

中国资产评估协会积极争取统战部门对资产评估行业的指导和帮助，多次在行业内召开统战工作座谈会，组织业界民主党派和无党派人士代表、人大委员、政协代表进行交流，为加强资产评估行业专业人士统战工作以及促进评估行业健康发展出谋划策。2011 年，中评协特别邀请中组部、统战部和财政部的相关领导出席"评估行业建设和社会管理创新"研讨会并发表讲话。在研讨会上，资产评估行业专业人士中的代表

们围绕统战工作、行业自律监管、协会建设、机构内部治理、人才队伍建设、行业诚信、文化和社会责任等方面内容作专题发言，提出许多建设性意见和建议。这些沟通交流不仅达到广泛征集有关意见建议的目的，同时也切实强化了党外代表人士的责任感和使命感，有力助推统战工作向纵深发展。

7. 充分发挥资产评估机构基层党组织作用，建立了行业统战工作上下联动机制

作为党在资产评估行业中的最基层组织，资产评估机构基层党组织与党外专业人士的接触更加直接和广泛，成为资产评估行业专业人士统战工作的一个重要载体。一些地方在资产评估机构中大力推进党的组织和工作全覆盖，资产评估机构基层党组织建设卓有成效，以党建为抓手，以服务为渠道，在促进资产评估机构健康发展和资产评估行业专业人士健康成长方面发挥了重要的积极作用。一是围绕促进机构健康发展这一主题开展党建工作，努力加强自身建设，积极推动建设先进的企业文化，充分发挥基层党组织的战斗堡垒作用以及党员的先锋模范作用，赢得党外专业人士群体尤其是代表人士的理解、支持和拥护，将他们紧紧凝聚在党组织周围。二是大力宣传和组织学习党的统战工作理论、方针和政策，积极营造统战工作氛围，增强党员的统战意识与观念，提高党员积极做好统战工作的自觉性，充分发挥党员个体的联系和带动影响作用。三是了解和关心本机构民主党派成员、非党专业人士等统战成员的政治思想、工作表现、业务能力等情况，协调促进各项统战政策的落实。视条件允许和个人情况，协调做好对他们的工作安排、培养、使用，充分发挥他们在各项工作中的积极作用。四是经常听取并征求统战成员的意见、建议和要求，尽力帮助他们解决实际问题，大力支持他们建言献策，做好忠实的"智囊团"和"后援团"。五是做好传声筒，当好联络员。经常向上级党组织汇报本机构统战工作情况，并协助向统战成员转达重要信息。积极完成上级党组织的相关指示任务。

总体而言，资产评估行业专业人士充分发挥专业优势，为促进社会发展、维护改革开放、稳定大局做出了努力和贡献，资产评估行业统战工作取得了实质性成效。

四、资产评估行业统战工作面临的主要问题

作为新兴社会阶层的一员，资产评估行业专业人士群体形成的时间还比较短，其统战工作还是一项新事物。在尚未形成系统完整的理论且以往实践经验积累不多的情况下，各项具体工作是在不断尝试和探索中向前迈进，必然会遇到不少问题，突出表现在以下三对矛盾：

（一）政治参与意识增强与渠道狭窄、形式单一的矛盾

在全面推进依法治国，加强社会主义协商民主建设，推进协商民主广泛多层制度化发展的大环境下，资产评估行业专业人士的政治参与意识不断增强，政治参与意愿日益强烈。资产评估行业专业人士是市场经济发展的产物，具有强烈的市场意识、竞争意识和民主意识。他们大多有一定甚至比较雄厚的经济基础，具有较高的文化层次。他们为服务经济社会发展做出重要贡献，得到一定的社会认可，但他们对于自身社会地位的期望值与实际得到的社会尊重程度之间仍然存在相当差距。资产评估行业专业人士关于维护和保障自身合法权益的要求日益强烈，并且，这种利益诉求已经不再单纯局限于经济利益，而是拓展为积极谋求对政治和社会事务的参与，以促进个人事业进一步发展，进一步获得自我价值实现，包括自身政治价值的实现。

随着新的社会阶层社会影响的不断深化和扩大，各级党委和政府越来越关注和重视新的社会阶层，对新的社会阶层代表人士的政治安排力度越来越大。但对于资产评估行业专业人士这个细分群体来说，仍存在着政治参与渠道狭窄、政治参与形式单一的情况。

截至 2013 年 4 月底，资产评估行业共有 156 人担任现届地市级及以上人大代表或政协委员（人大代表 28 人，政协委员 128 人）占全行业资产评估师总人数（33516 人）的比例为 0.465%，占全行业从业人员总人数（100000 人）的比例为 0.156%。而据统计，2013 年全国有 5133 人担任各级人大代表或政协委员（人大代表 1343 名，政协委员 3790 名），占全国律师总人数的 2.21%；注册会计师行业共有 743 人担任各级人大代表或政协委员，占执业注册会计师总人数的 0.76%。与同属专业服务业的律师和注册会计师相比，资产评估行业专业人士担任人大代表和政协委员的比例

明显处于相对低位。

政治参与渠道狭窄、形式单一，不仅无法满足资产评估行业专业人士的政治参与意愿，而且也影响了他们在国家社会治理中有益作用的发挥。

（二）统战工作任务繁重与基层党组织建设覆盖面不足的矛盾

社会阶层结构的变动、新的社会阶层的出现，已经带来社会利益格局的深刻调整以及社会思想观念的深刻变化，使不同社会阶层、不同社会成员之间在思想观念、价值取向、行为方式和利益要求等方面产生一定矛盾和问题，无疑增加了统战工作的复杂性与艰巨性。

资产评估行业专业人士统战工作不仅要重点加强代表人士队伍建设，也要兼顾整个群体，要做到这一点，应当将统战功能注入资产评估机构，依靠基层党组织这个最大的统战工作平台，引导机构发展、团结凝聚群众、协调维护各方利益的作用，开辟统战工作新的天地。

目前，尽管一些地方开展了卓有成效的基层党组织建设工作，评估机构基层党组织作用得到一定发挥，但从整体上看，仍然存在着党的组织和工作覆盖面不足的情况。在有些地方，已建立基层党组织的资产评估机构数量很少。一些资产评估机构的基层党组织，被归到所在街道、人才交流中心等一些单位的党组织管辖，存在归口管理不顺、党建活动开展不够规范有效的问题。也有少量地方协会因秘书处党员人数不足或其他原因，未单独建立党组织，从而缺乏规范有效的统战工作组织机制。

在部分资产评估机构及专业人士当中，统战工作还存在着一定的盲区。这与有些地方基层党组织建设工作不到位，使得基层统战工作缺乏坚实组织基础和有效抓手，是直接相关的。

（三）统战工作深入推进与相关法律政策滞后的矛盾

伴随着经济新常态以及国家全面深化改革和实施依法治国战略的推进，我国经济社会各领域都将发生深刻变化，这种新常态、新变化将对资产评估发展的内生动力和外部环境产生深远而重大的影响。评估市场格局发生深刻变化，传统市场结构深刻调整，新兴市场范围不断扩大，潜在市场机会亟待发现；评估市场需求发生结构性改变，传统、低端服务供大于求，新兴、高端服务能力不足，行业服务转型升级任重道远；评估市场环境日趋严峻，准入门槛放宽，服务价格全面放开，竞争日趋激烈；行业管理模式发生重大变革，政府职能调整逐步推进，自律管理不断加强，行业管理要求更高、难度更大；国际合作与竞争日趋扩大，准则趋同，市场交融，我国评估行业走出去势在必行。

当前是国家全面深化改革的关键时期，也是资产评估行业改革发展的重要阶段。在这一改革发展大背景下，资产评估行业专业人士统战工作的深入推进，必须要面对与行业专业人士切身利益紧密相连的行业发展问题，其中最突出的就是有关法律政策相对滞后。

资产评估行业迄今为止尚无一部专门的法律，导致资产评估的法律基础存在明显滞后和不足。自 2006 年 6 月启动评估立法相关工作以来，已历经三届人大，将近九年时间。目前，《资产评估法（草案）》已经全国人大常委会两次审议，目前仍处于等待继续审议的阶段。

法律的长期缺位，给资产评估改革发展的顺利推进造成了较严重的掣肘，同时也导致评估行业管理体制不顺这一困扰行业发展的重要问题长期得不到妥善解决。目前，我国评估行业分设资产评估师、房地产估价师、土地估价师、矿业权评估师、保险公估从业人员和旧机动车鉴定估价师共六个专业资格，分别由财政部、住建部、国土部、保监会和商务部等五个政府部门管理。长期以来，"五龙治水、多头管理"的行政管理体制造成评估业务市场被行政管辖权人为切割，严重阻碍评估行业的市场化进程，不利于评估行业的良性发展，不利于评估行业重要作用的充分发挥。而且，不同资格的相关管理和认证体系重复建设，也造成了行政管理资源的严重浪费、行政管理效率的低下以及一定的权力寻租空间。

统战工作是做人的工作，其本质是大团结大联合，解决的是人心和力量问题。只有抓住资产评估行业专业人士万众瞩目的行业立法、政策改革等涉及行业发展前景的重大问题，才能有效促进评估行业以及资产评估行业专业人士个人事业健康发展，才能大大强化行业统战平台，进一步深入推进资产评估行业专业人士统战工作，最终达成团结人心和力量的统战工作目标。

五、加强资产评估行业统战工作的对策思路

资产评估行业专业人士统战工作是统一战线工作中的新领域，涉及工

作对象、组织机制、工作载体、工作方式等多个方面的创新。因此，针对资产评估行业专业人士开展统战工作，既要考虑所处环境与工作现状，又要适应统一战线工作的基本要求，从资产评估行业专业人士群体的基本特点出发，从统一战线工作的基本职能着眼，进行不断的创新和探索。针对工作中面临的新情况、新问题，提出如下建议。

（一）积极拓宽政治参与渠道，丰富政治参与形式

政治参与渠道比较狭窄、参与形式比较单一是资产评估行业专业人士统战工作当前面临的比较突出的问题。许多评估师虽然具有强烈的参政意愿，但参政机会及口径相对不足。要加强资产评估行业专业人士统战工作，必须设法拓宽和完善原有的政治参与渠道，并结合当前政治发展水平和资产评估行业专业人士政治参与实际情况建立新的参政渠道，同时努力丰富政治参与形式，以创造更多的政治参与机会。

1. 加大政策倾斜力度

建议在各级人大代表和政协委员的推选过程中，适当加大对资产评估行业专业人士的关注以及政策倾斜力度，给予更多的推选名额，促进资产评估行业代表人士有更多的机会走上参政议政的舞台。

2. 优化政协界别设置，增设将资产评估行业专业人士涵盖其中的专业人士界别

政协界别的设置是适应经济社会的发展逐步调整和完善的。随着经济体制的深刻变革、社会结构的深刻变化、利益格局的深刻调整，完善界别设置，使之与形势发展的需要和民主政治建设的进程相协调、相适应，使之成为社会各界愿望表达和利益诉求的主要渠道势在必行。建议将律师、注册会计师、资产评估师等专业人士集中起来，专门设立专业人士界别，便于集中开展有关活动，强化他们基于专业人士身份的政治参与感，突出和加强他们的代表性，更好地发挥专业人士的优势作用。

3. 充分发挥民主党派在资产评估行业专业人士统战工作中的积极作用

《中共中央关于巩固和壮大新世纪新阶段统一战线的意见》指出，"民主党派可根据自身特点，开展有代表性的新的社会阶层人士的工作"。民主党派和党派成员的政治地位和政治参与程度是任何团体及其成员无法类比的，并且具有团结新的社会阶层的独特政治优势，可以成为开展包括资

产评估行业专业人士在内的新的社会阶层人士统战工作的重要助手。

民主党派根据各自章程规定的参政党建设目标和原则，科学统筹组织发展领域，在新的社会阶层中适量发展成员，既可以避免当前在组织发展中领域狭窄、交错趋同、缺乏特色的问题，又可以使党派人才库队伍更具广泛性、时代性和可持续性，从政党的层面帮助共产党团结新的社会阶层，不断壮大中国特色政党发展道路的社会基础。

民主党派按照实际需要和客观情况有序、适度发展来自资产评估行业专业人士群体的成员，可以有力支持资产评估行业专业人士中的代表人士参政议政，有利于在重大决策的协商中提供有价值的政策性意见建议，在人大、政协和政府的政治录用中提供符合条件的人才，在利益表达中切实代表和反映资产评估行业专业人士群体的合法利益诉求，形成完善的多元利益表达机制，进一步发挥好共产党领导的多党合作和政治协商制度的独特优势。

4. 丰富政治参与的形式与途径

建议根据具体情况，采用多种多样的政治参与形式，扩大资产评估行业专业人士政治参与途径。

其一，政府部门的咨询和议事机构作为政府政策制定和决策执行的重要顾问和参谋部门，同样也是发挥资产评估行业专业人士作用的重要领域。政府在聘请参事、顾问、特约人员、评议员、监督员、观察员、督导员时，应酌情延揽资产评估行业专业人士中的代表人物。

其二，政府可以依托"党外知识分子联谊会"、"新的社会阶层专业人士联合会"等组织成立专业人士智库，吸纳资产评估行业专业人士加入，发挥集体专业智慧，形成群体合力，在经济发展、社会治理等方面为决策者提供理论、方法以及思想等方面的建议参考。

其三，对资产评估行业专业人士中德才兼备的优秀代表，可以考虑推荐到国家机关和社会团体中挂职锻炼乃至担任实职。

其四，充分借助信息网络技术手段，吸引和鼓励资产评估行业专业人士使用网络平台，进行交流互动，实现参政议政。

其五，有关党政部门应充分重视行业协会团体组织的地位和作用，与行业协会保持定期交流沟通，便于资产评估行业专业人士能够通过行业协会的组织，充分反映情况和心声，合理表达自身的利益诉求。

（二）着力加强基层党组织建设，夯实和强化统战工作基础

基层统一战线工作是统战工作的重要组成部分。随着改革开放的不断深入和社会主义市场经济体制的建立与完善，统战工作从政治领域向经济、文化、科技、教育以及社会治理等各个方面拓展，基层统战工作的地位和作用更为重要。

资产评估行业专业人士绝大多数都工作和生活在基层的各个资产评估机构中，这也是实现和维护他们自身权益的地方。

中国资产评估协会将下大力气建立健全资产评估行业基层党组织，尽力扩大组织覆盖面，深入探索统战工作与基层党建相结合的思路，坚持做到"党组织建在哪里，统战工作就做到哪里"的原则，通过基层党建来带动和强化统战工作。

1. 把党建工作的着眼点放在促进机构科学发展上

应当正确认识在资产评估机构中开展党建工作的重要性和必要性，正确认识党组织在资产评估机构的作用和地位。

2. 将党建工作侧重点放在自身建设上

加强自身组织建设，加强党员教育和管理，党员要成为遵守职业道德、坚持执业操守、维护机构良好形象、努力为机构发展做贡献和实现自身价值的模范。

3. 将党建工作切入点放在推动机构文化建设上

机构文化建设是党建工作的一个重要载体。以企业文化建设作为党建工作的切入点，积极创建、发展先进的机构文化，塑造强大的机构精神，树立卓越的机构价值观，为机构发展注入文化内涵。将机构文化建设、精神文明建设、职业道德建设和党建工作融为一体，相互促进，共同提高。

4. 将党建工作落脚点放在员工根本利益上

密切联系群众，把员工满意度作为评价党组织工作的重要标准。从思想到生活上关心员工，对员工的所思所想、所需所求深入了解，给予他们关心和帮助，为员工排忧解难。

（三）寓统战于服务，大力支持资产评估行业发展

统战工作是做人的工作，它是一项特殊的群众工作和思想政治工作，是政治性很强、人情味很浓、艺术性很高的工作，需要自始至终贯彻以人为本的思想，寓统战工作于服务之中。资产评估行业专业人士统战工作要深入到统战成员中间，关心他们的生活和工作情况，了解他们的所思所想，摸清他们的所喜所忧，打消他们的所疑所惑，解决他们的所急所盼。总之，应努力畅通统战成员的利益表达渠道，建立健全利益维护机制，切实解决好他们最关心、最直接、最现实的利益问题。当前，资产评估行业专业人士最关心、最现实的利益问题就是行业发展问题。

我们要积极为资产评估行业专业人士做好协调服务，帮助完善和落实相关法律法规和政策措施，营造良好的执业环境，维护好他们的合法权益，保护和调动他们的积极性、主动性和创造性，使他们在建设中国特色社会主义事业中更好地发挥作用，更好地为服务经济社会发展做出贡献。

1. 推动评估立法，加强资产评估法制建设

法律是规范管理评估行业的重要基础，是资产评估行业专业人士的执业依据，是评估行业发展的重要根基。建立法治评估行业是健全市场经济和完善法制建设的重要环节，对营造更加公平、统一开放的市场环境，以及资产评估行业的转型升级尤为重要。评估行业将进一步推动评估立法，加强资产评估法制建设。加强评估立法有关重点难点问题研究，积极提出评估立法意见和建议，反映行业合理诉求。进一步加强与全国人大常委会法工委、评估相关行政管理部门、有关行业协会沟通协调，求同存异，凝聚共识，共同推进评估立法工作。进一步加大评估立法宣传力度，积极向社会推送新的评估立法研究成果，深化社会对评估立法共识，营造良好的立法环境，努力推动资产评估法早日出台。

建议统战工作部门能够继续加强与评估相关管理部门和行业协会间的沟通，积极推动评估立法进程。通过立法整合评估行业资源，理顺评估管理体制，规范政府行为，明确各方主体责任，提升评估行业的整体形象和法律地位，促进评估行业健康发展。

2. 改革有关管理政策规定，支持资产评估行业协会加强自律管理

资产评估行业协会作为资产评估行业专业人士的自律性管理组织，在法律和政策规定的范围内，发挥着沟通协调行业与政府社会之间关系，维护行业成员合法权益，制定行业标准规范，实施行业自律管理，推动行业

健康发展等重要作用。中国资产评估协会将依据国家简政放权、强化行业自律管理及对资产评估师职业资格管理的新要求，加强与财政部、人社部协调沟通，研究调整考试报名条件，优化考试科目。认真做好改革后自主组织的年度资产评估师职业资格考试。配合有关政府部门做好评估机构管理体制机制改革相关工作。推进会员管理方式改革，创新服务会员模式。

我们将争取有关部门充分解放思想，转变观念，支持资产评估行业协会充分发挥自律管理的主观能动性。在资产评估师职业资格考试政策方面不拘一格，继续加大改革和调整力度，支持资产评估行业建立适应市场经济发展和行业特点的考试制度，帮助资产评估行业广泛吸纳专业人才，促进行业可持续发展。

3. 减少行政干预，优化执业环境

建议政府部门废除不利于资产评估行业发展的限制性政策，减少对资产评估行业发展产生的政策性束缚，同时加强市场监管，打击不正当竞争行为，优化执业环境。根据资产评估所属专业服务业的专业技术性特点，修订服务采购相关法规政策、采购程序及评审规定，引导资产评估业务市场形成完善合理的服务收费定价机制。

4. 实施适当倾斜的人才政策

资产评估行业是智力密集型行业，人才是资产评估行业的最重要资源。中国资产评估协会将研究制定行业高端人才培养规划和方案，研究建立行业领军人才培养制度。针对资产评估行业人才后备队伍比较匮乏的现状，将争取有关部门实施适当倾斜的人才政策，出台能够吸引和挽留优秀人才的人事就业政策，营造良好的人才发展环境。

5. 加强思想工作和引导

思想政治工作是统战工作的重要内容。统战工作要在服务中加强教育和宣传引导，传递并积聚正能量，提高资产评估行业专业人士的思想认识，坚定对资产评估行业发展及发挥自身专业优势的专业自信、道路自信、理论自信，为行业发展及经济社会发展做出积极贡献。

社会主义市场经济的道德立足点

    市场经济活动是人类社会活动的一种形式。如同其他社会活动需要道德力量的支持一样，市场经济活动也需要道德力量的支持。如果如韦伯所说"新教伦理可以引发资本主义经济"的话，那么，社会主义市场经济也必须有社会主义伦理精神的强力引导，这是"自然"的要求。面对西方市场经济的道义困境，罗尔斯曾试图以"公平的正义"为市场经济提供一个阿基米德式的道德支点，其结论尽管可以商榷，但这种探讨本身却有着十分重要的意义，即现代市场经济不仅需要人们完善的经济理性，更需要人们完善的道德理性。如果说西方的市场经济有一个从自发到自觉的过程，今日对此作道德的框正，尚可说"亡羊补牢，犹未为晚"，那么，我们的社会主义市场经济则是自觉选择的结果，它不应当也不允许走西方的弯路。社会主义市场经济应当有它的道德立足点。现在的问题在于，如何根据市场经济自身的规律，结合社会主义道德的一般要求，为社会主义市场经济找到道德的立足之地。

一、社会主义市场经济的基本特征

    市场经济不属社会制度范畴，而是一种资源配置方式，市场经济的本质及其运行规则不会因社会制度的不同而发生根本改变。但是，这不等于说，市场经济的运行机制及其社会效应在任何社会制度和历史条件下都是一样的。迄今为止，市场经济总是与各国所特有的历史条件和社会基本制度联系在一起，因而不能不具有各自的特点，如美国的"自由主义市场经济"模式，德国的"社会市场经济"模式，日本的"社团市场经济"等。

我们所建立的社会主义市场经济，是社会主义条件下的市场经济，它具有市场经济的共性，但又是和社会主义基本制度结合在一起运行的，因而也必然会形成一些自身的特点。

社会主义的基本制度，从经济上说，是以公有制为主体，从政治上说是以共产党为领导，这两者又都以实现共同富裕为社会目标。社会主义市场经济的特点也集中体现于这些方面。

首先，社会主义市场经济是在以公有制为主体的，包括私人经济在内的多种经济成分共同发展的条件下运行的。目前我国公有制经济的形式是多种多样的，如国有制、集体所有制以及不同公有制形式共同出资的股份制等。今后我们将继续探索适应我国国情的、与市场经济兼容的公有经济形式和结构。以往的国有制形式，与市场经济尚不完全适应，经过改革，在理顺国家与企业的关系和转换国有企业经营机制后，我国以公有制为主体的混合所有制结构，特别是国有及由国家控股的大中型骨干企业，将会具有更强的活力和更高的效益，在保证国民经济的合理布局、节约资源和市场有序运行方面，将会发挥出特有的优势。这是与在以私有制为主体的条件下的市场经济不同的特点之一。

其次，当今世界取得成功的各种不同类型的市场经济，一般都不是完全自由放任的自由市场经济。在现代市场经济中，政府宏观调控的职能在逐渐加强，即使在资本主义社会里，政府也必须承担这一职能。但是在社会主义国家里，政府的人民性和权力较易集中，政府与人民群众在根本利益上的一致性，以及强大的思想政治工作等政治优势，都使得国家宏观调控职能比在资本主义条件下发挥得更加有力。政府将通过经济社会政策、经济法规、计划指导和必要的行政管理，创造一个稳定的、安全的和公正的社会环境，以确保市场经济的有序运行，这也是社会主义市场经济不同于资本主义市场经济的特点之一。

再次，社会主义市场经济要实现共同富裕的社会主义原则。资本主义市场经济以私有制为基础，财产的私人所有必然导致私人资本的无限扩张和收入的两极分化。社会主义市场经济有利于鼓励先进、促进效率、展开合理竞争，同时又不会导致两极分化。这是因为：（1）以公有制为主体，会使私人资本的膨胀受到制度的制约，凭借私人资本参与分配会被限制在一定的范围内；（2）经济技术的发展。劳动力市场的成熟和劳动力的自由流动有助于贯彻按劳分配原则，减小不同地区和不同企业间的非劳动因素而造成的个人收入差异；（3）个人天赋和劳动能力的差异毕竟是有限的。

最后，也是最重要的一点，即政权性质是社会主义，为保证社会公正，协调地区发展，消除贫困现象，政府会通过自己的调节机制和社会政策，防止收入差距的过分扩大，最终实现共同富裕。邓小平同志多次指出："正因为社会主义的原则是最终要达到共同致富，所以我们的另一个原则是我们的政策不至于导致两极分化，就是说，不会导致富的越富，贫的越贫"。总之，社会主义市场经济允许合理的收入差距但又避免两极分化而最终将实现共同富裕。这样的分配原则和经济目标，也是与资本主义市场经济最重要的不同之处。以上仅是社会主义市场经济在经济方面具有的一些特点和优势，若从更深层、更广阔的社会背景来看，社会主义制度与市场经济的结合，无疑会对社会主义社会的未来发展带来更加深刻的影响，社会主义制度对市场经济本质的双重社会效应，也具有资本主义制度所不可比拟的优越性。

我们可以说，社会主义市场经济是社会主义制度的优越性和市场经济活力的有机结合，这种结合将对人类现实历史的进程和人的全面发展产生深远而积极的作用。

二、社会主义市场经济道德建设的基本方法

社会主义市场经济是一种全新的事物，我们的市场经济刚刚起步，对市场经济中的道德问题我们尚无充足的经验，这就需要我们边实践边探讨边选择。目前，我国理论界对社会主义道德与社会主义市场经济的联系与整合有许多不同意见，从方法论上讲，大体上有两种倾向：一种方法倾向于"外灌"，另一种方法倾向于"内引"。

所谓"外灌"，就是将一种既成的伦理学理论和道德原则应用于市场经济领域，以此来解释和引导人们的市场行为，把市场经济的发展，导向既定的社会伦理目标。这种方法的主导倾向在于强调市场关系和市场行为与一般社会关系和社会行为的联系性和共同性，进而维护社会道德原则的普遍性和绝对性。不过，这种方法很容易导致对市场经济特点的忽视，进

而无形中把人的市场关系和市场行为等同于普通人际关系和一般社会行为，而置某一道德价值于绝对优先的地位，并在此前提下对人的市场行为进行评价和修正，其结果便可能产生两方面的偏向：其一，使道德观念及相应的规则流于隔靴搔痒式的泛泛而谈，道德和市场经济活动仍旧互不沾边，各自独立，这也是造成我们现在的伦理学与经济学相互脱节，各行其是的根本原因之一；其二，这种方法往往会导致道德支配经济和道德管理经济的结果，并使我们再次走上以往曾经走过的伦理绝对优位的老路。倘若某一道德规范原本便是由市场经济引发而来，那么这种方式自然有其积极和合理的意义，然而，在我们目前所处的由于向市场经济过渡而产生的道德观念的分化、组合和创新的形势下许多道德观念原本就必须面对市场经济的淘练，若不加分析地把原有道德规范现成地拿来规范市场经济，这就可能出现如 W. 柏普克所说的"由于对经济毫无所知的伦理主义"，而对经济提出无法满足的要求。

所谓"内引"，就是从市场经济本身的特点出发，去论证道德和道德规范的生成，直接从市场经济的内涵和运作中导引出道德价值。按市场经济的活动规律，提出对人们的道德要求。这种方法的主导倾向在于强调市场经济活动的特殊性，主张从人们的生产和交换中汲取道德观念，注重道德理论的实践基础，维护市场经济的规律及终极目的的道德合理性与正当性。不过，这种方法将面临理论和实践两个方面的难题：其一，从市场经济中能不能引申出社会主义的道德原则和要求，或者说市场经济能不能自发地产生社会主义道德。列宁曾明言，从无产阶级中不能自发地产生社会主义思想，社会主义思想要以灌输的方式传授给无产阶级。那么，从市场经济的经济人的行列中就可以引申出社会主义的道德观念和要求吗？显然不能。市场经济对人的要求暗含着一个经济人的预设，经济人的存在是市场经济运行的前提。所谓经济人，又称理性人，即在经济活动中，人们是受理性支配的，这里所谓人的理性，简单地说是指每个人都能够通过成本—收益或趋利避害原则来对其所面临的一切机会和目标及实现目标的手段进行优化选择。经济人理论告诉我们，对自身利益的追求和满足是人们从事各种活动的最深沉的动力，每个人才是其利益的最后判断者。即使亚当·斯密也不认为这种经济人的行为是一种美德，凯恩斯甚至认为市场经济的动力是恶而不是美，因为在这里，恶实用，美不实用。社会主义市场经济当然也不可否定经济人的预设，没有经济人的市场经济是不可想象的。问题在于如何在社会主义道德与经济人行为之间求得一致，显然，单从市场经济本身而论，这一点是无法实现的。其二，就像"外灌"法可能导致道德泛化一样，"内引"法也可能导致经济的泛化，即把经济标准作为评价一切事物的标准。正如 E. A. 舒马赫在《小的是美好的》所指出的那样："说经济学家决定着我们的未来，这是夸大其词；但说他们的影响，或者总的说经济学的影响很深远，这大概是没有疑问的。经济学对现代世界活动的形成起着主要作用，因为它提出了什么是'经济'，什么是'不经济'的标准，任何其他标准对个人与团体的行动以及对政府的行动的影响都不能超过这一套标准。在市场中"买者或卖者除了对自己负责外，对任何事都不负责。富有的卖者由于买者而削价供应，那是'不经济'的；富有的买者如果只是因为卖者贫穷而付超额的价格，也是'不经济'的。同样，如果进口货物比较便宜，而买者宁愿购买国产货物，那也是'不经济的'。他对国家的国际收支不负责任、也不要求他负责任"。其结果便是"由于实用理由，在市场中抹杀了无数对于社会来说极其重要的质的特征，不让它们显现出来。于是量的王国就可以庆祝自己在'市场'上的最大胜利。对每件东西都需要求得与任一件其他东西的等值。求等值就是给它们逐一标上价格，使它可以互相交换。经济思想以市场为基础、达到了从生活中抽出神圣性的程度，因为议价的东西不存在任何神圣内容。因此，毫不奇怪，如果经济思想充斥整个社会，即使单纯的非经济价值，如美、健康、清洁等，都只能在证明是'经济的'情况下才能存在下去"。"更严重的和对文明起破坏作用的是妄认为每件东西都有价格，也就是妄认为金钱是一切价值中最高的"。舒马赫在这里描述的是西方泛经济化的景象，但对我们是个很深刻的警示。我们社会近些年的拜金主义、享乐主义的泛滥，与市场经济自身的泛经济化倾向有直接的关系。就我们缺乏经济意识的传统而言，强调按经济规律办事，讲究经济效益，无疑是一个历史的巨大进步。但如果对经济泛化的倾向不加限制，则可能对我们社会的道德乃至于整个社会文明构成致命的威胁。

　　从上述分析中我们可以看出，无论是"外灌"法还是"内引"法，任何单项的选择都可能导致理论上的片面性和实践上的偏向，较科学的方法应当是两者的结合，这是社会主义市场经济建设的内在要求，也是社会主义道德建设的内在要求。

一方面，我们的社会主义道德，是在长期的社会主义革命和计划经济条件下产生和发展起来的，它过去对我们的社会主义革命和建设起过巨大的推动作用，它的基本原理和原则在人类道德史上所具有的进步意义和崇高性是不可否认的。但是随着社会主义市场经济体制的确立和社会的转型，其原有的一些道德观念和道德规范，便失却了现实的实践基础，必须面对市场经济的淘练，进行观念更新和规范再造，否则将会成为市场经济建设和社会进步的阻力。在这种形势下，社会主义道德欲求得生存发展，就必须根据社会主义市场经济的要求除旧布新，在坚持社会主义道德的基本原则和原理的前提下建立与市场经济相适应的新观念、新规范，从这个角度来讲，社会主义道德建设要适应社会主义市场经济建设，社会主义道德的新内容、新生力，要从人们的市场经济实践中来"内引"。

另一方面，市场经济作为我们深层的理性选择，其价值对于中华民族和社会主义的发展是不言自明的。但事物往往是一体两面，其长处同时就蕴含着短处。市场经济机制的基本特征是：追求利润的价值目标指向，现实利益主体地位的确立、利益主体间的利益竞争，它一方面彻底打碎了封建宗法等级制的罗网，调动了人们的积极性，解放了人们的思想，促进了社会生产力的发展，使社会确立起主体意识、竞争意识、效率意识、务实精神的主导地位。另一方面，又使令人普遍担忧的拜金主义、享乐主义、感官主义、利己主义盛行。对利润的膜拜导致唯利是图，对竞争法则的服从导致竞争的不择手段，对科技与管理技术的崇尚导致畸形的经济社会与经济人，脉脉温情的人际关系为赤裸裸的金钱关系所取代，伦理准则让位于金钱法则，等等。如果对市场经济只认识其积极的一面，而忽视其消极的一面，甚至听之任之，其结果就不单是社会道德的败坏，市场经济本身也会陷入混乱和危机。这一点就是资产阶级经济学家和伦理学家也看得十分清楚，他们也希望或曾努力往市场经济中灌输进他们所追求的美德和高尚，建立起和谐的社会伦理秩序。市场经济犹如大海行舟，它需要人类道德理性的航标，但这个航标本身并不是市场经济自立的，而只能从人的发展和社会全面进步的历史哲学和社会哲学中来寻找，即在人类历史发展的基本规律和价值目标中为市场经济的发展开辟航道。从这个角度来讲，市场经济需要道德的外灌，市场机制和规则需要道德的提升，市场经济的道德走向应当与其他领域的道德走向相一致，市场经济活动中也应当贯穿人类道德活动的普遍原则。

马克思、恩格斯在谈到唯物史观与唯心史观的不同时曾经指出，唯物史观不是在每个时代中寻找某种范畴，而是始终站在现实历史的基础上，不是从观念出发来解释实践，而是从物质实践出发来解释观念的东西。这是我们认识当前道德问题的最根本的方法。社会主义市场经济是社会主义制度优越性和市场经济活力的有机结合，这种结合点，在原有的社会主义道德观念和资本主义市场经济的一般理论中是无法找到的。"内引"也好，"外灌"也好，都必须立足和统一于我们当前社会主义市场经济建设这场伟大的物质实践，从社会主义市场经济的主体活动及相应的伦理关系中寻找社会主义市场经济的道德立足点。

三、社会主义市场经济的道德价值导向

过去我们在道德领域一直提倡集体主义原则。实行市场经济体制以来，许多人开始对这一原则提出怀疑或否定，认为集体主义是计划经济的产物，在市场经济条件下，集体主义已丧失了它的经济基础，因此应当重新确立与之完全不同的道德价值观念，如个人主义、功利主义或者互利主义等。

我们认为，一个社会应当确立什么样的道德价值观念，关键在于它所据于生存的社会经济关系，因为道德归根到底是人们经济关系或利益关系的反映。过去我们实行的是单一的公有制经济，因此，人们对集体主义比较容易接受。现在我们允许多种经济成分并存，因此社会上出现与集体主义价值观念不同的多种价值观念，这也是正常的、有其现实的基础。这些不同的价值观念正是多种利益主体为维护自身的利益而形成的，是社会生活多层次化的反映。但是问题在于，我国现存的多种经济成分中，有一个为主导的公有制经济，那么，在与之相适应的多种道德价值观念中，是否应当确立一个为主导的道德价值观念？或者说，在多种道德观并存的状态

下，社会或国家是否应当有一个基本的道德价值导向？如果不否认这一点，那么，这个主导的道德价值观念就只能是集体主义而不能是其他的主义，以公有制为主体的社会主义经济制度在道德上的本质要求即集体主义。由市场经济体制代替计划经济体制，并不意味着社会主义制度的变更，因此也不能放弃集体主义的基本价值导向。尽管在市场经济发展过程，集体主义面临着许多新矛盾、新问题，但市场经济与集体主义并不是对立的关系，它们之间存在着相当的一致性。

社会主义的本质决定着发展市场经济的根本目的是为了解放和发展生产力，不断满足人民群众日益增长的物质和文化需要，为广大人民谋利益，这是"革命的功利主义"。我们鼓励一部分人先富起来，目的在于先富带后富，最终实现共同富裕。集体主义就体现了社会主义的这种理想和实践。集体主义强调集体利益的至上性，同时也肯定个人利益的正当性，而且它本身也包含着我们每个人的利益。因此是集体利益和个人利益的统一。集体主义并不否认人们经济行为的自利性，但它反对经济活动中的损人利己，损公肥私，这同市场经济的运行机制和基本规则完全一致。集体主义与市场经济中的互利原则也有相通之处。在经济领域中，互利主义是以交换双方预期自己的利益不受损失并得到扩大为前提的，自利原则也往往是在互利中实现的。在道德领域，集体主义则要求既肯定自己的利益，也要尊重他人利益，而不是自私自利。市场经济活动中，生产、交换、流通、分配等活动，都不是孤立进行的，都涉及他人、集体和国家的利益，集体主义就是要从价值观、道德观的角度调节个人与他人、个人与集体、个人与国家的利益关系，规范人们的行为。因此，集体主义与市场经济中的功利原则、自利原则、互利原则等并不矛盾。拿这些原则反对集体主义是没有道理的，相反这些原则如果没有集体主义的主导作用，反而会对自身的实现和市场经济秩序的正常运转带来相反的效应。因此，在建设社会主义市场经济的过程中，旗帜鲜明地坚持集体主义，应当是拥护改革开放、投身于市场经济建设中的人的自觉意识和行为。

当然，我们在提倡和宣传集体主义的过程中，也必须摒弃过去对集体主义的"左"的一套的理解和认识，给集体主义以科学的发展和完善。

其一，强调集体利益的至上性，但必须通过法规、体制、决策等手段，确保集体和集体利益的真实性和合理性，使集体真正成为所有成员利益的共同体，使集体利益的实现建立在科学、民主、平等、有效的基础之上，使所有成员或大多数成员能够通过集体利益的发展得到或体会到切实的益处，从而在根本上维护人们坚持集体主义的积极性。假、大、空、穷式的"集体主义"与社会主义本质上是不相容的，在社会主义市场经济条件下，这种"集体主义"没有市场。

其二，强调集体利益和个人利益的统一，必须同平均主义、"大锅饭"划清界限。我们实行以公有制为主导、其他经济成分长期共同发展，以按劳分配为主导、其他分配方式为补充，在市场经济中鼓励竞争、提倡一部分地区一部分人先富起来，这也就必须肯定由此而来的人们在获得物质利益方面的适当合理的差距，否定合理拉开收入差距、搞平均主义，只能阻碍、压抑生产力的发展，也不符合社会主义的集体主义。我们所强调的集体利益和个人利益的统一，应当是相互依存、共同发展上的统一，而不是平调和划一式的统一。

其三，要重视发挥个人的作用和积极性，使个人的价值、才能、利益和幸福得到应有或充分的实现。要在道德上鼓励和肯定个人通过诚实劳动、合法经营发家致富。市场经济作为自主性经济，在社会主义条件下，必然为进一步落实和发挥人民群众的主体作用开辟广阔的天地。人民群众不仅可以通过国家这一主体形式来维护和实现自己的价值和利益，而且可以在微观领域依其责、权、利的统一而成为独立自主的利益主体，在市场中直接从事自主经营、自负盈亏、自我发展的价值创造和利益实现活动。由于市场经济竞争机制的作用，各个市场主体必然自觉地、最大限度地释放智慧和能量，以最小的代价去追求最大的效益，从而最大限度地实现自身的价值和利益，极大地推动社会生产力的解放和发展。这是我们过去在理解集体主义时所难以认识的，也是我们今天在提倡集体主义时所应当重视的。

其四，要提倡顾全大局和奉献牺牲精神，继承和发扬传统优良品德。不能把市场经济条件下的行为原则同人类历史上出现的优良品德对立起来。当个人利益与国家、集体利益发生矛盾时，要坚持个人利益服从国家、集体利益。为了国家和集体的利益，为了人民大众的利益，必要时牺牲个人利益，这种崇高道德必须大力提倡和表彰。同时要通过合理的体制和法规、科学和民主的决策，尽量缓解和减少集体利益和个人利益的矛盾冲突，使个人为集体利益做出的牺牲限制在必要的和最小的范围之内，防止不必要的和无为的牺牲。

其五，要增加集体主义的包容性。在坚持集体主义价值导向的同时，要正确看待现实生活中道德价值取向的多层次性。在市场经济条件下，有些价值观是随市场经济活动而自发产生的，如功利主义价值观、互利主义价值观、合理利己主义价值观等，这些价值观在一定的范围内，在特定的经济主体身上仍具有现实的积极作用，不能简单否定。有些人虽然不理解、不接受集体主义价值观，但只要其言行不违反法律和现行政策，应予以宽容地对待，要加强宣传教育，使这些人的行为不违背社会的利益。当然，对一些腐朽的、有害的道德价值观，也必须采取有力的措施，给予有力的批判，如享乐主义、拜金主义、极端个人主义等，要防止其蔓延，毒化社会风气。

除此之外，社会主义集体主义价值观，还应面对社会主义市场经济的要求，建立一个全方位的价值导向体系，如：既要强调市场行为的自主、自立、自强，又要把责权利相统一；既要增强效益、实效观念，又不能导致功利主义和实用主义；既要增强实惠观念和物的价值观念，又不能忽视精神价值和人文价值；既要增强竞争观念，又要提倡人与人之间的和谐与友爱；既要增强效率观念，又不能忽视和否定社会公平；既要增强行为的目的意识，又要讲究手段的合理性，等等。只有这样，才能形成一个有效的社会道德调节机制，使我们的市场经济走向规范化、有序化，通过社会生产力的高速发展，实现国家、集体个人利益的新发展和新统一。

如果说西方市场经济条件下的伦理道德是个人主义为基本价值导向的，那么，社会主义市场经济条件下的伦理道德，则必须以集体主义为基本的价值导向，这是社会主义市场经济发展的现实的、客观的要求，集体主义价值导向与市场机制的有机结合，应当成为社会主义市场经济条件下伦理道德建设的生长点和立足点。

四、社会主义市场经济道德规范体系的建立

欲求社会主义市场经济良好的伦理秩序，在确立正确的价值导向之

后，必须建立相应的道德规范体系。秩序是人的关系和行为规范化的结果，没有规范，亦无所谓秩序。这是社会主义市场经济道德建设中最基本、最一般的任务，也是最重要、最艰巨的任务。

所谓市场道德规范，是指市场运作过程中调节各市场主体间的利益关系、区别其行为善恶的基本行为准则。或者说是在市场运行过程中对市场主体经济行为的道德要求。

从经济学讲，市场运行除了发展和完善市场体系和市场机制外，还必须构建市场规则，来引导和规范市场过程和人们的市场行为，否则，市场便无法运作。所谓市场规则，从最一般的意义上讲，就是国家凭借政权力量，按照市场运行机制的客观要求，所制定的市场活动主体都必须遵守的制度，是以法律、法规、契约、公约等形式规定下来的市场运行的准则，是把各市场主体的经济行为合理化、有序化、契约化的规章制度。市场规则的根本作用在于使市场秩序规范化、制度化、法律化。所谓规范化，就是指对市场主体在经济关系、经济行为和市场伦理方面有明文规定的标准；所谓制度化，就是指市场主体必须共同遵守一定的办事规程或行为准则；所谓法律化，就是国家通过立法或政策用强制力约束市场主体必须按市场规律行事，违者给予制裁。它具有强制性、严肃性、统一性等特点。

市场规则发挥作用的过程主要表现在两个方面。一是通过对市场主体是否有参加市场活动的资格的判断来规范市场运行过程。也就是说，禁止那些会给市场运行过程带来紊乱因素的市场主体进入市场运行过程，把市场紊乱因素阻挡于市场通行过程之外。二是通过确定进入市场通行过程的各市场主体的行为及协调它们之间关系来规范市场运行过程。也就是说，市场规则对于市场主体的行为都作了具体规定，以防止某些市场主体在追求自身利益的过程中损害他人利益，并对于市场主体之间的利益矛盾都规定了协调办法，以求得市场的公平与效率。

从上述分析中我们不难看出，市场规则的许多方面都具有经济伦理的性质，许多市场规则的内容必然要有伦理道德的规定，或者说，市场规则中必然要有一部分市场道德准则。这是调节市场运行过程中人们利益关系的必然要求。市场道德规范的建立是建立和完善市场规则体系的一个重要方面，一项重要内容。

但严格地讲，市场道德规范和一般的市场规则，还是有所不同的，它们既有联系又有区别，这主要表现在以下几个方面。

第一，作为国家用政权力量以法律、法规、制度、公约等形式规定的市场规则，可以不断完善，但不可能面面俱到，也就是说，不可能对人们所有的市场行为都作出强制性的规定，而必然会有一些市场行为游离于市场规则的规范和监督之外，市场规则对这种行为不具约束力，由此而显示出市场规则调节范围的局限性。但市场道德规范可以超越和弥补这种局限性，市场道德可以在更大的范围内发挥其作用，从而起到市场规则在其范围之外所不能产生的影响和作用。广义的市场规则体系应当包括市场道德规范体系，但我们一般说的市场规则，和市场道德规范则是一种交叉关系。

第二，市场规则凭借的是政权力量，具有强制性，其规范市场主体行为、调节市场关系的效力是毋庸置疑的。但它必须有相应的执行机构和监督机制，在机构不健全、工作不到位及缺乏监督、监督机制不健全的情况下，市场规则的作用就会大大降低，甚至没有作用。而市场道德规范对市场主体行为的规范，除了被法律化的内容外，主要是靠人们的内心信念、社会舆论和生活习惯，它可以在没有市场工作人员的情况下，对市场主体的行为进行自我规范、自我监督，或者市场主体间的互相监督。市场规则在未变成市场主体的自觉意识、内心信念之前，仅是一种外在的他律。而市场道德则是市场主体建立在对市场规则自觉认识基础上的内在的自律，具有道德意识的人可以在任何场合下规范自己的行为，而道德意识缺乏的人则可能在任何可能的场合下放弃对自己的规范和约束。这也可以说明，市场规则作用的有限性。例如，市场规则的主要要求是等价交换、公平竞争，有的生产经营者在有监督的情况下可以按市场规则办事，但一旦监督疏漏或监督不力，就会漫天要价，缺斤短两，坑害消费者，或用各种不正当的手段搞垮竞争对手，保住自己的市场地位。而具有市场道德的生产经营者则会始终坚持等价交换、公平竞争的原则，以自己的优质产品，优质服务赢得消费者，在竞争中以强化自身来占领市场。在市场经济初始阶段，在市场机制和市场规则不健全的情况下，这种现象尤为明显。

第三，市场规则对市场运行过程的引导和规范，立足点在防范和惩治有可能导致市场紊乱的因素和行为，通过将紊乱的因素阻挡在市场之外来达到市场正常运行的目的。因此，它首先要确定哪些人不能进入市场，进入市场的主体不应当做什么、不应当怎样做。而市场道德规范对市场主体行为的引导和规范，则立足于自觉和自律，它主要为人们指出应当做什么，应当怎样做。在市场规则中，具有"应当"内容的往往就是市场道德规范的内容，只不过是被法律化、制度化的市场道德规范。但在实际市场活动中仍有许多道德规范没有法律化、制度化或不可能法律化、制度化，这就需要通过市场道德规范体系的建立来确立。

第四，市场规则在于保证市场有效地运行，因此，它的许多内容是技术性、格式化、程序化的，具有可操作性。可操作性是市场规则的一大特点。即使对一些复杂的、深层次的问题，它也必须通过技术性处理，使之具有可操作性。这种可操作性对于提高市场效率，简化办事过程，及时解决问题，加强管理的统一性，无疑具有重要的作用。但这也突出了它简单化、表层化的一面，对有些复杂的、深层次的问题很难做到根本的解决，因而可能导致问题的反复、激化。市场道德规范虽然也应当具有可操作性，但它主要侧重于非技术性的内容，通过对市场主体精神境界的提高促使其自觉地遵守市场规则，维护市场秩序。它的目的在造就高境界、高品位、高标准、严要求的市场主体和市场环境，具有一定的超前性、理想性和示范性。一个满足市场规则最低要求的个人或法人，就可以进入市场运行过程，成为市场主体，但只有同时符合市场道德规范要求的个人或法人才能称得上合格的健全的市场主体。这样的市场主体也才能称得上合格的社会公民或社会组织。

因此，无论从哪方面讲，市场道德规范都具有一般市场规则不可替代的作用和功能，市场规则体系的建立应当包括市场道德规范体系的建立。

市场道德规范体系的建立，应当坚持两个最基本的原则：

一是与市场内在规律、市场运行过程及一般市场规则相一致的原则。即市场道德规则不能违背市场发展的基本规律，不能有碍市场正常的运行过程，不能同一般的市场规则相抵触。

二是与社会的基本价值取向、基本道德规范和实际道德水平相一致。市场活动有其特殊性，但作为人们社会生活的一个组成部分，又与一般的社会活动有许多共同性，因此，市场活动不可能也不应当脱离社会基本价值导向和基本道德规范的指导和约束，市场道德规范体系应当体现和贯彻社会基本价值导向和一般道德规范的要求。同时，市场道德规范还必须顾及人们的实际道德水平，结合我国市场经济建设的实际，符合我国的历史文化传统。

由于我国正处在社会主义市场经济的初始阶段，市场体系尚不健全、市场机制尚不完善。因此，在目前情况下，建立起一个完整的市场规则体系和市场道德规范体系还比较困难，时机尚不成熟，但我们可以边实践边探索，在实践中不断创造和完善市场规则体系和市场道德规范体系，使之与整个市场经济的发展相适应。

目前，我国市场规则建设中存在的主要问题是：（1）科学性不够，有些规则实际上同市场内在要求相违背，随意性比较大；（2）缺乏系统性，有些规则之间相互矛盾，不同方面、不同环节的规则不相协调；（3）公平性较差，有些市场主体可以凭借非市场力量获得优惠，从而破坏了市场规则的公平性原则；（4）严肃性欠缺，有规不依、违规乱行的现象严重，往往造成市场运行的阻滞和紊乱；（5）缺乏统一性，市场规则的地域性问题比较严重，往往是一个地区一个规则，使得地区之间形成了严重的市场壁垒和行政性垄断分割，使市场运行效益低，作用难以发挥。这些问题也可能反映在市场道德规范的建设中，同时有些问题也说明了以市场道德规范建设弥补市场规则不足的必要性和紧迫性。

市场道德规范体系的建立，实质上是一个市场道德规范系统化、网络化的过程，即只要是有市场的地方都要建立相应的道德规范，无论是有形市场还是无形市场；各种市场道德规范应当形成有机的联系，形成一种整体协同的机制。整个市场道德规范系统是社会道德规范系统的一个子系统，也是整个市场规则系统的一个子系统，同时它还可以建立自己的子系统。

由于实际的市场体系和市场运行过程是非常复杂的，各个市场主体的具体情况也千差万别，因此，一个完整的市场道德规范体系从结构到内容可能形成一个庞大的系统。但这并不是说市场道德规范无主次之分。市场道德规范的复杂内容中有主要的构成部分，这些部分是复杂的市场道德规范的主干和支撑点，整个规范都是依据这些主要构成部分而展开的。因此，研究市场道德规范，主要是分析这些主要的构成部分，从市场管理和市场调节的不同角度、不同方面，提出基本的指导原则和基础性规范。

具体地讲，可以有以下几个方面：

（1）市场道德的基本原则。可以根据市场活动的一般规律，提出对各种市场、各种市场主体行为、市场运行的各个过程和各种市场道德规范，具有普遍指导的总原则、总规范。如守法经营、平等竞争、公平交易、互利互惠等。

（2）市场运行过程的道德规范。即根据市场运行程序，在各阶段提出相应的道德规范。如市场进出规范、市场竞争规范、市场交易规范等。

（3）行业市场道德规范。即根据不同行业的行业特征制定相应的市场道德规范，如电力系统行业道德规范、邮电系统行业道德规范等。

（4）不同类别市场的道德规范。即根据市场的类别建立相应的道德规范。如商品市场道德规范，金融市场道德规范，劳动力市场道德规范，信息市场道德规范，期货市场道德规范，房地产市场道德规范，等等。

（5）市场主体道德规范。即根据不同的市场主体的市场行为，建立相应的道德规范，如个体经营者道德规范、企业市场行为道德规范、政府市场行为道德规范等。

上述各类市场道德规范，在实际市场活动中是相互交叉、相互包含的，即每一类规范同时渗透于其他类规范，任何一类规范同时包含着其他类规范，由此而形成一个系统网络，辐射到市场活动的各个方面。

知易行难。市场道德规范体系的建立，从根本上讲，不是一个理论问题，而是一个实践问题，它需要全社会的共同努力，有赖于所有市场参与者的具体实践，而且要有一个不断发展、逐步完善的过程。在某种意义上我们可以这样说，所有市场参与者对市场道德规范的践行之日，就是市场道德规范体系的建立之时；市场道德规范体系的建立之时，就是我国市场经济的繁荣昌盛之际。

（本文为本人博士论文《市场伦理与道德理性》的一部分，写作于 1996 年）

资产评估行业职业特点与职业道德建设

　　资产评估行业是智力密集型高端服务行业，"人"是决定行业发展水平的最根本因素，而职业道德与职业能力又是衡量"人"即资产评估师的最核心要素。在资产评估实践过程中，资产评估师的职业道德与职业能力共同决定着评估的质量和水平。职业能力体现着资产评估师从事资产评估业务应当具备的专业能力，而职业道德则是资产评估师从事资产评估业务应当具备的职业道德品质。就评估师而言，在其职业能力既定的情况下，其职业道德会直接影响评估的目的、过程和结果，进而对评估的质量和效果产生决定性影响。因此，在资产评估行业的建设和发展过程中，加强评估师队伍的职业道德建设尤为重要。

一、资产评估行业的主要职业特点

　　一个行业的职业特点，决定了从事这个行业的基本职业道德要求，资产评估行业也是如此。在实践过程中，"资产"是标的、是对象，对"资产"的"评"和"估"是过程、是方法。而对于资产评估来说，能否实现资产评估的目的，发挥评估的作用，形成合理的评估结果，重在"评"和"估"。而"评"的科不科学，"估"的合不合理，关键要看评估师和评估过程是否做到了"独立"、"客观"、"公正"，这是从事资产评估业务的三个重要原则，也是资产评估行业的三个基本职业特点。

（一）独立性

1. 评估作用的独立性

从宏观上来说，市场经济是以价值为中枢的现代经济，而资产评估正是为资本市场、资本运营、资产管理、价值管理来提供市场价值尺度的专业工具。其在实践中，通过价值发现和价值鉴证的专业功能，以独立的角度、维护社会公共利益的角度对资产价值发表专业意见。评估的作用不单是为了维护委托方或某个人的利益，而是要从独立第三方的角度，来揭示资产的真实价值，从而切实维护了各相关主体的经济利益，进而保证市场经济的公平交易。

2. 评估主体的独立性

就评估程序而言，评估机构或评估师只有接受有关方面的委托才会开展评估业务。但是，从立场上来说，评估主体即资产评估师开展资产评估业务，应该始终坚持第三方立场，要与各服务对象之间没有利害关系，要在关系上和在社会公众面前保持独立于委托人的身份，不受委托方和有关利益方的左右，这样才能形成客观公正的结果，才能保持评估的公信力，才能真正发挥评估的作用。

3. 评估过程的独立性

从微观上来说，资产评估的一般目的就是反映资产在评估时点的公允价值。资产评估中的公允价值是一种相对合理的评估价值，它是一种相对于当事人各方地位、资产状况及资产所面临市场条件的合理评估价值，既不能损害各当事人的合法权益，也不能损害他人的利益。评估过程不能受有关利益方的干扰和委托方意图的影响，不能预先设定评估结果，而应按照规定程序独立进行分析估算并形成专业意见。评估师要为评估过程和结果承担相应的经济和法律责任。

（二）客观性

1. 评估对象的客观性

资产评估的对象即资产，泛指被特定主体拥有或控制的，能为其带来未来经济利益的经济资源。不同的分类方式可以分为不同的资产类别，如单项资产与整体资产，有形资产与无形资产，不动产、动产与合法权利等。但不管哪种分类方式，资产的存在都是客观的，不以人的主观意志所转移的。因此，评估对象最终所表现出来的价值也应该是客观的，客观性是其根本属性。

2. 评估依据的客观性

评估依据的种类有很多，一般可划分为经济行为依据、法律法规依据、产权权属依据和取价依据等。在资产评估实践中，无论是股东会决议等经济行为依据，涉及资产评估的国家有关法律的法规依据，还是土地、房产等权属依据，以及有关询价资料和参数资料等取价依据，都应该是客观真实的，不是主观臆想或编造的。因此，评估依据具有客观性。

3. 评估准则的客观性

资产评估准则来源于客观实践，是资产评估理论和实践经验的高度浓缩，是评估技术和职业道德的基本规范，是指导资产评估实践的标准。在执行资产评估业务时，评估师都应当按照准则的要求执业。无论是国际评估准则还是中国评估准则，都是客观标准。因此，评估准则具有客观性。

（三）公正性

1. 评估程序的公正性

资产评估程序是执行资产评估业务所履行的系统性工作步骤，是规范资产评估执业行为，保证资产评估业务质量的重要保证。在实践中，资产评估全过程要按公允、法定的准则和规程进行，以公正的立场把主观评价与客观测算、静态分析与动态分析、定性分析与定量分析相结合，公正真实地反映资产现状。公允的评估程序是公正性的技术基础。

2. 评估方法的公正性

资产评估方法是资产评估师实现资产评估的技术手段，在资产评估中具有重要的地位和作用。资产评估方法选择的"恰当"与否将直接决定资产评估结果的合理与否。这就要求在资产评估实践中，要以公正的态度分析有关数据与资料，在充分考虑市场条件和实际情况的基础上，公正科学地选择适合的评估方法。

3. 评估结果的公正性

正如前文所述，资产评估在市场经济中发挥着重要的作用，资产评估结果直接影响后续的经济行为。其鉴证功能服务的是社会公共利益的需要，而不仅仅服务于委托方的需要。可以说，评估结果公正与否，对于防止国有资产流失、稳定资本市场交易秩序、防范金融风险等方面有着不同程度的影响。因此，评估师必须站在公正的立场，不屈服于任何外来的压力和任何一方的要求，公正地做出价值判断。

二、资产评估行业的职业道德要求

资产评估独立、客观、公正的职业特点决定了职业道德的要求。资产评估职业道德是体现资产评估行业职业特点的道德准则、道德情操与道德品质的行为规范总和。其既是资产评估行业职业特点的根本道德要求，又是评估行业和评估师对社会所应负的道德责任和义务。资产评估行业的职业道德要求有许多，如果从职业品德、职业纪律、职业能力、职业责任、职业文化五个方面来概括，可以总结为以下五个关键词或五个主要规范。

（一）诚信

"诚信"是所有资产评估行业从业人员在职业活动中都应遵守的基本行为准则和职业品德，是社会道德的重要组成部分，是社会道德在职业活动中的具体表现，是一种更为具体化、职业化、个性化的社会道德。市场经济愈发达信用愈重要，资产评估作为现代高端服务业的一个专业，它的独立、客观、公正，代表着信用经济、信用社会所需要的社会公信力。评估从业人员的诚实与守信决定了评估行业的作用和价值，决定着行业生存与发展，是资产评估行业职业道德中最重要的标准。建立"诚信"，要坚持做到以下几个方面：

1. 实事求是

就是要从实际出发开展评估业务，使评估计划、现场调查、收集评估资料、评定估算、评估结论符合实际情况，符合客观规律。要做到程序到位、过程完备、方法适合、结论客观。不能为利益相关方所左右，也不因个人好恶而取舍，更不能为谋取自己或小集团谋取私利而弄虚作假。用准则的语言来说，就是"资产评估师不得出具含有虚假、不实、有偏见或具有误导性的分析或结论的评估报告"。这是评估师执业的道德底线和法律红线。

2. 言行一致

就是要表里如一，光明正大，有一说一，不夸大，不缩小，不隐瞒，不歪曲，如实反映资产价值。执行业务要踏踏实实，不欺上瞒下，不弄虚作假。用准则的语言来说，就是"资产评估师执行资产评估业务，不得对委托方和相关当事方进行误导和欺诈"，"资产评估师应当如实声明其具有的专业胜任能力和执业经验，不得对其专业胜任能力和执业经验进行夸张、虚假和误导性宣传"。

3. 坚持原则

就是在执业过程中要始终坚持"独立、客观、公正"的原则，不为利益所诱，不为人情左右，不受利害关系影响，不受外界干扰，坚持按准则和程序执业。同时要保守商业秘密，保障商业秘密和国家秘密不被他人所获悉。用准则的语言来说，就是"资产评估师不得利用执业便利为自己或他人谋取不正当利益"，"资产评估师执行资产评估业务，应当独立进行分析、估算并形成专业意见，不受委托方或相关当事方的影响，不得以预先设定的价值作为评估结论"。

4. 维护信誉

在执业过程中应始终保持应有的谨慎态度，对委托方和社会公众尽职尽责，自觉维护职业信誉。不能一味追求经济利益，迎合委托方不正当要求，接受违背职业道德的附加条件，要形成"守信光荣、失信可耻"的执业氛围。用准则的语言来说，就是"资产评估师应当维护职业形象，不得从事与注册资产评估师身份不符或可能损害职业形象的活动"，"资产评估师不得向委托方或相关当事方索取约定服务费之外的不正当利益"。

（二）规矩

"不以规矩不成方圆"，国有国法、家有家规，资产评估行业同样如此。规矩是所有资产评估行业从业人员的基本行为规范和职业纪律。它既包括国家法律法规、行政规章，也包括行业准则、协会章程。它既是规矩，又是纪律。在执行资产评估业务时，只有守规矩，讲纪律，才能在发生道德冲突时，坚持原则，坚守正义，从而维护国家利益、社会公众利益和正常的经济秩序。

1. 要熟悉规矩，敬畏规矩

市场经济是法治经济，市场经济条件下的政府、企业、单位都是在法律法规的约束下进行经济活动的。评估人员不但要熟悉评估行业相关法律法规和执业准则，也要对经济行为相关的法律规范有所了解。要有对规矩的敬畏意识。只有熟悉规矩，敬畏规矩，才能自觉地按规矩办事，才能不违纪违法，才能保证资产评估的客观、公正。因此，熟悉规矩，敬畏规矩是做好资产评估工作的重要前提。

2. 要遵循规矩，执行规矩

讲规矩就是要按照规矩办事，要按照法律法规、执业准则执行评估业务。法律法规和执业准则是评估人员开展资产评估工作的外在标准和参照物。评估师在执行资产评估业务时，要意识到自己的行为影响着社会公众利益，要时刻告诫自己，执行业务要出于公心，要按评估准则执业，要遵守行规行纪。用准则的语言来说，就是"资产评估师执行资产评估业务，应当遵守相关法律、法规和资产评估准则"。

3. 要坚持规矩，维护规矩

市场经济是利益经济，资产评估是相关各方利益博弈的重要环节，评估师坚持规矩，遵守准则，是对法律负责，对国家和社会公众负责，也是对行业负责，对机构和自己负责。同时，守规矩的另一个含义是，评估行业所有人员要共同维护规矩，不能恶意破坏规矩，不能因为一个人而损害行业的健康发展。用准则的语言来说，就是"资产评估师不得以恶意降低服务费等不正当的手段与其他资产评估师争揽业务"。

（三）质量

"质量就是生命"，这企业管理领域里的金科玉律，同样也适用于资产评估行业。质量体现职业水平，是评估行业生存发展的最基本的要求。评估机构在发展中追求业务规模和收入规模固然重要，这是评估机构"做大"和吸引高素质人才的需要。但是，要永远视执业质量为生命线，这是评估机构"做优、做强"重要前提，也是评估师个人职业发展的重要前提。注重质量，既是行业管理要求，也是行业职业道德要求。

1. 要保持和提高专业胜任能力

资产评估行业是服务市场经济的高端专业服务行业，需要一定的专业水平和技术水平，不具备相应的专业知识就难以完成评估工作。评估师是执行资产评估业务的主体，评估执业质量的优劣，直接受到评估师专业胜任能力的影响。同时，随着市场经济不断发展，各种新兴市场、新业务、新的评估对象种类不断出现，也要求评估师要不断通过学习、培训和实践等途径，持续提高职业技能，以达到和维持足够的专业胜任能力。用准则的语言来说，就是"资产评估师应当经过专门教育和培训，具备相应的专业知识和经验，能够胜任所执行的评估业务"，"注册资产评估师应当接受后续教育，保持和提高专业胜任能力"。

2. 要建立和强化质量控制

评估机构和评估师的质量控制水平直接影响资产评估报告的质量。如果说质量是评估行业的生命线，那么，质量控制就是评估机构和评估师执业的命脉所在。评估执业质量控制不仅直接影响到评估师、评估机构的发展，也关系到整个行业的健康发展。完善和强化评估执业质量控制体系有着极其重要的现实意义，也应当是评估机构和评估师加强职业能力和职业道德建设的一个重要的着力点和出发点。用准则的语言来说，就是"评估机构应当结合自身规模、业务特征、业务领域等因素，建立质量控制体系，保证评估业务质量，防范执业风险"。

3. 要树立和提升服务意识

资产评估是服务行业，"服务"应当是所有从业人员最基本的职业意识。这就要求评估师在执业过程中要有强烈的服务意识和服务精神，要以高度负责的态度，诚心诚意地为客户着想，全心全意地为客户服务，兢兢业业、勤勉尽责、文明礼貌地开展业务，为客户提供优质、满意的服务，树立良好的社会形象。同时也要注意，提供优质满意的服务意识不是无原则地满足客户的要求，而是在坚持原则、坚守准则的基础上尽量满足委托方的正当需求。用准则的语言来说，就是"资产评估师应当诚实正直，勤勉尽责"。

（四）敬业

"敬业"是职业理想、是职业信念、是职业情怀、是职业态度，更是职业责任。就评估行业而言，"敬业"就是基于对资产评估社会作用的正确认识，而形成的对资产评估专业的热爱和追求，对从事资产评估工作具有的光荣感和责任感，愿意献身评估事业、为评估行业发展努力奋斗的信心和决心。

1. 爱岗敬业

"知之者不如好之者，好之者不如乐之者"。爱岗敬业是评估师的一种意识活动，是个人爱好在职业活动方式上的一种意志表达。就是要能够热爱本职工作、安心本职岗位，愿意为做好本职工作尽心尽力、尽职尽责，愿意在自己的岗位上承担相应的责任和义务。要以从事评估工作为"乐"，而不是"这山望着那山高"。要有不怕吃苦，不计较个人得失的思想境界，不能总是斤斤计较、患得患失。要能正确认识评估的特质和重要性，遵守职业规范，敬重职业精神。

2. 一丝不苟

资产评估是一项复杂而系统的工作，没有严肃认真、任劳任怨的工作态度和一丝不苟的工作作风，就可能出偏差。要把严肃认真、一丝不苟的职业作风贯穿于评估工作的始终，绝不能有任何麻痹思想和马虎的工作作风。用准则的语言来说，就是"资产评估师执行资产评估业务，应当形成能够支持评估结论的工作底稿，并按有关规定管理和保存工作档案"。

3. 忠于职守

一是要忠于行业的职守，正确认识并履行评估行业的社会责任，服务于国家，服务于社会，服务于改革开放，服务于社会主义市场经济建设。二是要忠于单位的职守，服务各行各业，服务各市场主体，服务于社会公众，服务于单位的经营和发展。三是要忠于个人的职守，服从工作需要，服从组织分工，充分履行自己的职责，认真做好每一件工作。

（五）合作

资产评估作为现代经济社会发展的智力密集型高端服务行业，人才的作用和地位更显突出。但是，从本质上讲，资产评估是一个人合的行业，合作是其执业过程的一种内在要求。俗话说得好，"一个篱笆三个桩，一个好汉三个帮"，是否具有良好的合作精神和能力，是做好资产评估业务的一个重要条件，也是从事资产评估行业一个十分重要的职业道德要求。

1. 凝聚共识

共识是合作的基础。从宏观上来说，广大评估师都有共同的职业知识、职业背景和职能理想，都应当自觉地把评估执业准则和职业道德要求作为共同的行为规范，把促进行业健康发展作为共同的追求。从微观上来说，在具体评估过程中，每个评估项目都要建立相应的团队，所有参与项目的人员都应以保证质量完成评估项目为共同目标，对评估中一些重大和关键问题交流意见和看法，形成共同的认识，制定相应的工作计划和方案，这是评估的基本程序，也是建立团队合作精神的重要基础。合作，首先是认识的一致，是意志的统一。

2. 团结协作

有了共识，还要做到团结协作。团结协作就是要在分工的基础上，建立协同配合的工作关系和机制，使大家心往一处想，劲往一处使，合力推动任务的完成和目标的实现。这既是一种工作方法，一种领导艺术，也是一种品格、一种境界、一种道德要求。评估师要充分认识团结协作的意义，把个人的才能展示和价值实现，同集体的力量和团队的目标结合起来，努力构建相互理解、相互尊重、互相信赖的合作气氛，形成相互配合、相互支持、相互补台的良好工作关系。用准则的语言来说，就是"资产评估师在执行资产评估业务过程中，应当与其他注册资产评估师保持良好的工作关系"，"资产评估师不得贬损或诋毁其他注册资产评估师"。

3. 互惠互利

资产评估是为市场经济服务的专业行业，其本身也要遵循市场规律。评估机构的生存和发展需要一定的物质基础，这是合作能够顺利进行的前提。要在机构内部建立良好的治理结构，要结合自身实际建立和完善股东及合伙人进退机制、激励约束机制、内部决策机制、利益分配机制，形成权责明确、有效制衡的组织架构，要做到个人利益、团体利益兼顾，机构利益、行业利益兼顾，经济利益、社会利益兼顾，实现员工、机构、行业、社会的和谐发展。

三、努力做一个职业道德合格的资产评估师

马克思主义伦理学认为，人的道德品质的善恶优劣都不是先天就有的，而是后天养成的。一个人在道德品质上的向善向恶的能力也不是先天就有的，而是在一定的社会关系和社会活动中形成的，如果没有自己的主观努力，要培养高尚的道德品质是不可能的。职业道德同样如此，良好的职业道德是每一个评估师都必须具备的基本品质，但是这种职业品质和职业道德，不会是先天具有的，也不会是自然形成的，而需要从业人员按照职业道德要求进行有意识、有目的的训练和培养，要有意识、有目的地在职业活动和职业关系学习、锻炼和提高。要把职业道德的养成，同自己的人生修养、专业学习和职业实践有机结合，形成严于修身，勤于学习，勇

于实践的良好习惯。

（一）严于修身

修身就是涵养德行，修持身性。中国传统道德文化中有"修身"、"齐家"、"治国"、"平天下"的优良传统，并且视"修身"为一切优良品质的基础和根本。培养职业道德同样要以修身为基础和起点，以修身进行自我分析、自我教育、自我调节，并将此运用于职业生活进而形成良好的职业道德品质。因此，修身是职业道德品质形成的重要途径，是培养职业道德的重要形式之一，是提高自我职业道德素养的必由之路。

1. 以德为先

修身，先修德。古人云："士有百行，以德为首。"德乃立身之本，对于评估行业来说，道德品行是衡量一个评估师是否合格的首要标准。修身立德关键是要经常反省反思，要严于解剖自己，善于认识自己，客观地看待自己，敢于正视和纠正自己的缺点和错误，勇于反对和抵制各种不良思想和行为，常思邪欲之害，常怀律己之心，真正成为一个道德高尚的人。

2. 以道为守

世间万物，皆有其道，"道"就是规律、规范、规矩。修身，目的在于守道，这里的"道"指的是社会规律、社会规范、人生准则。就评估职业道德而言，守道就是要尊重社会道德和法律法规，遵守行业的执业准则和道德规范。守道是一种自尊自爱、自立自强的人格体现。德国哲学家康德的墓志铭上刻着这样一句话："有两样东西，越是深入持久地思考，就越能唤起心灵的赞叹和敬畏，这就是我们头顶上的星空和心中的道德律令"。心中有敬畏是一个人守道的起点。心怀敬畏，做人就不会出格，做事就不会为所欲为，就会有底线。守道就是要坚守做人做事的底线，以规矩立言立行，凡事按制度和准则办。守道的最高境界是"慎独"，即：在没有外界监督的情况下，也能自觉遵守规则和规范，不做有损道德、有悖良心、有害他人和社会的事情。这就是道德上的"自由"。

3. 志存高远

"志之难也，不在胜人，在自胜"。修身，还要树立远大的理想，做一个有为之人，做一个有利于国家和社会之人。一个人有梦想、有追求、有奋斗，人生才会有意义。资产评估虽然是小众行业，但它服务的是国家和大众，因此，评估师要有家国情怀，要有大众意识。要认识到评估行业对国家和社会公共利益的影响，自觉地把自己的人生理想和国家、社会的理想结合起来，以做好本职工作为己任，为国家经济社会发展尽职尽力，多做贡献。我们正处在一个伟大的时代，党的十八届五中全会提出的"十三五"时期发展目标和创新、协调、绿色、开放、共享发展理念，给评估行业带来了重大影响和发展机遇。广大评估师要始终牢记行业使命，献身行业发展，在评估实践中主动作为、奋发有为，充分发挥资产评估在服务市场经济中的积极作用，以实际行动创造无愧于时代的业绩，抒写无怨无悔的人生。

（二）勤于学习

学习，是通过阅读、听讲、思考、研究、实践等途径获得知识或技能的过程，是一种可以使个体得到知识和技能，情感与价值的改善和升华的行为方式。人们要形成正确的道德意识和道德行为也必须具有相应的道德知识和能力，因此，学习也是人们进行道德修养、提升道德品质的一个直接、有效的方法和途径。尤其是在资产评估这样一个专业服务行业，专业知识与专业技能往往与执业准则和行为规范融为一体，而学习正是获取职业道德知识、提升职业道德能力的最有效途径。

1. 热爱学习

要真正理解学习的本质和要义，而不是简单地将它当作谋生和晋升的手段。要充分认识学习对人生的意义和价值，将学习作为生命的一部分、贯彻于生命的全过程。要通过学习了解国家和社会，获取知识和技能，掌握人生道理，领悟人生真谛，把学习作为锤炼道德操守、提升思想境界的本能手段。一个职业道德合格的评估师，应该始终热爱学习，勤于学习，通过学习，将专业知识和职业道德默化于心、融化于行，自觉地做一个职业道德高尚的评估人。

2. 主动学习

"工欲善其事，必先利其器"，当今时代，知识增长、更新很快，新知识新事物层出不穷。面对这种情况，如果不主动加强学习，不加强知识武装，就可能跟不上形势的发展而落伍。资产评估行业是一个随着市场经济发展而不断发展的行业。市场上各种新领域、新业态、新需求不断增加，所需要的资产评估相应的新理论、新方法、新知识也不断增加。俗话说"温故而知新",现在既要"温故知新",又要"学新知新"。我们要强化主动学习,主动地接受新理念、新事物,主动地研究新问题、新业务,这样才能不断地扩大视野、增强才干,才能不断地与时俱进、保持活力,进而也才能更好地迎接挑战、走向未来。

3. 深入学习

"学而不思则罔,思而不学则殆"。资产评估在实践中,经常要面对复杂的情形,往往不是单一的知识和简单的方法可以解决,而需要储备知识的综合考量和深入分析。这就要求我们要不断对相关知识进行系统的、深入的学习,不能浅尝辄止、浮于表面,更不能一知半解、不懂装懂。要把学习与思考结合起来,以思考促学习,以学习促思考,拓宽知识的宽度,增加思想的厚度。爱因斯坦曾说,"学习知识要善于思考、思考、再思考,我就是靠这个方法成为科学家的"。这就是深入学习的要义与妙处。

4. 终身学习

学习重在学懂弄通,贵在持之以恒,因此需要一生的努力和追求。古人讲,"不积跬步,无以至千里;不积小流,无以成江海",事业发展没有止境,学习就没有止境,需要我们锲而不舍、持之以恒。我们要把学习作为一种需要、一种爱好、一种健康的生活方式,走到哪儿学到哪儿,活到老学到老,养成终身学习的理念和习惯。

(三) 勇于实践

"实践出真知"。人们的职业知识和能力是在实践中产生和发展的,同样,人们的职业道德修养和品质也只能在实践中形成和提升。实践是锻炼职业道德品质的唯一途径,也是检验职业道德水平的唯一标准。知道得再多,说的再好,如果不能在实际工作和生活中践行,就不能说一个人具有了相应的能力和品质,很可能造就的是一个道学家或伪善者。对于评估师讲,只有投身资产评估实践,才能真正成为优秀的评估师,只有在实践是经受了职业道德的考验,才能算是道德上合格的评估师。因此,要注重实践,勇于实践。

1. 在日常生活中实践

"勿以恶小而为之,勿以善小而不为"。职业道德活动的最大特点是自觉性和习惯性，而培养人的良好习惯的载体是日常生活。因此，要紧紧抓住这个载体，从小事做起，有意识培养自己的良好习惯，久而久之，习惯就会成为一种自然，即自觉的行为。在生活中要时刻提醒自己资产评估行业职业道德的基本要求，将之内化于心，外化于行。

2. 在执业活动中实践

评估师的职业活动主要是评估执业，这是检验评估师职业道德品质高低的试金石。要在执业过程中，自觉地运用职业道德标准来要求自己、规范自己，正确处理好各种工作关系和利益关系，要把学到的道德知识变成个人内心坚守的道德理想和道德信念，同时要把这种理想和信念转化为执业中的道德行为和道德习惯，忠实地履行自己的责任和义务，做到言行一致，知行统一。

3. 在改革创新中实践

我们现在正处在一个改革创新的伟大时代，如何对待改革创新，不仅是一个专业能力和态度问题，同时也是一个道德意识和品质问题。改革和创新，需要我们有高度的责任感和担当精神，需要我们具备相应的勇气和能力。要有为国家和行业发展献身的理想和信念，要敢于同各种陈旧习惯和保守势力作斗争，要敢于破除各种固化的利益藩篱，要经得住各种利益的诱惑和失败的考验。要积极投身评估行业的改革和创新，在工作中大胆探索，大胆实践，积极推动行业转型升级，在改革创新中锻炼自己的品质、意志和能力，在改革创新中提升自己的道德水平和人生境界，创造无愧于时代的人生业绩，谱写无愧于社会的人生篇章。

优秀资产评估师的成才之路

资产评估师是资产评估的执业主体，是资产评估行业的主力军。培养和造就一支优秀的资产评估师队伍，是资产评估行业生存和发展的重要基础，是资产评估行业服务国家经济社会发展的力量源泉，也是资产评估行业区别于其他职业的重要标志和特色所在。自我国资产评估行业形成以来，各级资产评估协会、广大资产评估机构，为资产评估队伍的建设和培养，做出了巨大的努力，收到了显著的成效。经过二十多年的努力，我们已经走出了一条适合中国市场经济建设的评估服务专业之路，创立了一套服务于中国经济社会的评估理论体系和执业规范标准，培养了一支讲道德、有能力的专业服务队伍，在推进国有企业改革、促进资源优化配置、规范市场经济秩序、维护国家和社会公共利益等方面发挥了重要作用。这个成绩来之不易，我们要充分肯定、加倍珍惜。但是，与国家和社会对评估的需要和要求相比，与资产评估行业应有的社会作用相比，与一些发达国家的评估师队伍相比，我们的评估师队伍还存在不小的差距，无论是执业能力方面还是职业道德方面都有大幅提升的空间，对此，我们也要有清醒认识，努力改进。下面，我想结合自己的工作经验，谈一谈资产评估师的职业道德问题，讲一讲如何通过道德努力成为一名优秀的资产评估师，与大家共勉。

一、加强学习积累，提高能力素质

优秀的评估师，首先要德才兼备。"德"与"才"，既有相互独立的内涵，又是彼此相联的概念。就重要性而言，德重于才、高于才，所以我们常讲，德才兼备，以德为先。但是，就评估师职业而言，职业能力是从业的前提，不能从业或不具备专业能力，就谈不上执业，也谈不上职业道德。所以，能力是执业的前提，也是职业道德的前提，因此，在某种意义上讲，如何对待自己的执业能力，如何对待学习，就不单单是一个业务问题，同时也是一个职业道德问题。热爱学习，努力是提升自己的执业能力，是一个优秀评估师应当首先具备的道德品质。

当今时代是一个信息爆炸、知识倍增的时代，信息技术、知识经济已经成为引领社会经济发展的主导力量。一个人如果不能努力地学习、及时地更新自己的知识内存，就会跟不上时代的脚步，被社会所淘汰。资产评估是一种高端的智力型、知识型专业服务行业，学习是具备和提升执业水平的首要因素。我们要不断强化不学习意识，增强学习的自觉性和主动性。要结合自己的实际情况和评估执业需求，有计划、有系统地强化学习，努力提高各方面的知识素养，优化知识结构，拓宽职业视野。要围绕行业发展的热点、难点和焦点问题，加强业务知识、业务理论的学习和研究，有的放矢，提高学习的针对性和有效性。要注重加强政治学习，学习相关政治理论，学习国家大政方针，始终保持正确的工作方向和人生方向。要加强对宏观经济理论和相关产业知识的学习，准确把握宏观经济形势和产业发展趋势，提升对经济运行与评估行业相互关系的把握能力。要加强相关法律法规、准则制度、职业纪律的学习，增强法治观念、规则理念和纪律意识，防范执业法律风险和道德风险。还要努力学习各类相关知识，不断提升自身的综合素质和能力。

二、强化竞争意识，勇于开拓创新

竞争是市场经济的基本特征。随着评估师资格和评估机构管理方式的改革，我国评估市场将进一步开放，资产评估行业将面临前所未有的竞争环境。我们不仅要面对同专业的竞争，还要面对不同专业的竞争；不仅要面对国内的竞争，还要面对国际的竞争。"狭路相逢，勇者胜"，面对激烈的竞争，我们只能鼓足勇气，勇敢地迎接竞争、适应竞争、参与竞争。要苦练内功，增强体魄，提升竞争能力，这是在竞争中取胜的唯一出路。

对评估师而言，提升竞争能力，需要全方位、综合性的素质培养和训练，核心是增强开拓和创新能力。评估机构和评估师都要不断地强化开拓和创新意识，通过开拓创新，赢取竞争优势。要积极关注经济形势和市场动态，关注新产业、新技术、新业态的评估需求，增强市场洞察力，敏锐捕捉市场需求，不断拓展业务领域，满足深层次的市场需求。要积极关注国内外评估专业的新情况、新问题、新理论、新技术，加强理论研究和技术开发，加强业务创新和方法创新，努力掌握评估前沿理论和先进方法，提升核心竞争力。要积极创新服务方式和业务途径，主动拓展服务内容、延伸服务链条，创造新的需求，服务新的需求。要规范竞争行为，坚持依法执业、公平竞争，树立良好的社会形象和市场信用，共同营造良好的市场环境和竞争氛围，促进资产评估行业健康有序发展。

三、注重执业质量，恪守职业道德

质量是企业的生命，也是评估师的生命、评估行业的生命。二十多年来，中评协一直把提高执业质量放在行业建设的首位，通过各种方式，强化质量意识和质量监管，提升服务质量和服务水平。一是通过制定和完善相关准则，为评估师执业提供行业标准和技术尺度；二是通过教育和培训，提高评估师的综合职业素质和专业胜任能力；三是通过加强行业自律监管和质量检查，奖优罚劣，建立优胜劣汰的制度和机制。这些措施，对促进行业服务质量的提升，发挥了重要作用。

但是，质量建设，不是一朝一夕的事情，不可能一蹴而就，也不可能一劳永逸。从近几年行业执业质量检查情况看，进步虽然不小，问题依然很多，"注重执业质量"这根弦永远不能放松。同时，从我们在检查中发现的问题看，许多执业质量问题，不是由于评估师的能力和水平不够，而是由于个人职业道德意识不足，由于机构监管制度执行不力，这是形成执业质量问题的主要内因和外因。因此，加强执业质量管理，就评估师而言，关键是要加强职业道德教育，强化职业道德意识，提升职业道德水平。职业道德上去了，执业质量就有了保证。

习近平总书记曾经说过："未来中国，是一群正知，正念，正能量人的天下。真正的危机，不是金融危机，而是道德与信仰的危机。"道德是执业之本，坚守职业道德和操守，是评估行业存在的精神命脉和价值源泉。评估师在执业过程中，往往处于各方利益的交汇点，要经得住各种利益诱惑和道德考验，没有坚定的理想信念是不行的，没有坚强的品格意志也是不行的。品德出了问题，行为就会扭曲，评估就不会有正确的结果。因此，规范评估师执业行为，保证执业质量，在加强制度建设和监管的同时，首先要加强职业道德教育。评估师要自觉地加强思想政治学习，树立正确的世界观、人生观、价值观、职业观，不走邪路，不走捷径；要主动地培养自己的道德品质，在执业中恪守独立、客观、公正的职业操守，严格遵守各项准则和纪律；要积极锻炼自己的品格意志，坚决抵制各种不良社会风气的侵袭，坚决杜绝压价竞争、迎合委托方需求、弄虚作假等不良行为，将职业道德的要求融入到每一项具体的评估工作中去。有了这样的品德基础，执业质量就会大幅提升。

四、培育"家国情怀"，献身行业发展

"家国情怀"是中国传统文化中最为宝贵和活跃的精神财富，如"修身、齐家、治国、平天下"、"天下兴亡，匹夫有责"、"保家卫国"，等等。今天，在培育社会主义核心价值观的过程中，"家国情怀"也会有新的发展。习近平总书记在阐述"中国梦"时指出："国家好，民族好，大家才会好。"每个人的前途命运都与国家和民族的前途命运紧密相连。楼继伟部长在"三严三实"专题教育党课中也强调，我们要进一步牢固树立家国情怀，唱响"对党忠诚、国家至上"的主旋律，凡事从国家长治久安和老百姓的切身利益出发，看淡个人荣辱得失，矢志不移地推进改革，立足本职服务国家。资产评估是市场经济的基础工作之一，是维护国家利益和公众利益的重要力量。资产评估师也要树立"家国情怀"，以报效祖国、报效人民为己任，处理好修身和修业的关系，处理好自家与国家的关系，把个人的人生理想、职业理想与国家和社会的发展目标相结合，把个人人生价值的实现融于评估行业的发展，献身行业发展，服务国家和人民，为推动我国评估事业发展、为实现中华民族伟大复兴的中国梦贡献应有的力量。

五、发挥楷模作用，提升行业形象

我们这次举办的是高端评估人才培训班，在座的各位都是我国评估行

业的翘楚。我们还举办过首席评估师培训班、行业高级管理人才培训班、行业新锐人才培训班等。你们都是我们行业发展的领军人物，是我们行业发展的宝贵财富。你们要很好地发挥模范带头作用，将自己的智慧和力量贡献于行业发展，为行业转型升级和队伍建设树立标杆、树立榜样。

希望大家进一步增强责任感、使命感，增强带头意识和榜样意识，在工作中中勇于担当、善做表率，善于总结、积极分享，充分发挥专业和道德引领作用，把个人的学习成果和知识积淀转变为行业可以共享的资源和财富，把个人的工作经验和道德品质转变为推动行业可持续发展的智慧和力量，通过自己的作用和影响，带动整个评估专业和评估队伍的成长，全面提升行业的专业服务能力和职业道德水平，共同塑造资产评估行业"专业过硬、管理高效、市场规范、服务优良"的市场新形象，共同打造新常态下资产评估行业改革、创新、发展的新局面、新气象！

2015年10月习近平主席访问英国时曾引用培根一句名言："黄金时代在我们面前，而不是身后。"这句话也适用于今天的中国资产评估行业。让我们行动起来，努力奋斗，抓住时代赋予我们的机遇，共同创造中国资产评估行业的黄金时代。

智慧的维度

<hr/>

经典的价值

汉代以来，儒家一直是中国思想史上名义的统治者，但实际上，道家作为中华思想文化的渊源之一，始终在社会生活中发挥着巨大的作用，甚至由此产生出中国本土文化中唯一的宗教门派道教，并为最终形成儒、道、佛三流合一的宋明理学提供了强大的思想和社会基础。这其中，《道德经》有不可磨灭的作用和影响。

我个人体会：学习中国历史文化不可不读《道德经》，研究中国思想哲学不可不读《道德经》，了解中国社会现实不可不读《道德经》，做一个智慧、完善的中国人不可不读《道德经》。《道德经》的思想已经完全渗入中国人的思想血脉，已经成为中国人为人处世的意识基因，成为中国人社会认知的重要标识。

我不信仰宗教，但崇敬先哲。我相信，任何流派所流传下来的思想经典，无论是有神论的，还是无神论的，都有其独特的文化和社会价值。

经典之所以为经典，是因为它高度地集中了人类已有的智慧和已探明的真理，构成了人类现有知识体系和价值体系的核心要素，具有普遍的指导意义，标志着人类的认识和实践在特定的历史时期和特定的认知领域所达到的思想高度。因此，读书首先要读经典，这是获取人类已有认知和价值的最佳途径，是不断创新、超越前人、推动人类进步的重要阶梯。

经典的本质和生命力在于，它集中体现着人类理性所具有的超越时空、超越实存的创新特质和精神魅力。也许并不是所有的经典所阐发的所有理论都是真理，但其所留下的探索足迹和智慧之光，会引领人们走向寻求真理的道路，使人类逐步摆脱愚昧和黑暗，走向文明和光明。读经典犹如与巨人对话，读懂了，读通了，你就站在了巨人的肩上。无论是古代的，还是现代的，无论是中国的，还是外国的，无论是写在甲骨上的，还是写在网络上的，只要有思想和智慧存在，真理就不会隐没自己的光辉。

现在，知识爆炸，书业发达，人类一天生产的书籍，可能你一生都难以享用。且不论这些书籍的内容和质量，单就其品类和数量而言，就足以使人眼花缭乱，无所适从。如果没有选择地读书，你可能会成为书籍的奴隶，永远不能从其中爬出来。所以，读书一定要有选择，而选择的最佳方法就是读大家、读经典。读经典，不仅有利于提高读书效率和质量，更重要的是有利于提高读书品位和情趣，常与经典为伴，会对人的思想方式乃至生活方式产生重大影响，使人的认识能力和精神境界在长期的潜移默化中不断地拓展和升华。

当然，对经典也不能死读和迷信，因为每个时代、每个人物都有其历史和知识的局限性，伟人也是如此。读经典，不能只用眼睛，还要用大脑，要用自己的智慧和思考去阅读它、理解它、消化它、吸收它。否则，食古不化，不如不读。

读《道德经》，最好是读原文。它语言精练、文字不多，读完不难。但真正读懂《道德经》并非易事，它纵横天地，老道思辨，没有相当的知识和阅历，恐怕只能理解其话语表层，而难得其精髓实质。20 岁时读它，可能会偏重于审美和文学的欣赏，30 岁以后再读，也许才能真正领会其伦理和哲学的意义，进而逐步体会出其智慧和奥妙，越读越有滋味。

如天地之无私

人的智慧，是与人的品德密不可分的。在人生的许多境遇中，特别是在一些涉及生死进退等重大问题的抉择中，人的智慧往往会通过其品德的高低而显现出来。智慧的人，通常会选择善，而愚蠢的人，通常会选择恶。此时，善与恶，便会成为人之智愚的决定性分野，由此而决定人生的总体方向和终极结果。善，即意味着光明、坦荡、快乐和成功，而恶，则意味着阴险、狡诈、痛苦和失败。方向对了，无论快慢，人生终会有幸福的终点；方向错了，走得越快，则会离幸福越远。因此，善是人生最大的智慧，而恶则是人生最大的愚蠢。这是人生最大的学问。

《道德经》第七章讲："天地所以能长且久者，以其不自生，故能长生。是以圣人后其身而身先；外其身而身存。非以其无私邪，故能成其私。"在老子的理念中，"善"是品德，更是智慧，而且是决定人生成败的大品德、大智慧。

读到这一章，你也许会有一种豁然开朗之感。它会使你不由自主地思考和反省自己的所作所为，从天地联想到自身，由"圣人"联想到许多伟大人物的名字。你仿佛打开了一座宝库，突然发现了这些伟人背后深藏着的成功奥秘、人生哲理。

也许，我们每个人都曾想过"长生"，想过"身先"，想过"身存"，但是，我们可曾想过到自己是否具有"不自生"的境界和品质？是否具有"后其身"的精神和风格？是否具有"外其身"的勇气和胆量？如果有，你便不用怀疑自己的智慧和选择，就应坚定地朝已选择的方向和目标走下去。如果没有，那你就需要停下脚来，看看自己走过的道路，看看那些跌跤和翻车的地方，看看自己身上缺少了什么东西，从而明白如何走好未来的道路。

这就是老子希望传给后人的智慧和启示。

其实，在人类思想史上，有许多与老子这一思想相同或相似的观点和认识，如范仲淹的"先天下之忧而忧，后天下之乐而乐"，马克思的"无产阶级只有解放了全人类，才能最后解放无产阶级自己"，毛泽东的"毫不利己，专门利人"等。虽然他们的观点可能不直接来源于老子，或是基于自己对自然和社会规律的认识，或是基于自己的人生理想和社会理念，但其基本原则和方向与老子的思想逻辑是一致的，即：在人和社会的存在与发展过程中，个人的生存和发展与他人及社会整体的生存和发展是密不可分的，只有他人和社会整体的生存和发展得以实现和保障，个人的生存和发展才有可能得以实现和保障。因此，理论上或理想的人格品质应当是：个人在追求自我生存和发展的过程中，首先应当考虑他人及社会整体的生存和发展，只有维护和促进他人及社会整体的生存和发展，才能实现和促进自己的生存与发展，即"后其身而身先"；当个人的生存和发展与他人及社会整体的生存和发展发生矛盾或他人及社会整体的生存和发展受到威胁时，要自觉地将他人及社会整体的生存和发展置于前位，甚至不惜以牺牲自己的生存和发展为代价，毫无保留地、全力以赴地捍卫和支持他人及社会整体的生存和发展，唯有如此，个人生存和发展的条件和环境才能得以保存，个人的生存和发展也才能同时得到保障和延续，故而言"外其身而身存"。天地因不自生，故能长生，圣人因无其私，故能成其私。

在日常生活中，没有人愿意同自私、善争、畏缩的人打交道，而愿意同高尚、谦让、勇敢的人打交道，工作、交友甚至家庭生活莫不如此。我们虽然与老子不在同一个时代，但我们都有同样的情感和认知。因此，记住老子这些话，"后其身而身先，外其身而身存"，"以其无私，故能成其私"，你也许成不了圣人，但至少可以成为一个被同事、朋友和家人喜欢的人，一个受社会欢迎的人。

处宠辱而不惊

《道德经》第十三章讲："宠辱若惊，贵大患若身。何谓宠辱若惊？宠为下，得之若惊，失之若惊，是谓宠辱若惊。何谓贵大患若身？吾所以有大患者，为吾有身，及吾无身，吾有何患？故贵以身为天下，若可寄天下；爱以身为天下，若可托天下。"

读这一章时，你仿佛可以看到两种不同人物的形象画面。一种是小人，"宠辱若惊"，把宠辱看得像生命一样重要，得宠时诚惶诚恐，失宠时惊惶失措。一种是圣人，"贵以身为天下"、"爱以身为天下"，将天下兴亡看得同自己的生命一样重要，热爱天下百姓如同热爱自己的身体一样。

这里，老子实际上提出了一个十分重要的识人标准，一个选拔、任用干部的标准，特别是选拔领导干部的标准。那些"宠辱若惊"的人，对宠辱十分在意、十分敏感的人，那些"贵大患若身"的人，视地位、荣誉如性命的人，是难以担当大任的。只有那些珍惜自己、热爱生命的人，"贵以身为天下"的人、"爱以身为天下"的人，可以"寄天下"、可以"托天下"，将天下交给这样的人，则国家可得安宁，人民可得幸福。

这个标准和方法，虽然简单、明了，但绝对准确、管用。

由此，我想到孔子在《论语》中的那句"唯女子与小人为难养也，近之则不孙，远之则怨"，此言虽对女性有明显的诋毁、蔑视之意，但其对"小人"特点的描述和把握却是十分生动、十分准确的。你对他亲近一点，他就对你言行无忌、不恭不敬，你对他疏远一点，他就对你满腹牢骚、怨天怨地，这是最典型的小人德性，与"宠辱若惊"有异曲同工之妙。

当代，各种识人、选人、用人的学科日益发达，种种考评、测验、选拔的手段层出不穷，很容易使人淹没在技术性的指标中而忽视或缺失对人的主体和本质性的认识，这是很要命的事情。许多平庸之辈、贪官污吏、卑鄙小人，正是在这种量化齐一、丧失个性的层层考试和选拔中一步一步混入社会管理阶层的，有些甚至可以混到相当高、相当好的地步。技术性的东西多了，智慧就少了，体现在识人、用人方面的愚蠢和滑稽现象自然就产生了：考评越频，庸才越多，天才越少；政纪越繁，贪官越多，清官越少。许多所谓"科学"的识人、选人方法反而不如老子、孔子所讲的方法简洁、易学、实用、准确。也许，我们用老子、孔子的方法，不能选出适用当代的"圣人"，但是，我们至少可以在日常生活中用老子和孔子的方法辨别出形形色色的"小人"。这是我们先哲们的智慧和高超之处，也是中国传统文化特有的人文色彩。

当然，老子的本意还是讲人生修养，如何对待宠辱、如何对待生命，并将这两者同如何对待"天下"联系起来，这是老子对"圣人"的一贯要求。这里，老子给我们讲了三个做人的理念。

第一，要正确对待荣辱，做人格独立的人。老子批评"宠辱若惊"，其目的是希望人们"宠辱不惊"，这是他的性格，也是他理想人格的一部分。马克思曾说，人是社会关系的总和。现实生活中，人必然受制于各种社会关系，难以逃避利害得失、荣辱毁誉等问题的纠缠和困扰，趋利避害、求荣避辱，是人之常情，世之常态。但是，如果过分追求荣誉和利益，甚至视功名利禄为人生最终目的，将此置于比生命更重要的位置，则必然导致价值错位和人格扭曲，进而成为"宠辱"的奴隶，患得患失，"宠辱若惊"。这样的人生是十分可悲的。正确处理各种社会关系，有效维护自身的权利和尊严，充分实现自己的人生价值和人生幸福，首先需要对自身生命和人格的尊重，那些建立在有害生命和有损人格基础上的所谓功名利禄，特别是那种建立在人身依附和人格依附基础上的所谓"宠辱"，不仅是空名、虚荣，更是对人性本质的违背、对人生意义的践踏。只有建立在人身独立和人格自由基础上的利益和尊严，才对人具有真实和实际的价值，才是人性本质和生命意义之所在，才是人生应有的选择和归宿。人身自由了，人格独立了，才能掌握自己的命运，才能真正做到"宠辱不惊"。

第二，要正确对待福患，做珍惜生命的人。老子批评"贵大患若身"，其目的是希望人们不要"贵大患若身"，要正确对待福患，重视和热爱生命。虽然，他将"大患"的原因完全归结为人的肉体存在，而忽略了大患产生的社会原因和历史条件，结论有些简单化，理论有所偏颇，但其思想的本质在于强调人的自然存在对人的观念的先决作用，强调生命本身的存在意义，这对后人是个积极的启示。从人生学的角度讲，人的一生，最基本和最重要的就是生命本身的存在，我们所做的一切都是为了保持和维护人的存在、促进和改善人的存在，因此，珍爱生命应当是人生的本质要求和第一理念。但是，现实生活中，受制于特定的历史条件和社会背景以及传统观念和个人认识，人们常常容易忽视这一简单的道理，而将人生的一些条件和手段，当作人生的目的和目标，当作生活的主要内容和追求对象，孜孜以求，视之若命，甚至不惜以身相抵，这是"贵大患若身"产生的主要原因。只有真正懂得珍惜生命的人，才能真正理解人生的意义，正确对待他人的存在，有效处理各种社会关系，积极应对人生过程中出现的各种问题，从而走出一条幸福和成功的人生之路。也许，有时社会需要我们为理想、为正义、为他人、为天下牺牲个体生命，但其目的和目标绝不是对生命的忽视和践踏，而是为更多、更好、更长久的生命存在作出的"必须"选择。珍爱生命，快乐生活，不为名利所累，不为得失而患，应当是我们当代人比古代人更宜具有的理念。

第三，要正确对待自己，做贵爱天下的人。老子讲"贵以身为天下""爱以身为天下"，其目的是希望有这样的人可以"寄天下"、可以"托天下"。因此，他所要求的贵身、爱身，珍惜身体，热爱生命，并不是要人们安于保全生命、乐于独善其身，而是希望人们将这种精神和态度，推广及他人、推广及社会，做一个优秀的社会人，做一个优秀的社会管理者，让天下所有生命都享受同样权利。虽然，并不是每个人都可以幸运地成为社会领袖或国家管理者，但是，只要有这种精神和态度，就具备了可以"寄天下"、可以"托天下"的首要条件，也只有这样的人，才可以"寄天下"、可以"托天下"。"无私"是老子思想的一个重要主张，在老子眼中，那些只贵自己、只爱自己的人，那些胸无天下的人，除了"宠辱若惊"外，是成不了什么大器的。在我们已经"全球化"的今天，这一思想也许更有现实意义。一个人如果没有"国际意识"、没有"全球视野"，无论做什么工作，基本上不会有太大的出息；如果没有"贵以身为天下"的胸怀，没有"爱以身为天下"的情操，则更难以成为社会领袖和国家管理者；恐怕过小日子，不关心国内、国际市场行情，也时常会被柴米油盐的价值波动所困扰。因此，关注天下、关心天下，应当是当今社会人最基本的素养，而贵天下，爱天下，则应当成为当代社会管理者最必备的品质。

坚守知识分子的良知与胆识

一个合格的知识分子，起码应当具备两个条件：一是具有独立思考的品质和不懈探究真理的精神；二是敢于亮明自己的观点和执著坚持真理的勇气。这一点，老子可以做我们的表率。他是个智者，也是个勇者。

老子的智慧之处在于，他特别善于从事物的反面、从事物的对立统一中去发现事物运动变化的规律、去揭示事物的本质。

老子的勇敢之处在于，他敢于用惊世骇俗的语言、用振聋发聩的呼喊、用直接否定的方式公开表达对现实社会的批判，不惧正统和世俗的观念偏见直抒自己的见解和主张。

在社会转型和动荡时期，人们比较看重知识阶层的"良知"和"胆识"，因为这是推动转型成功、实现由乱到治的一个重要社会条件、一种重要社会力量，有时甚至是决定性的力量。"良知"决定社会发展的价值取向和总体方向，"胆识"决定重大问题的解决方式和解决程度。一个时代，一个社会，一个民族，一个国家，如果知识阶层失去了良知和胆识，甚至整体失语，是十分可怕的事情，政治黑暗和社会动乱就在所难免，民族兴衰、国家存亡、文化续断就可能是随时会出现的问题。中华民族、中华国家、中华文化之所以能够久经变故而不断，历尽艰难而弥新，一个重要原因，就是有像老子、孔子等这样一批批具有"良知"和"胆识"的知识分子、思想家，具有一种如孔子所说"知其不可为而为之"的对真理和正义不懈追求的文化传统。正是这种传统使我们走到了今天。也许我们对于他们的思想和观点，可以有各种各样的评价和取舍，但他们所具有的这种"良知"和"胆识"，他们为我们后来所奠定的这种文化精神，则是需要我们永远继承和坚守的。没有了这种精神，我们就没有了灵魂。

人的面谱，都是自己画出来的

我一直坚信，人的历史是会写在脸上的，从一个人的脸上，你可以看到他的过去和现状，可以判断他的性格和品质，甚至可以推测他的命运和未来。这不是说我相信"相面术"，而是人生作为生命的自然运动过程，没有人能够逃脱自然规律的摆布。花无光必萎，草无水必枯。健康和快乐会使人心情愉悦、面目生辉；痛苦和不幸会使人身心疲惫、神滞目呆。持久的幸福或不幸，都会在人的面部或体态中表现出来。同时，人在长期生活过程中形成的性格和品质，也会在一定程度上通过自然的形态表现出来。正直的人，必然是一身正气，哪怕是身材矮小，其貌不扬，也会使人望而生畏，肃然起敬；邪恶的人，通常会面带猥亵，即使是身材魁梧，眉清目秀，也难掩饰其鄙俗之气，内心空虚。虽然对人的了解和认识是一个较长而复杂的过程，但其中也有它的规律和诀窍。智慧的人，通常有自己的做人智慧，同时也有自己的识人智慧。

《道德经》第二十三章讲："从事于道者同于道，德者同于德，失者同于失。同于道者，道亦乐得之；同于德者，德亦乐得之；同于失者，失亦乐得之。信不足焉，有不信焉。"意思是说，按道做事的人，就会和道在一起；做事有德的人，就会和德在一起；失道失德的人，就会和过失在一起。同道在一起的人，道也乐于与他在一起；同德在一起的人，德也乐于与他在一起；同失道失德在一起的人，过失也乐于与他在一起。自己诚信不足，所以才会不被别人信任。

老子的这些观点和我的上述信念，具有相同的性质。一方面，他十分强调道的自然性、客观性；另一方面，他也十分注重人对道的认识和遵从的主观能动性，强调人在行为选择上的道德自觉性。在他看来，道者与道是一种依存的关系，是个互动的过程。你尊重自然规律，自然规律就会善待你；你选择做有道德的人，美德就会光顾你；你选择失道失德，过失就会钟情于你；你诚信不足，别人也不相信于你。所以，做什么样的人，如何做人，以及别人如何对你，如何看待你，都是由你自己决定的。人的面谱，都是自己画出来的。

关于"浮躁"

大家都说我们目前处在一个浮躁的时代，其实，我们的古人也有浮躁的时候，甚至浮躁的程度不比我们低。《道德经》第二十六章讲："重为轻根，静为躁君。是以君子终日行不离辎重。虽有荣观，燕处超然。奈何万乘之主，而以身轻天下？轻则失本，躁则失君。"这是当时社会状况的一个侧面写照。大国君主尚且如此浮躁，可见当时社会的整体浮躁程度。

关于浮躁，有各种各样的说法，但老子讲的两点可谓点睛之笔：一是轻，二是躁，字面的解释，就是轻浮、急躁，或者轻率、急躁。"轻则失根"，失根就会轻浮，"躁则失君"，失君就会急躁，而且两者往往是相互联系，密不可分的。轻而浮，通常指人的思想和性格品质，是急躁的内生动因；急而躁，则更多地反映的是人的心理和行为特点，是轻浮的必然表现。轻浮者必急躁，急躁者必轻浮，因此，老子才会将两者放在一起来讨论，而现代人则将两者合而为一，统称"浮躁"，更为简练、准确。

浮躁，既可是个体现象，也可为群体特征。作为个体存在的浮躁，可以说是比较普遍的现象，任何时候都会有浮躁的人存在，任何人都会有浮躁的时候，这与人所处的社会环境和个人的人生经历及人生修养有密切的联系，其影响和危害是有限的。但是，作为群体存在的社会浮躁，则相对是比较特殊的现象，它集中反映着一个时期一个群体或社会整体的实际生存状况，包括人们的物质生活状况和精神生活整体文明程度、人与人之间及群体与群体之间的关系融合程度、社会整体的价值观取向、社会普遍的心理状态等，其影响和危害是十分巨大的，它可能会导致在特定的时期内社会整体心理和行为的失衡，并引发社会矛盾和不稳，甚至冲突或动乱，也可能导致整个群体的精神萎缩和价值失向，造成一群人、一代人的沉沦，甚至导致一个民族、一个国家的毁灭。所以，个人的浮躁，可能造成的是个人的沉沦或个人一时的沉沦，但群体的浮躁，则可能造成一个民族、一个国家的沉沦。个人沉沦了，尚可有回升的可能，而民族和国家的沉沦则是永恒的沉沦。

最坏的情况，莫过于一个群体的领导者或领导群体的浮躁，其结果无疑会引发整个群体的浮躁，最终导致群体的沉沦或消亡。所以，作为领导者应时刻记起老子的这句责问："奈何万乘之主，而以身轻天下？"即使是"万乘之主"，浮躁也会使你从主宰的宝座上掉下来。万万不可掉以轻心！

《道德经》的主旨在于引导人们正确认识"道"、"德"并通过自身的修养去适应和实践"道"、"德"，因此，在分析"浮躁"问题时，老子主要强调的是产生浮躁和克服浮躁的主观因素，而没有阐述产生和克服浮躁的客观因素、社会问题，这是其思想和理论的一个重大疏忽或缺陷。从根本上讲，存在决定意识，任何人的意识和观念的产生都是由其生存状况和生活环境所决定的，浮躁也不例外。特别是当浮躁成为一种比较普遍的社会现象时，就不能简单地只从个人的主观修养、觉悟、意志、品质等方面寻找原因，而必须分析其所产生和发展的时代背景、社会原因。

从理论上讲，浮躁的产生，主要有两方面的因素：一是客观因素，人们的生存环境比较差，社会关系复杂，竞争激烈，生存的不确定因素比较多，可预期性比较低，生活压力比较大，在这种环境中，人们极易产生恐惧、猜忌、焦虑、急躁等心理，形成浮躁心态就在所难免。如果环境没有根本性改变，人们的这种心理和心态也难以改变。二是主观因素，有时个别人的浮躁，主要源自其内在品质和修养。在大的社会环境比较好的状态下，大多数人都能够保持一个正常而良好的心态，而个别或少数人可能因为自身修养不足，对周围环境及与社会和他人的关系缺乏正确的认识，对自身素质、能力缺乏客观的评价，对所追求的利益和所面对的问题缺乏理性的分析，因而容易滋生出浮躁心态。

问题的难点和关键之处在于，作为个体的存在——我或自己——如何在不同的境遇中或不同的社会条件下，始终能够建立和保持一个积极健康的品质和心态。身处恶势或逆境：能够自强自重，不怨天尤人，不随波逐流，不同流合污，始终坚信和坚守正义，不失其重，不失其根；能够保持清醒的头脑，正确面对所处的环境和困难，沉着稳妥地应对和处理各种问题，使事物的运动变化朝着有利的方向发展，不急不躁，不急功近利，不失其静，不失其君。身处优势或顺境：能够自珍自爱，不沾沾自喜，不得意忘形，始终保持应有的责任和忧患意识，居安思危，持重固本；能够洁身自律，不为荣华富贵所诱，不为名利地位所囿，不贪大喜功，不自以为是，不轻举冒进，顺从自然，主静守君。如果做到了这些，轻浮和躁动就可能减少或消失，厚重和安宁就可能保持或增加。

重静和轻躁，是一种零和组合，重静多一些，轻躁就会少一些。轻躁占据了心灵，重静就没有了地盘。

知人与自知

人与动物的区别在于人的理性，而理性的制高点在于人的自我认识，但这也是人们在现实生活中最难以做到的。西方古代圣哲苏格拉底曾有个著名的命题："认识你自己！"可以说这是人类所面临的一个永恒的课题。

其实，中国古代的圣贤们也早已认识到并力图解答这个问题，其中最为有代表意义的就是老子和孔子。

老子在《道德经》中有多处谈到人的自我认识问题，并将此作为人的"道"性高低的最重要标准。他认为，认识自己需要有比认识他人更高的智慧，"知人者智，自知者明"，"明"显然是比"智"更高的境界和水平。他特别强调人的"自知"、"自爱"在人格修养中的重要意义，反对自以为是和自高自大，并将此作为理想人格的一个重要标准，"圣人自知不自见；自爱不自贵"。

孔子也十分重视人的"自知"能力和品德的培养。据《荀子·子道》记载，孔子曾与自己的三个爱徒子路、子贡和颜渊讨论"知者若何，仁者若何"的问题，子路的回答是"知者使人知己，仁者使人爱己"，孔子说，这可以叫作"士"；子贡的回答是"知者知人，仁者爱人"，孔子说，这可以叫作"士君子"；颜渊的回答是"知者自知，仁者自爱"，孔子说，这可以叫作"明君子"。显然，在孔子心中，"使人知己"、"知人"和"自知"是三个不同且不断递进的认识阶段，而"自知"是最高层次、最高境界的认识。

因此可见，作为中华文化两大思想渊源的儒家和道家，虽然其社会和政治主张以及在人生修养目标和方法上观点多有不同，但两者在重视和提高人的"自知"方面，认识是比较一致的，这也是中华思想文化深沉、厚重的缘由之所在。

从现代科学的角度看，在人对世界的认识中，人对人的认识相对于对自然的认识是一个较为复杂、较为艰巨的过程，同时也是一个相对不足的领域。而在对人的认识中，人的自我认识相对于对他人、对社会的认识则是一个更为复杂、更为艰巨的过程，同时也是一个非常不足、非常有限的领域。这是因为，在人的自我认识过程中，认识的主体和客体都是自己，作为认识主体的自我无法将作为客体的自我从肉体中分离出来，像认识物体或他人那样从各种角度进行客观的、全面的观察和分析。它需要作为认识主体的自我要有足够的思想觉悟和能力，将作为认识客体的自我在观念中区别开来，将自己当别人或物来看待，像认识别人或物那样审视自己、评判自己。所以说，知人者不易，自知者更难，自知比知人需要更多的智慧、更高的水平。

但是，恰如孙子所言"知己知彼，百战不殆"，就人的行为过程和行为结果而言，知人与自知具有同样的意义，而且两者是相互联系、密不可分的。所谓"知人"，首先是对人我关系的认识，是对与我有关系的人的认识，虽然认识的对象是人，但认识的出发点和目的都是我。我是圆心，人是圆周，关系是半径。其次，知人的程度，取决于自知的程度，对自己认识的准确，才有对人认识的准确。一个不能正确认识自己的人，自然难以正确认识他人。所以，自知是知人的前提、基础，自知的高度，决定着知人的高度。反过来讲也一样，所谓"自知"，也必须基于对人我关系的认识，通过认识他人进而认识自我，一个不能正确认识他人的人，也不可能正确认识自我。从一个人对他人和社会的态度和行为，人们不仅可以看出他的知人水平，同样也可以看出他的自知水平。所以，知人也是自知的前提和基础，知人的高度，也制约着自知的高度。

善下为王

现代人讲如何做领导，通常会提到领导科学和领导艺术。说领导是科学，是因为它有规律可循、可以用科学方法去把握；说领导是艺术，是因为世界上没有完全相同的领导，每个领导都有自己的领导个性和领导方式进而表现出不同的领导才艺，好的领导，可以将领导工作演绎得有声有色、出神入化，令人赏心悦目、口服心服。

但是，科学也好，艺术也罢，首先要人正、心正，既要有全心全意为民为国之志，还要有无自私自利贪权枉法之心，否则，"科学"就是魔学、就是邪学，"艺术"就是权术、就是骗术。古往今来，这样的例子很多，有的人把"厚黑学"当"领导科学"、把"玩权术"当"领导艺术"，或口是心非、阳奉阴违，或好大喜功、哗众取宠，结果是害人害己、祸国殃民、弄巧成拙、贻笑历史。

《道德经》中有许多教人做"王"做"圣"的方法，这或许是中国最古老的"领导科学"和"领导艺术"。有的人将此分为"道"和"术"。"道"就是规律，犹如领导科学；"术"就是方法，犹如领导艺术。其实，在"道"、"术"之间，老子更看重的是"德"，即作为国家领导人或管理者的品德和精神，它是"道"和"术"的灵魂，也是"道"与"术"得以发挥作用的前提和关键。

在老子看来，"王"德、"圣"德的核心，是正确处理"君"与"民"或统治者与被统治者的关系。正如《道德经》第六十六章所讲，"江海所以能为百谷王者，以其善下之，故能为百谷王"，"是以圣人欲上民，必以言下之；欲先民，必以身后之"。这里面，体现着老子政治思想的两个重要理念：一是不与民争位；二是不与民争利。所谓"以其不争，故天下莫能与之争"，核心就在于此。也就是说，作为国家的领导人或管理者，首先要以谦下的态度对待人民，将人民置于自己之上，不与人民争上下；同时，在处理各种利益关系时，首先要考虑人民的利益，将自己置身于人民之后，不与人民争利害。这是赢得民众支持、获得执政基础的重要前提，同时也是实行有效管理、维护自己统治的最佳方法。这样做，就会"处上而民不重，处前而民不害"，天下的百姓就会对你"乐推而不厌"。尊重人民，情系人民，造福于人民，让利于人民，自然会赢得人民的支持和喜欢，天下人自然不能与之相争。

"善下"和"不争"，就如我们今天所讲的"领导就是服务"、"吃苦在前，享受在后"、"不为名、不为利"。这样的领导，群众自然是"乐推而不厌"的，同样也是"天下莫能与之争"的。

很显然，老子讲"善下"，其目的在"上"；讲"不争"，其目的在"争"。上什么？上自己的品德、上自己的威信，上自己的民心！争什么？争吃苦在前，争为民效力，争为民谋利。因此，"善下"与"上"、"不争"与"争"，要看出于什么动机、为了什么目的。如果对人民"善下"的人"上"多了，与人民"不争"的人"争"多了，岂不是老子的期盼、先哲的希望吗？岂不是人民的幸福、国家的幸事吗？

（本文原载于《财政文学》第八期，内容摘自作者著作《智慧的维度》）

第四篇

评估国际交流与合作

适应开放型经济建设，打造国际化资产评估行业

对外开放是我国的基本国策。经过 30 多年的改革开放和快速发展，我国已成为世界第二大经济体，对外开放的广度和深度不断拓展，实现了从封闭半封闭到全方位开放的伟大历史转折，推动了社会主义市场经济体制的建立和完善，提升了我国的综合国力、国际竞争力和国际影响力，也促进了中国与世界各国的共同发展，为全球经济发展做出了重大贡献。中国离不开世界，世界也离不开中国，这是当代中国与世界经济关系的主旋律。

中国资产评估行业是伴随着国家改革开放和社会主义市场经济建设产生和发展起来的，它既得益于改革开放，也是参与和推动改革开放的一支重要专业力量。20 多年来，中国资产评估行业就是在市场化和国际化的过程中不断探索和前进的。我们立足中国经济改革和市场经济建设，积极学习和借鉴国际先进的评估理论和方法，经过艰辛的实践和探索，走出了一条适合中国市场经济的评估服务专业之路，创立了一套服务于中国经济社会的评估理论体系和准则制度体系，打造了一个具有中国特色和国际竞争力的资产评估市场。这些成绩的取得，为我国资产评估行业的国际化发展奠定了坚实的基础。

当前，世界多极化、经济全球化进一步发展，国际政治经济环境深刻变化，创新引领发展的趋势更加明显，全球范围内的国际竞争将进一步强化。因此，我们必须适应形势的变化，实行更加积极主动的开放战略，结合全面推进改革、经济结构深度调整，着力构建开放型经济新体制，推动建立互利共赢、多元平衡、安全高效的开放型经济新格局。

2015 年 5 月 5 日，中共中央、国务院印发了《关于构建开放型经济新体制的若干意见》，这是党和国家对新形势下我国开放型经济建设的一个总体部署，是落实党的十八大和十八届三中全会有关精神的一个重要步骤。意见指出，面对新形势、新挑战、新任务，要统筹开放型经济顶层设计，加快构建开放型经济新体制，进一步破除体制机制障碍，使对内对外开放相互促进，引进来与走出去更好结合，以对外开放的主动赢得经济发展和国际竞争的主动，以开放促改革、促发展、促创新，建设开放型经济强国，为实现"两个一百年"奋斗目标和中华民族伟大复兴的中国梦打下坚实基础。

面对新形势、新挑战、新任务，我们资产评估行业也必须积极有为、主动应战，围绕国家开放型经济发展战略，强化开放意识和国际观念，及时把握国际经济和国际评估行业发展新动态、新趋势，充分利用开放型经济建设为资产评估行业发展带来的新机遇，结合行业改革和发展创新，加大国际化发展步伐，积极为我国企业走出去、为"一带一路"等对外经济战略的实施提供有力的专业支持，将我国资产评估行业打造成一个具有高度创新能力和国际化水准的现代化专业服务业。

一、准确把握国际经济和国际评估行业发展新态势

经济全球化是当代世界经济的重要特征之一，是世界经济发展的重要趋势，也是我国推进开放性经济新体系的重要国际背景。世界各国、各地区的经济活动已经超越了地缘政治的边界，通过对外贸易、资本流动、技术转移、提供服务、相互依存、相互联系等形成了全球范围的有机经济整体。商品、技术、信息、服务、货币、人员等生产要素的跨国跨地区流动，成为影响区域经济和世界经济的重要力量。

经济全球化在发挥各国比较优势、提高全要素生产率的同时，也将各个国家暴露在系统性风险之中。2008 年美国次贷危机引发的国际金融危机，对世界经济发展造成巨大冲击，在一定程度上破坏了国际金融秩序，严重影响了世界各国经济协调，对各国造成了不同的影响。当前，世界经济仍处在危机后的深度调整期，主要表现为低增长、低贸易流动、低通货膨胀率、低投资和低利率。各国都在大力推进结构性改革，为未来的经济

增长积蓄动能，世界经济在短期内仍难以摆脱低速增长状态。从目前形势和发展态势看，世界经济运行将呈现以下特征和趋势：

一是世界经济贸易仍将维持低速增长态势。据国际货币基金组织的中期展望，2020年前世界经济贸易的年均增速难以超过5%。

二是主要经济体走势将进一步分化。发达经济体总体回升向好，但差异明显，美国经济增长较快，形势明显好转，但欧元区和日本经济增速缓慢，持续复苏仍面临不少制约。新兴经济体增速继续回落，结构调整困难较大，俄罗斯和巴西经济出现衰退，其他对资源出口依赖程度较高的新兴经济体也普遍面临不同程度的困难，亚洲新兴经济体虽然总体情况相对较好，但由于结构调整进展缓慢导致内生增长动力不足，经济增速普遍持续放缓。

三是国际金融市场调整波动加大。由于全球经济走势分化、周期不同步，主要经济体货币政策出现分化甚至背离。美联储已经启动加息进程，而欧洲央行和日本中行仍在实行量宽政策支持经济复苏，由此导致的美元资产收益率上升和美元汇率走强将引发国际债市、汇市、股市和大宗商品市场的持续调整和波动。特别是国际资本加速回流美国和美元资产，将使得受到大宗商品价格大幅回落重创的资源出口经济体更加雪上加霜，资本外流和货币贬值有可能在债务过高的经济体诱发偿债危机，进而加大国际金融市场的动荡。

四是石油等大宗商品价格仍有可能进一步回落。在经历了10多年的超级大牛市后，国际大宗商品市场陷入供大于求、价格大幅回落的窘境。目前，国际油价已跌落至每桶30美元的低位，与金融危机前高点时的每桶145美元相比下跌幅度高达79%，铁矿砂、铜、铝、锌等的价格跌幅也都高达40%以上，而且仍有一定的下跌空间。虽然地缘政治动荡和市场投机有可能在短期推高石油等大宗商品价格，但难以改变价格疲软下跌的基本走势。

五是全球产业重组和产业链布局调整步伐加快。一方面，随着新技术发展和产业化进程加快，移动互联网、可再生能源、物联网、智能制造等新兴产业加速发展，而移动互联网、云计算、大数据等信息技术在金融、商贸、制造、教育、医疗等更多领域普及应用和融合发展将不断催生新业态、新模式和新产业，传统产业将全面转型升级，在全球产业加快重组的同时，依托信息化、智能化、小型化、分散化、个性化的新型生产组织方式将逐渐取代分工明确、规范严格的标准化大工厂生产组织方式而成为主流，国际分工方式也面临变革。另一方面，美国主导推进的跨太平洋伙伴协定（TPP）和跨大西洋贸易投资伙伴协定（TTIP），以准入前国民待遇和负面清单管理为基础全面扩大市场准入，将劳工标准、环保标准、知识产权、政府采购、竞争中立等新议题纳入谈判范围，不仅为国际经贸规则标准提高设立了新标杆，抬高了发展中国家参与经济全球化门槛，而且会逐步改变全球产业链布局，影响全球贸易投资和产业发展。

资产评估行业作为以服务经济为主体的专业服务业，自然会受到宏观经济形势的影响。一方面，经济结构调整必然导致资产重组和资产流动增加，进而增加对资产评估业务的需求，对评估行业和评估市场产生积极影响；另一方面，新技术、新产业、新商业模式的不断产生，不仅需要传统产业转型升级，同时也需要资产评估行业不断改革创新、转型升级，资产评估市场竞争会日趋激烈。当前，各主要经济体资产评估行业都在积极适应国际经济形势的变化，主动调整市场方向和专业结构，以期在国内和国际市场竞争中赢得主动。国际评估行业发展主要呈现以下一些特点和趋势。

1. 评估市场向多样化发展

传统的评估市场主要集中于房地产、土地、机器设备、企业资产等方面的评估。随着经济全球化和科技进步，形成了全球性的科技创新、金融创新和商业模式创新，新的资产形态和评估需求也在大量涌现，评估在服务全球经济社会发展方面所发挥的作用日益重要，评估服务领域不断拓展，市场多样化发展并呈现出新特点。一是由一般资产评估向新型资源性评估发展。随着环境、资源、健康与安全等在经济生活中的地位不断提升，环境影响评价、战略环境评价、再生能源和能源利用率等生态资源和环境保护方面对价值评估的需求增多。二是由原生品资产评估向衍生品资产评估发展。随着金融衍生品交易实践的不断深化和发展，市场对以金融工具为代表的衍生品资产评估需求也在不断增加。三是由境内资产评估向境外资产评估发展。随着资本等生产要素的跨国跨地区流动，特别是跨国公司的快速发展，评估服务对象也呈现出全球性和国际化特点，跨境评估和国际合作逐渐成为评估市场的一个重要特点。

我们通过结合国际评估市场动态、国际评估准则发展方向，对目前国际评估行业的热点问题和新兴业务进行梳理发现，目前国际市场出现了很多新的评估业务，比如：绿色建筑物评估，与新能源有关的机器设备的评估，可再生能源的评估，财务报告准则及评估，复杂金融工具的评估，全球电子商务的评估，文化企业无形资产评估，科学技术对钻石评估的影响、对识别伪造家具及拍卖评估，等等。这些国际评估市场的新需求、新方向，是我们国内评估行业要密切关注和重点跟踪的重要领域，必须在业务操作和评估准则制定等方面及时开展前瞻性研究，抢占先机，主动开拓，以期在国内国际评估市场、新兴领域中保有一席之地、争创领先优势。

2. 评估业务向综合化发展

虽然许多国家的评估行业都起源于不动产需求，但随着全球经济一体化，评估业务范围不断扩大，被评估资产类型日益多样化，评估业务已呈现综合化发展趋势。特别是 20 世纪 90 年代的金融危机，将单纯的房地产评估风险推升为金融产品系统的风险，许多国家和地区评估行业综合化发展趋势明显增强，由不动产评估向市场需要的其他资产评估扩展，包括无形资产评估、企业价值评估等。如，评估行业较发达的美国、英国、澳大利亚等国，评估业务都体现出综合化的特征，并且依市场之需形成按不动产、动产、无形资产、企业价值等业务分类；新兴市场经济国家如俄罗斯、罗马尼亚、越南等国也大都选择的是综合化资产评估的发展道路。

美国评估师协会的评估准则中规定了不动产、动产、企业价值等各类资产评估的技术标准，使得会员在企业价值、无形资产、机器设备、不动产、动产、珠宝艺术品等评估方面都具备很高的专业水准，而且各个专业领域得到了相互促进、全面发展。2010 年 10 月，美国评估师协会联合加拿大注册企业价值评估师协会组建国际企业价值评估学会，整合了美国和加拿大两国在企业价值评估领域的人才和资源。近期，为加强企业价值评估领域整体专业性和权威性，国际企业价值评估学会结合国际企业价值评估市场需求，在广泛征求评估行业执业、监管主体意见的基础上，决定设立并推广国际评估资格认证，统一企业价值评估的执业规范。

英国的评估行业起源于不动产评估，英国皇家特许测量师学会作为拥有 140 多年历史的评估专业团体，对不动产评估情有独钟一个多世纪，但也已经开始顺应国际评估界的发展潮流，拓展了原有的评估范围，向多元化、综合化方向发展，近年来成立了"艺术与古董委员会"、"设备与企业资产委员会"等，开展相关的专业研究，向会员提供技术支持。目前，其业务范围已经逐步囊括了不动产和动产在内的全部资产范围，包括不动产、企业价值、无形资产、矿业权、机器设备、室内家具、艺术品、珠宝首饰、收藏品等评估。英国皇家特许测量师学会 2014 年版《估价——专业标准》根据《国际评估准则》的工作范围、框架和报告进行了调整，体例更加趋同，新增加了有关预测价值的特定假设内容，无形资产、企业价值和企业权益评估指引，将原有全球性指导意见更新为全球性评估实践指导指南。通过以上标准体系的补充和完善，英国皇家特许测量师学会的技术领域已由不动产评估为主转向了各领域综合发展。

3. 评估技术向信息化发展

随着云计算、大数据、移动互联网等新兴技术的快速发展，"互联网＋"对资产评估行业的影响将日益凸显。"互联网＋"既是资产评估行业智能化创新发展的机遇，也是对传统作业模式的挑战。"互联网＋评估"融合得好，可以使资产评估行业提高工作效率、提升业务质量，推进行业发展，但也有可能受到互联网智能化的威胁，甚至被其他新兴业态所淘汰。如果其他金融服务业借助大数据、云计算等技术手段，将市场上相关客户的评估数据都收集起来，形成一个庞大的评估数据库，并通过创建智能化的内置程序，自动对数据收集结果进行分析、对比，则对于一些拥有活跃且相对平稳的交易市场的标的物的评估，评估服务购买者就能够很便捷地直接利用数据库平台快速获取较为准确的评估值，而不再需要资产评估师出具评估报告。

各国资产评估行业从行业协会到评估机构都高度重视运用互联网思维，加强信息化建设。国际财产税学会（IPTI）已着手建立房产税信息库，意图将各成员组织所在国房产税相关信息收集整理完备，形成全球性的信息系统。所收集的信息主要涵盖与房产税相关的各领域，包括：房产税系统、关键法律参考、关键经济指标、房产税管理架构、评估程序、房产税计算方法、报告与合规要求、房产登记、房产税支付方法、上诉程序等。中国资产评估协会作为国际财产税学会的成员组织，也正积极收集筹建我国的房产税信息库。下一步，我们还将进一步加大对大数据、互联网等信息化问题的研究，并采取切实可行的措施，着力推进我国资产评估行业的大数据和信息化建设。

4. 评估准则向趋同化发展

经济全球化推动着经济领域中各种标准、制度的国际化趋同。资产评估作为市场经济体系的专业价值服务，作为国际通用的商业语言，也在不断适应经济全球化发展要求，评估准则的相互借鉴和融合趋势越来越明显。

国际评估准则理事会自成立伊始，就致力于在全世界范围内建立和推广统一的资产评估准则。国际评估准则不仅考虑发达国家利益，同时兼顾新兴市场和不发达国家的利益。由于国际评估准则委员会的成立背景和当时评估业务的国际发展状况，1984 年发布的第一版《国际评估准则》较多地体现了不动产评估的特色。此后的 20 多年中，国际评估准则进行过 8 次重大修订，最新版《国际评估准则 2013》已经发布并于 2014 年 1 月 1 日实施。《国际评估准则》已经逐步发展成为当前国际上最具影响力的评估专业准则。截至目前，支持或认可国际评估准则的会员国（地区）已达 50 多个。

从国际评估准则与各国评估准则的发展实际来看，各国的评估准则都在根据评估师、监管方及客户的使用偏好努力实现趋同。各国准则或完成与国际评估准则的统一，或与国际评估准则完全一致，从而形成国际范围内的评估基准。同时，各国准则在国际评估准则的基础上，结合本国政治、经济、文化等实际情况，制定更为细致、更有针对性、更具可操作性的规定。我国资产评估准则已经实现了与国际评估准则实质趋同，主要表现在资产评估的理念、评估方法、价值类型等方面。目前，国际评估准则理事会正致力于国际评估准则全球趋同项目，并在 2014 年度全体会员大会上与各评估专业组织签订谅解备忘录，以期最迟于 2017 年 12 月实现全球评估准则趋同。

　　5. 评估管理向法制化发展

　　市场经济是法治经济，只有健全的法治，才能实现国家经济社会的有序健康发展。党的十八届四中全会审议并通过了《中共中央关于全面推进依法治国若干重大问题的决定》，标志着我国的改革开放和法治建设进入了新的历史阶段。依法治业，是我国资产评估行业建设和发展的一个重要理念。20 多年来，我国在评估行业的法律法规建设方面取得了较大成绩，为资产评估行业有序健康发展提供了有力的法治保障。目前，我们正在着力推进制定《资产评估法》，这将极大地提升我国资产评估行业的法治化程度。

　　从世界范围看，评估管理法治化，也是大势所趋。世界主要评估市场国家基本上都有专门的评估法律或者相关法案，指导、约束和促进评估行业发展，形成了各自符合自身法律规定及行业发展要求的行业管理模式。

　　俄罗斯是评估立法较早的国家之一。1893 年，俄罗斯以法律的形式规定了"不动产价值评估规则"。1998 年，颁布了《俄罗斯联邦评估法》，规定了在涉及属于俄罗斯联邦、各级政府、自然人、法人的评估对象的交易活动中对评估行为进行管理的法律框架。马来西亚最早的评估法律是 1967 年制定的《注册测量师法》，1981 年颁布了《评估师、估价师和不动产代理人法案》，并于 1984 年、2006 年和 2011 年先后进行了三次修订，这项法律系统规范了评估师的注册登记条件与资格、权利与义务、纪律程序等，并对财政部下属的评估管理部门的设立和职责、评估师委员会的组成和职责、评估机构的组织形式及相关罚则做出了详细规定。

　　英国、美国等国家出台评估法律法规的主要背景是金融危机的爆发。20 世纪 70 年代，英国出现了由不动产价值贬值而引发的不动产危机，英国皇家特许测量师学会为保证评估质量，保护各方当事人的利益，着手制定并出台了评估指南。美国在 20 世纪 80 年代初由于放松了对金融机构的监管，大量金融机构在没有建立必要的审核监督机制的情况下，盲目开展抵押贷款业务，从 80 年代中期开始，出现了由房地产泡沫诱发的金融危机，导致 400 余家金融机构破产。此后美国国会成立专门委员会就此进行调查并形成专项报告，认为抵押资产的过高评估是促成金融危机的重要原因之一。1989 年美国国会出台了《金融机构改革、复原和强制执行法令》（FIRREA），针对金融评估领域存在的问题对评估行业的管理进行了改革，引进了国会监督、评估行业协会制定准则、金融监管部门建立评估审核规则等内容，这也是美国资产评估行业最具代表性的法律文件。

澳大利亚评估法以案例法为主，并有成文法予以配套，而且它的多数州都制定了专门规范评估师的法律，如新南威尔士州 1975 年制定了评估师注册法，2003 年又颁布了现行的评估师法；塔斯马尼亚州 1974 年颁布了评估师注册法案并进行了多次修订；昆士兰州 1992 年制定了评估师注册法，等等。罗马尼亚 2012 年颁布了《评估法》，其中规定罗马尼亚官方的评估准则由罗马尼亚评估师协会制定，经由政府决议认可的评估准则在全国范围内强制实施。

综观各国评估发展历程、立法背景、立法形式、立法思路等，虽各有不同，但总的来看，都是走法制化、规范化的道路，通过法律规范资产评估业务活动，使行业有章可循，有法可依，维护国家利益和公共利益，同时也保护评估机构和评估师的合法权益，促进评估行业和国家经济社会的健康发展。

二、充分利用开放型经济为我国资产评估行业发展带来的新机遇

当前，中国经济和世界经济高度关联并将进一步融合，中国将坚持对外开放的基本国策，构建全方位开放新格局，深度融入世界经济体系。2015 年 9 月 17 日，中共中央国务院印发的《关于构建开放型经济新体制的若干意见》明确提出，建立促进"走出去"战略的新体制，需要发挥中介机构作用，培育一批国际化的设计咨询、资产评估、信用评级、法律服务等中介机构，充分发挥行业协会商会在制定技术标准、规范行业秩序、开拓国际市场方面的积极作用，提高行业自律管理能力。这为我国资产评估行业发展提供了难得的历史机遇，同时，也对资产评估行业自身的开放性发展提出了更高的要求。我们要努力把握机遇，勇于开拓创新，在服务国家开放型经济建设的同时，不断提升自身的开放性程度和国际化水平。

（一）服务开放型经济总体战略

目前，与中国经济一样，全球经济均进入到"新常态"发展的过渡阶段，在此背景下，长期以来作为中国经济发展"牛鼻子"的外向型经济呈

现"乏力"现象，因此必须重新构建开放型经济新体制。开放型经济与外向型经济的不同在于：外向型经济以出口导向为主，开放型经济则以降低关税壁垒和提高资本自由流动程度为主。在开放型经济中，既出口，也进口，基本不存在孰重孰轻的问题，关键在于发挥比较优势；既吸引外资，也对外投资，对资本流动限制较少。

按照党的十八届三中全会决定，我国建设开放型经济的主要战略措施，一是将进一步放宽投资准入，包括推进金融、教育、文化、医疗等服务业领域有序开放，放开育幼养老、建筑设计、会计审计、商贸物流、电子商务等服务业领域外资准入限制，进一步放开一般制造业；二是加快自由贸易区建设，在中国上海自由贸易试验区等试点基础上，选择若干具备条件的地方发展自由贸易园（港）区，加快环境保护、投资保护、政府采购、电子商务等新议题谈判，形成面向全球的高标准自由贸易区网络；三是扩大内陆沿边开放，推动内陆贸易、投资、技术创新协调发展，创新加工贸易模式，形成有利于推动内陆产业集群发展的体制机制，推进丝绸之路经济带、海上丝绸之路建设，形成全方位开放新格局。

资产评估行业要积极配合开放型经济战略的实施，主动研究和开拓相关业务，一是结合放宽投资准入，积极为相关领域提供优质高效的评估服务；二是要结合发展模式出现的线上线下融合、服务贸易与货物贸易融合、服务业投资与制造业投资融合等新模式，积极创新评估理论和方法，着力满足企业和产业资产评估的新需求；三是要结合上海自贸区建设、"一带一路"战略布局以及新一轮"走出去"等，制定有针对性的规划和计划，形成前瞻性和实务性相配套的"走出去"战略和国际化发展战略。

（二）服务"一带一路"战略

2013 年 9 月 7 日，习近平主席在哈萨克斯坦发表重要演讲，首次提出了加强政策沟通、道路联通、贸易畅通、货币流通、民心相通，共同建设"丝绸之路经济带"的战略倡议；2013 年 10 月 3 日，习近平主席在印度尼西亚国会发表重要演讲时明确提出，中国致力于加强同东盟国家的互联互通建设，愿同东盟国家发展好海洋合作伙伴关系，共同建设"21 世纪海上丝绸之路"。制定和推进"一带一路"建设是我国建设开放型经济的重要举措，也是加强和亚欧非及世界各国互利合作的需要。

目前，中央有关部门和各相关产业组织，都在积极制定和实施具体行动计划，"一带一路"沿线政府和企业陆续开始制定具体对接措施，比如，新疆对接"一带一路"的实施方案已经获批，规划实施北通道、中通道、南通道、南北疆大通道4条公路通道建设；印度已经在和中国探讨建立一条从西北部的新德里到东南部的金奈（Chennai）的高速铁路等。从资产评估角度看，"一带一路"建设必将带来巨大的资本和资产的重组和流动，因此也必将增加国内和国际评估业务的市场需求。我们要有战略眼光，积极关注相关合作领域和项目建设，主动配合相关部门和企业做好前期评估和后续评估服务，为维护合作各方利益和"一带一路"战略的有效实施提供有力的专业支持。

（三）服务企业"走出去"战略

服务企业"走出去"是我国资产评估行业的一项传统业务和重要市场。随着国家开放型经济和"一带一路"等国家战略的推进，我国企业"走出去"步伐将进一步加快，境外并购和资产交易行为的评估需求将不断增加，也将为评估行业提供更加广阔的境外评估市场。同时由于交易方式将与国际接轨，资产评估相关作业模式和监管模式也可能出现相应调整，比如国务院国资委专门出台了境外国有资产管理办法，来自美国、加拿大、澳大利亚等国的部分境外估值机构已经入选中央企业选聘评估机构备选库名单，上海自贸区已经在尝试进行服务业领域的有序开放。这些新的变化对我国资产评估的国际化带来了新的机遇，也对资产评估行业加强自身建设提出了更高的要求。

中央企业是我国企业"走出去"的主要力量。在以往资产评估操作中，中央企业境外并购过程中的估值专业服务大都由国外咨询机构提供，他们在评估价值类型选择、评估方法运用、评估结论表达、评估报告编写、工作底稿编制、评估报告核准或备案等方面，均与国内资产评估机构的传统做法存在较大差异。这种情况不但无法满足国资监管的传统规定，使得国资监管部门很难实现真正的核准或备案，而且央企在国外并购过程中，还可能会涉及一些相关国家经济信息的保密问题，长期依赖于国外机构无疑会存在一定程度的安全隐患。因此，出于国家利益考虑，国资监管部门也对国内资产评估机构寄予了很大期望，希望国内资产评估机构尽快提高综合技术能力，能够快速伴随着"一带一路"国际战略和央企"走出去"战略的实施，提供专业便捷的评估服务。这样的形势和任务，迫切需要评估机构加快"走出去"的步伐，以完善境外国有资产管理链条，更好地为央企出海保驾护航。

（四）构建资产评估行业开放型发展战略

随着经济全球化深入发展和我国开放性经济体系的建立，服务业国际分工日益深化，服务业贸易规模快速发展，结构不断优化。资产评估作为全球通用的商业语言，是国际性服务业的组成部分，我国资产评估行业也将面临激烈的国际竞争，构建开放型资产评估行业任务紧迫。我们在服务国家开放型经济战略的同时，也要构建自己的行业开放型发展战略。

一是充分发挥我国在国际评估组织中的作用和力量，不断提升我国资产评估行业的影响力和话语权。目前，我国评估行业在重要的国际评估组织中均担任职务，任职履责作为连接中国评估行业和国际评估职业组织的桥梁和途径，不仅促进评估行业的国际化发展，更交流传递了中外在经济、金融和社会发展各方面的信息，其发挥的作用已远远超越评估行业本身，发挥了中外交流使者的积极作用。二是参与国际评估事务，增添国际评估行业中的中国元素。通过参与准则制定、课题研究、议事决策等，更广范围和更深层次上参与国际评估事务，充分发挥国际组织平台作用，扩大我国资产评估行业影响力，服务我国资产评估行业国际化发展和转型升级。三是加大人才培养，打造具备国际化胜任能力的评估队伍。加强人才培养规划的顶层设计，充分调动评估协会的统筹性、评估机构的联动性和执业人员个人的积极性，分层次、分批次快速打造具有国际视野和执业能力的立体化评估队伍。四是着力打造开放的、公平竞争的国际评估市场，加强与有关国家评估行业的交流合作，探索通过评估准则互认、评估师互认，逐步实行评估结果和评估报告互认，推动各国实现评估业务同一化和评估市场全面开放。

三、积极推进我国资产评估行业走出去和国际化发展

国际资产评估行业发展已有几百年的历史，特别是欧美等发达国家，评估行业和评估市场的国际化程度都比较高。相比较而言，我国资产评估

行业发展历史较短，评估行业和评估市场的国际化程度仍处在起步阶段。但是，随着我国经济的快速发展，特别是开放型经济战略建设的深入推进，企业走出去步伐加快，对外投资和经营规模不断扩大，资产评估的国际业务需求将迅速增加，评估行业国际化前景广阔、市场空间巨大。我们要深入分析我国资产评估行业走出去和国际化发展中面临的困难和挑战，着力解决制约行业国际化发展的内部和外部问题，统筹做好资产评估国内国际两个市场，全面提升我国资产评估行业的国际化程度和国际服务水平。

（一）积极拓展海外市场和海外业务

近年来，随着我国开放型经济步伐加快和企业"走出去"数量增加，资产评估行业海外业务拓展发展迅猛，主要呈现出以下特征：

从评估机构的排名和数量来看，探索开展国际业务较早的主要为综合评价排名前列、具备证券评估资格的十几家评估机构；从国际业务的规模来看，在排名前列的评估机构中，近三年增速明显，少数机构的国际业务比重已达到总收入的15%左右；从客户类型来看，因国内监管政策的要求，委托方主要为中央国有企业、地方国有企业和上市公司，但民营企业的比重逐渐呈上升态势；从业务类型和评估方法来看，主要为并购重组和股权收购，多采用市场法和收益法开展业务；从业务开拓模式来看，目前评估机构承接的国际业务大多是通过国内中央企业的委托，改制和重组上市时提供对境外资产的估值服务，个别评估机构也采用设立境外分支机构、与境外机构建立合伙关系或加入评估联盟等方式承接业务。

未来，我们要以服务我国企业"走出去"为依托，围绕企业投资、经营和管理，积极拓展海外业务和海外市场，建立全方位的境外评估服务业务体系，形成以欧美发达国家、新兴市场国家、"一带一路"国家评估市场为主体，其他国家和地区评估市场全辐射的市场网络体系。

（二）进一步加强国际评估理论与实践研究

我们要紧密结合国际业务和国际市场的拓展，进一步加强对国际评估准则和国际评估市场的研究。要以问题为导向，重点对评估行业"走出去"相关重大问题进行系统的调研分析。比如，近年来，我国企业境外并购风起云涌，尤其是在能源和矿产资源等领域，更是频频大手笔出击。境外并购的评估需求，既是资产评估机构国际化面临的机遇，也是挑战。境外并购评估要素复杂，评估对象随并购标的和支付方式的不同而变化，价值类型随并购协同效应的不同而变化，评估参数随当地产业政策、税收制度、会计制度、国家风险等的不同而变化，评估方法也因交易方式和阶段的不同而各有所不同。了解境外并购交易模式，熟悉国际评估惯例，是顺利完成境外评估业务的基础。因此，执行境外并购业务，必须按照国际惯例转换评估观念，调整作业模式，事先调查研究至关重要。

针对目前我国评估机构国际业务中普遍遇到的问题，一方面，要重点研究探索行业"走出去"的分阶段发展模式，构建合理、有效、可持续发展的海外业务拓展模型，着力发挥中国在客户资源、评估技术及人工成本等方面的突出优势，同时尽力规避开拓成本高等问题，解决信息渠道等方面的困难。另一方面，要在准则建设、市场开拓、评估技术及职业道德教育等方面加强研究、及时跟进，为加快实施行业"走出去"战略创造有利条件，尽快全面提升行业服务国际市场和参与国际竞争的能力。

（三）着力打造具备胜任能力的国际化资产评估队伍

目前，我国评估行业从事国际业务的实践少、经验少，在国际化业务的专业胜任能力方面还存在较大差距，境内外项目在语言、文化、政治、经济、法律方面的差异，对我国资产评估师执行境外评估业务提出了新的要求。此外，国际评估业务具有较强的咨询性质，投资者十分看重资产评估师的专业背景、工作业绩与综合分析能力。我国评估人员要走出国门开展评估工作，除了需要具备一定的外语能力，在沟通交流、收集信息、查阅资料等环节扫除障碍，还应具有较强的对陌生环境的快速适应能力，在灵活运用评估原理和经济、法律等其他学科知识的基础上，注重逻辑分析判断等综合能力的培养和运用。

因此，我们必须充分重视国际化高端人才的培养工作，要统筹规划，建立完善的体制机制，全力打造评估业具有国际视野和国际服务能力的人才队伍，为评估行业走向国际夯实队伍基础和能力基础。一是继续推进国际评估资格人才培养和课程引进。比较筛选不同区域和国家评估资质和评估课程的侧重点和适应性，选择适合我国当前发展形势所需的师资和教材，加大力度发展和培养具有国际执业资格的评估师，加快推进内地资产评估师与他国和地区间的资格互认工作，增强国际评估人才储备。二是加强国际评估业务继续教育与执业实践。设计构建合理高效的国际化人才培养体制和机制，制定有重点、有针对性的培训计划，着力提升评估师执行国际评估业务必需的法律、经济、外语等方面的知识和技能，提升专业胜任能力。通过与海外评估组织、评估机构的联系与合作，增强我国评估师的海外业务实战能力、海外市场开拓能力，丰富经验，提升国际竞争力。三是资产评估机构加大内部人才建设。通过培养综合服务能力强的境外资产评估队伍，一方面可以有针对性地对具备发展潜力的现有资产评估师进行培养，或者由外部引进具有各种专业特长的人员充实评估队伍，另一方面也可以致力于境外分支机构的建设，或者采取多种形式的合作，与境外专业机构建立业务联盟。

（四）完善相关政策制度，为资产评估行业"走出去"和国际化营造良好环境

2012 年，我国《服务业发展"十二五"规划》指出，要加快资产评估等商务服务业发展，扩大服务业开放，大力发展服务贸易。2013 年，李克强总理又强调，服务贸易将是下一步对外开放的重点。2015 年，中共中央国务院《关于构建开放型经济新体制的若干意见》也明确提出，要培育一批国际化的设计咨询、资产评估、信用评级、法律服务等中介机构。在这个大的政策框架下，我们要尽快把支持评估行业"走出去"和国际化的制度体系建立起来，从顶层设计到逐级细化，都要定好位、做到位。要按照市场导向和企业自主决策原则，稳步推进评估机构"走出去"和国际化战略，引导评估机构有序开展国际化经营、有序参与国际性竞争，使评估行业更加适应开放型经济发展要求。

中评协作为资产评估行业组织，将从以下几个方面做好工作：一是争取政策支持。由于海外拓展业务的初期成本很高，业务开拓困难，我们要积极协调财政部及有关部门，最大程度地争取财税政策支持，寻求资金补贴。二是搭建服务平台。要加强与有关部门、国际组织的联系和协调，为评估机构开展国际业务搭建政策咨询、信息使用、技术交流、人才培养等全方位的服务平台。三是完善业务监管。要坚持"业务开展到哪里、监管就要跟到哪里"的原则，及时对境外分支机构、境外从业人员以及众多海外业务进行全方位监管，加强规范、统一管理，更好地服务我国对外开放的大局。

（五） 加强资产评估行业数据网络和信息化建设

在信息全球化大爆炸的今天，数据已经渗透到当今每一个行业和业务职能领域，成为重要的生产因素。对于海量数据的挖掘和运用，预示着新一波生产率增长和消费者盈余浪潮的到来。近年来互联网和信息行业的迅猛发展，云计算的出现使得"大数据"日益引起人们关注。可以说，谁拥有了大数据谁就拥有了未来。

中评协一直非常重视行业的信息化建设，积极推进行业数据库的建设，目前已形成了包含法律法规数据库、知识产权评估数据信息系统、机电设备价格数据库、土地价格数据库及房地产评估、无形资产评估、宏观指标和宏观政策数据查询系统等多个专业数据库，为行业人员执业提供有力的数据支持。但是，从总体上看，特别是从数字化、网络化、智能化的角度看，我国资产评估行业仍处于传统的服务和管理模式状态，信息化水平仍然很低。存在的主要问题：一是统筹规划不足；二是基础建设薄弱；三是创新应用领域狭窄。目前我国大多数评估机构仅仅是传统评估业务与互联网的简单链接，缺乏深度的开发和应用，离大数据的标准和要求仍有较大的差距。

基于上述状况，要推动和实现我国资产评估行业的信息化和大数据建设，我们必须从实际出发，在深入调研和分析的基础上，找准行业信息化和大数据建设的战略定位，理清战略思路，进而形成科学、可行的开发、应用之路。首先，要进一步改进和完善行业数据库建设，在现有数据库建设基础上，完善数据库软件设计，对行业数据进行全面收集梳理，探索建立中国资产评估行业的数据库。其次，要着力建设行业数据网络，努力将全国资产评估涉及的各个部门、各种组织、各类企业、各评估机构的各个数据中心联成网络，使其不再各个孤立，而是有效地连为一体，使数据形态呈现出云端化、网格化、积木化特点，数据使用更加安全、便捷。最后，要搭建数据平台。数据平台与数据库、数据中心、数据网络的最大区别，就在于其重点不在数据本身，而在于数据产生的实际作用。要通过数据平台建设，为评估各方提供高效的数据服务，全面提升我国资产评估行业的信息化、现代化水平。

积极参与国际评估事务，增强我国评估行业国际影响力和话语权

伴随着中国经济和中国资产评估行业的快速发展，中国评估行业的国际交流与合作也得到长足进步。20多年来，中国资产评估协会坚持"以我为主，为我所用，内外有别，趋利避害"的外事原则，带领中国评估行业积极参与国际评估事务，开展国际交流与合作，显著提升了中国评估行业在国际评估领域的影响力及话语权。

一、积极参与国际事务，不断扩展中国影响力

从20世纪90年代中期开始，中评协代表我国资产评估行业逐步加强了与国际评估界的交流，经过20多年来的积极参与和不懈努力，中国评估行业赢得了国际评估组织和国际同行的广泛认可。

1995年，经外交部和财政部批准，中评协正式加入国际评估准则委员会（2008年10月更名为国际评估准则理事会，简称IVSC）。该组织是一个独立的、不以营利为目的的国际评估组织，为服务国际公共利益而成立，负责制定国际公认的《国际评估准则》，促进国际评估行业的发展。该组织是目前国际评估界最具影响力和权威性的组织之一。1999年中评协代表当选为该会常务理事，并于2008年起担任改组后的国际评估准则理事会管委会委员连任至今。

2005年，中评协加入世界评估组织联合会（WAVO）。该组织是由国际评估界专业协会和评估机构会员组成的专业组织，代表公众利益，宗旨是通过完善和推广最佳评估专业教育、培训、评估理论和操作实务，推动

国际评估行业使用统一的评估标准、评估方法和专业术语。该组织也是目前国际评估界最具影响力和权威性的组织之一。中评协代表担任其常务理事并于 2012 年升任副主席。

2013 年，中评协加入国际企业价值评估分析师协会（IACVA）并担任董事会副主席。该组织旨在为从事企业价值评估及反欺诈工作的专业人士提供国际上的支持，在国际评估界有较大影响。此外，中评协代表还担任国际财产税学会（IPTI）和国际企业价值评估学会（IIBV）常务理事。

在以上国际评估组织的决策层任职，表明了中评协团结国际同行、主动融入国际环境的合作姿态，同时为中国评估行业更多参与国际事务和提升话语权奠定了坚实基础。

二、充分发挥作用，持续提升在国际组织中的话语权

全球评估行业是一个共同体，各国评估事业发展互相影响，国际话语权实际是为本国主权争取利益。中评协代表在 IVSC 管委会（BOT）中认真履职，积极参与从战略决策到具体准则制定的各个环节，得到 IVSC 历任主席和委员的高度认可。2010 年 6 月在伦敦召开的 IVSC 管委会会议上，时任管委会主席的普拉达先生邀请中评协向管委会就"中国资产评估行业发展经验"作专题报告。中评协分别从行业协会建设、法定核心业务、三点一线的服务宗旨、卓有成效的准则建设、监管意志的融合以及评估立法建设六个方面，就中国评估行业最初为服务国企改革而诞生的特殊国情、以及在这种独特环境条件下为适应市场发展需求所采取的积极努力和积累的成功经验做了简要而全面的阐述。普拉达主席及各委员对我们的发言给予了充分肯定和高度评价，认为中国资产评估协会在政府间协调、评估立法、准则建设、反映会员诉求和争取法定业务等方面付出的努力令人敬佩，所取得的积极成果值得宣传和借鉴。普拉达主席表示，相信中国的评估行业如同中国经济的快速发展一样，在不久的将来一定会成为世界的领头羊。

中评协在 IVSC 的管理委员会会议上多次提及中国政府、财政部、相关资产管理部门及中评协对 IVSC 的支持，提出诸多对 IVSC 发展战略及扩大《国际评估准则》认知度和影响力的建议。IVSC 管委会现任主席戴

维·泰迪爵士在 2014 年 3 月访问中评协，我们在会谈中建议：IVSC 应关注各国不同市场主体的评估市场，每年形成对市场的分析报告并予以公布；评估准则应在扩大影响、合理定位、具可操作性三方面努力；IVSC 应对每年各国评估组织发布的新准则予以公告，公布各资产管理部门采用准则的情况，从而起到引领作用；IVSC 应加强与各国的联系，促进其在更大范围内得到肯定。以上建议得到戴维·泰迪高度认同并正逐步落实在 IVSC 的工作中。

中评协间接或直接参与对 G20 的支持活动。为应对金融危机，国际评估准则理事会在 2011 年应邀加入 G20 峰会非政府类金融行业监管组织专责小组，以研究报告形式为峰会"加强国际金融监管"提供专业咨询及政策建议。中评协积极参与国际评估准则理事会专责小组相关工作，从全球准则一致性的制度层面为应对金融危机推介经验，共同促进评估行业在全球资本市场稳定和经济发展中的积极作用，提升评估行业在服务全球经济稳定中的影响力。

中评协积极在国际评估准则制定中发挥作用。通过推荐国内评估行业专家在 IVSC 准则委员会（IVSB）任职和组织行业专家参与准则制定征求意见环节，中评协能够关注并参与 IVSC 准则及指引制定的整个过程。IVSC 也十分重视中国评估行业的经验，充分考虑中国代表提出的观点。对于国际评估准则的修订和补充，积极参与讨论，依据中国准则的框架体系结构对新版国际评估准则的结构体系提出合理化建议，中评协的观点得到 IVSC 的认可，实现了在新版国际评估准则制定过程中提升中国评估准则影响力，促进全球评估准则趋同。

2014 年，亚太经合组织（APEC）工商咨询理事会（ABAC）主席宁高宁曾在致 APEC 财长的信中指出，资产评估是全球经济决策的中心环节，广泛应用于资本市场和不动产市场，也适用于公共部门和私营部门各组织（包括监管组织）的决策和行为。建议各位财长鼓励公共部门与 ABAC、国际评估准则理事会（IVSC）、评估专业组织（VPOs）以及来自评估行业和其他相关组织的专家进行合作，使区域性准则向健全的国际准则趋同，推动评估专业组织的可持续发展，并使其在行业准则、教育和知识储备方面更加完善，从而促进亚太地区各经济体进行高质量的评估实践和专业人才培养。

中评协也为推动世界评估组织联合会发展做出了积极努力。2005 年，中评协加入世界评估组织联合会担任常务理事，并于 2012 年当选副主席单位，对其发展方向、在全球评估业中的定位及作用等提出了建设性的建议，起到了决定性的推动作用。2013 年 5 月，中评协与 WAVO 在湖北共同举办了以"评估·创新·发展"为主题的国际研讨会，来自新加坡、美国、加拿大、越南、韩国的评估界同行专家与中国评估界同行进行了专业交流。在同期举行的 WAVO 理事会上，中评协对 WAVO 的发展和作用提出了"为评估师走向国际牵线搭桥；为评估机构服务国际搭建信息平台；为企业界评估专家掌握运用评估答疑解惑"的建议，得到 WAVO 理事会成员们的高度认同，理事会随即提出在其副主席单位——中评协设立 WAVO 中国办公室的动议，以使中评协更多地承担 WAVO 秘书处的工作，影响并推动其发展。2015 年以后，WAVO 在国际影响力日渐扩大的进程中面临着总部迁址、与 IVSC 合作、发展个人会员等事宜，中评协作为副主席成员组织，坚持继续履职尽责，加强沟通和交流，争取更多的支持和话语权，促进中方和国际评估专业的共同发展。

作为国际财产税学会的常务理事，中评协也为推动国际财产税学会的发展发挥了积极作用。2008 年 10 月，中评协与国际财产税学会在北京共同举办了"资产评估与财政税收——国际经验与中国改革"国际论坛。国际财产税学会主席和来自全球 30 多个国家、地区和国际组织的官员、专家、学者以及来自中国财政部、国家税务总局、地方评估协会、评估机构负责人等共计 200 多人出席了大会，共同探讨资产评估与财税改革热门话题。来自于不同国家和地区的 28 位演讲嘉宾分别就"财产税与经济发展"、"财产税征收与管理程序"、"中国财产税改革实践"、"财产税批量评估应用"以及"财产税改革展望"等专题进行演讲与讨论，促进了相互交流，分享了专业成果，提升了国际财产税学会和中国评估行业的影响力。

三、扩大专业交流，分享评估行业发展成果

近十多年来，中国评估行业在国际评估专业研究领域的作用日显重要，许多重要的国际评估专业会议都希望能有中国评估行业的参与。一是

在中国共同举办国际专业会议。自 2004 年中评协分设以来，中评协分别与 IVSC、WAVO、IACVA、IPTI、国际机器设备评估大会组委会共同举办或承办了具有影响力的国际评估专业研讨会共 10 余次，得到了国际同行的高度赞誉，也极大地促进了国际评估业的专业交流。2015 年 11 月 12 日，中评协与世界评估组织联合会（WAVO）共同举办了题为"评估市场创新与发展"的第七届评估师大会，财政部党组成员、部长助理许宏才在大会致辞中指出，经过 20 多年的发展，中国资产评估行业为国家建设做出了积极的贡献，已经成为中国市场经济中的一支重要力量。中国政府高度重视包括资产评估行业在内的现代服务业的发展，将加快发展现代服务业作为一项重要发展措施，将提升服务业的比重和水平作为新的经济增长点和增长极。财政部作为资产评估行业的行政主管部门，通过加强行业法制建设、规范监督管理、鼓励拓展市场，有力地促进了资产评估行业的健康快速发展，资产评估行业必将大有可为、大有作为。二是应邀参加国际专业会议。国际评估界的会议，由于有中国的参与而具有了更大的代表性和更强的活力。中评协领导和中国评估行业代表越来越多地被邀请在国际会议上演讲。2010 年 6 月，贺邦靖会长出席国际企业价值评估分析师协会年会并应邀在大会上发表演讲；2010 年 8 月，刘红薇部长助理出席美国评估师协会国际评估师大会并应邀在大会致辞。

通过中外评估专业方面的交流与沟通，越来越多的国际同行希望能够听到中国评估界的声音，分享中国评估行业发展的经验和成果。另外，在境外举办的国际会议上，有些已经能够为中国代表举办具有中英互译的专场，凸显中国资产评估行业的地位的提升。通过开展各种国际性专业交流活动，使我们能够及时掌握国际评估理论与技术的最新发展，拓展专业合作的机会，同时也向国际评估界分享了中国评估行业发展成果。

四、拓展国际合作领域，日益提升行业国际竞争力

国际注册价值评估分析师（ICVS）资格，是国际企业价值评估分析师协会（IACVA）推广的一个广受国际认可的企业价值评估领域的专业资格。为提升行业的国际化水平和参与国际竞争力，中评协于 2008 年与 IACVA 签订合作协议，联合举办注册企业价值评估分析师（ICVS）培训

班。至目前已经举办了 7 期，共计近 200 名中国评估师取得了 ICVS 资格。ICVS 资质的专业优势可以在更深层次和更广范围服务于中国的经济发展和参与国际评估市场的竞争，拓宽并提升了会员服务的平台和水平。

中评协还与美国评估师协会、英国皇家测量师协会、澳大利亚资产学会、俄罗斯评估师协会、罗马尼亚评估师协会以及香港测量师学会等多个评估组织开展交流，通过签署合作备忘录、合作开展专业研究等，为双方在执业实践、理论研究、会员发展、准则制订、后续教育等诸多领域开展交流与合作奠定了良好基础。2016 年 1 月，中评协与英国皇家特许测量师学会主席兼首席执行官肖恩汤普金斯签订了有关企业价值评估准则的合作协议，标志着中英企业价值评估准则研究合作正式展开。2013 年 11 月，香港测量师学会代表团来访，中评协与原企业司代表共同会见了香港测量师学会代表团，三方探讨了香港产业测量师与内地注册资产评估师资格互认等问题。

此外，中评协还结合我国评估机构海外业务开展有针对性地与有关国家进行沟通与合作，为评估机构海外执业提供咨询及人力、法律、技术支持，帮助企业解决境外执业中的实际问题，为促进双边合作交流注入了市场活力。

五、立足长远，开拓行业国际交流新局面

中评协及中国评估行业在国际领域不断取得发展，离不开中国经济强大的影响力，离不开中国政府有关部门的正确领导和支持，离不开各评估专业协会的密切配合和协调，正是这些力量使得中评协兼具站位高与影响广的优势，并成为加强行业凝聚力，扩大国际影响力的重要载体。

当前及未来一段时期内，中评协将进一步发挥自身的职能作用和组织优势，以更加主动积极的姿态，推进评估行业国际交流与合作，努力开创行业国际交流新局面。一是加大参与国际评估组织的广度和深度，积极参与相关重要活动，主动设置活动和研究议题，不断增强话语权，为加快实施行业"走出去"和国际化发展战略创造有利条件。二是研究探索行业国际业务领域和"走出去"的分阶段发展模式，加强与主要评估市场国家的交流与合作，鼓励中国评估机构与境外评估机构开展不同形式的合作，提

升行业服务国际市场和参与国际竞争的能力。三是继续参与并强化在专业领域的交流合作，推荐更多的行业专业人士参加国际组织和国际合作项目，尤其要积极支持和引导行业党外优秀代表到国际评估组织中担任职务，发挥作用，通过评估行业这个窗口和平台，将统战工作引向深入，引向国际。四是要加大对中国资产评估行业的宣传，充分利用各种组织、机构、会议、活动、媒介等宣传中国评估行业和中国经济发展成果，以宣传国家形象树立行业形象，以树立行业形象维护国家形象，着力打造具有良好国际形象、国际能力和国际信誉的中国资产评估行业。

借鉴国际成果，推动中国资产评估行业创新发展

世界评估组织联合会第七届评估师大会由中国资产评估协会与世界评估组织联合会共同举办。世界评估师大会由世界评估组织联合会创办，迄今为止已经成功举办六届，是具有广泛国际影响的行业盛会，是各国评估同行相互学习的专业平台，更是全球评估精英沟通交流的桥梁纽带。

一、围绕"创新与发展"，共商行业发展大计

本次大会以"评估市场创新与发展"为主题，顺应中国经济深度融入世界经济的时代大潮，秉承开放发展、合作共赢的发展战略，努力把创新摆在评估行业发展全局的核心位置，为发展注入新动力、增添新活力、拓展新空间，推动评估行业由服务于传统企业向新型业态、新兴产业转变。出席大会的领导和演讲嘉宾对资产评估服务于经济发展新常态的战略思路、机遇挑战、理论实践等诸多方面进行的深入交流探讨，思想与智慧的融合碰撞，汇聚出引领和支持全球评估行业未来发展的强劲力量和丰硕成果。

有来自全国人大、财政部、国务院国资委、证监会等政府部门，世界评估组织联合会、香港测量师学会、英国皇家特许测量师学会、新加坡测量师与评估师协会、国际企业价值评估分析师协会、澳大利亚资产学会、美国评估学会等国际评估组织，中国资产评估协会及各地方评估协会秘书长、部分国内院校的资产评估学科带头人、国内知名资产评估机构代表等参加了本次大会。参加会议人数之多、代表范围之广，创造了历届会议之最。这充分说明资产评估行业在全球经济社会发展中的作用日益增强，资

产评估行业正在受到更多国家、更大范围的社会支持和关注，大家对评估行业的创新与发展充满信心和期待。

二、与时俱进，彰显评估行业强大活力

本次会议以"评估市场创新与发展"为主题，分评估市场新趋势、文化产业与资产评估、PPP 与资产评估、互联网与资产评估四个单元，共邀请 3 位评估行业领导、14 位中外评估师和学者，分别从多个层面、多个角度、多个专题、多种形式发表了精彩的演讲，大会收获了丰富的成果，并显示了鲜明的时代特色。

一是主题鲜明突出。创新是经济社会发展的原动力，是评估行业发展的新引擎。本次大会紧紧围绕国际和国内评估市场创新与发展的主题，反映了评估行业服务经济社会发展的本质特征。

二是观点精彩纷呈。参加本次大会的国内外评估行业高层领导和业界精英，用缜密的思路和前瞻的眼光，对各个单元的选题进行探讨，各种观点的凝聚和碰撞，使与会代表开阔了视野，启迪了思路。

三是理论指导实践。深入系统的理论研讨，回应了市场关切，为资产评估实践出现的新情况、新问题提供了专业支撑，彰显了行业的专业性。

四是内容充实丰富。尽管每位演讲者只有短短二十分钟的时间演讲，但每位都毫无保留，展示核心观点，传导主要内容，使中外评估同仁共同分享了全球资产评估的最新发展成果，传播了评估专业，搭建了友谊桥梁，体现了评估力量。

开幕式上，中国财政部许宏才部长助理发表了热情洋溢的致辞，表达了对全球评估同仁的欢迎和对评估行业的期望，全面阐述了资产评估在全球经济运行中的作用，特别是中国资产评估行业，坚持为国家经济社会服务的宗旨，助力我国全面建成小康社会的特殊使命和发展目标，并从进一步加强评估法规制度建设、规范和完善资产评估行业行政管理、加强对行业协会的指导和监督、积极推动政府购买服务、积极支持行业市场开拓和队伍建设等五个方面提出了全面推动评估行业改革创新的具体措施。

中国资产评估协会贺邦靖会长发表题为《资产评估市场创新与发展》的主旨演讲，展示了中国评估行业在中国改革开放和现代化建设中取得的

巨大成就，总结了中国资产评估市场建设的基本经验，并着眼评估行业未来发展，阐述了评估市场创新发展的新思路、拓展服务经济社会发展的新领域、完善行业管理体制的新架构，同时要加强国际交流与合作，推进评估行业的国际化。

世界评估组织联合会主席林兰源发表题为《打造创新型的评估行业以满足全球之需》的主旨演讲，从市场和案例的角度，论证了资产评估行业适应全球经济和城市环境的发展，必须依靠专业创新、市场创新和技术创新的行业发展理念。为我们展示了全球经济背景下，国际评估行业的发展新动态、市场新趋势和专业新规划，也使我们感受到在世界经济的融合与发展的过程中，中国评估行业和国际同行共同前行的历史使命。

在第一单元"评估市场新趋势"中，世界评估组织联合会副主席、香港测量师学会高级副会长区成禧、中联资产评估集团公司董事长范树奎、香港测量师学会产业测量组主席何展才，分别结合当前国际经济形势以及中国经济转型时期特点，深刻分析了评估行业面对的新市场、新机遇和新趋势，提出了许多促进评估市场发展的新观点、新见解，丰富了我们的评估理论和实践。

在第二单元"文化产业与资产评估"中，北京中企华资产评估公司总裁刘登清、皇家特许测量师学会全球评估与环境质量评估总监本·埃尔德（Ben Elder）、中通诚资产评估公司副总经理袁煌，分别对文化产业资产评估的重点和难点问题进行了专业、系统的梳理，探讨了文化产业资产评估在评估理论和技术上的特殊性，就评估方法、技术路径、模型和指标体系、文化产业评估数据库等专业问题展开深入研究，提出了更加具体的应对措施。

在第三单元"PPP与资产评估"中，国际企业价值评估分析师协会主席威廉·汉林（William A Hanlin）、首都经贸大学财税学院副院长王竞达、新加坡测量师与评估师协会项目总监张丽金（Teo Li Kim）、立信资产评估公司合伙人赵仕坤，分别从学术和实务的角度，解读了PPP项目在提高政府效能、激发市场活力和社会创造力中的功能作用，以及PPP项目为资产评估带来的市场空间，深入分析了资产评估在PPP项目推广与实施工作中具有的专业优势和人才优势，通过PPP项目案例分析总结经验，助力PPP

项目降低风险，实现价值最大化。

在第四单元"互联网与资产评估"中，澳大利亚资产学会治理与重组委员会主席罗伯特·海克（Robert Hecek）、北京天健兴业资产评估公司董事长孙建民、美国评估学会候任主席斯考特·罗宾森（Scott Robinson）、中和资产评估公司总经理王青华，分别从响应实施"互联网＋"战略的角度，深刻分析了资产评估与"互联网＋"、大数据、云计算等新兴技术的深入融合，对推动新产业、新业态的发展具有的促进作用。阐述了资产评估技术方法在互联网新商业模式领域的应用与创新，将对资产评估行业带来的革命性的影响。

总之，17 位评估专业人士的演讲，以信息共享增进了彼此了解，以经验交流分享了最佳实践，以沟通协调促进了行动共识，从而为资产评估行业进一步发挥专业功能和作用，更好地服务于世界和中国经济社会的发展，提供了有益的参考和帮助。

三、借鉴国际成果，推动中国资产评估行业创新发展

本次大会取得的丰硕成果，必将推动资产评估行业的理论创新、市场创新、实践创新和管理创新，中国资产评估行业将充分借鉴国际成功经验，结合国家改革发展要求，加大改革创新力度，走出一条既有中国特色又有国际水准的行业发展之路。

1. 加强制度和理论创新

资产评估法规制度体系是健全市场经济法制建设的重要环节，在国家推进简政放权、强化行业自律管理的政策引导下，建立与我国基本经济制度相适应的评估制度和理论体系尤为重要，一是强化法规制度的建设，推进评估行业法制化进程。目前，中国的资产评估法（草案）已经三次审议，推进评估立法的社会共识越来越多，相关部门已经对评估立法中重大问题达成共识，中国资产评估行业将全力配合资产评估立法工作。二是适应国家创新发展要求，建立行业自律监管新体制。要全面贯彻十八届五中全会提出的坚持创新发展的要求，建立充满活力的行业自律和行政监管相结合的新体制。三是推进准则理论创新，强化评估准则体系建设。结合评估市场和评估行业发展要求，不断深化市场研究、基础理论研究、实践应

用研究以及行业管理研究，修订与行业发展要求不相适应的准则，加快推进评估准则体系建设。

2. 全力推进评估市场创新

市场是行业发展的基石，本次大会的主题是"评估市场创新与发展"，契合创新是国家发展全局的核心，也是资产评估市场转型发展的新引擎。因此，我们要全力推进评估市场的创新发展：一是推动文化市场创新，要加强文化产业资产评估理论研究，深入分析文化企业资产评估特殊性，加大如社会效益价值、新业态影响、无形资产等方面的研究力度，形成专业成果，推进准则建设。二是推动 PPP 市场创新，资产评估行业要做好 PPP 市场基础理论、技术方法研究，加强 PPP 项目的政策协调，优化资产评估人才结构，为 PPP 项目的推广提供优质服务。三是推动互联网市场创新，要根据互联网企业的特性，探索其商业模式适用的评估方法和评估技术，实现互联网企业的合理评估。同时，要认识到大数据将为评估行业带来革命性、颠覆性的影响，要主动适应大数据，积极应用大数据，建设数据型评估行业，提升服务能力。

3. 积极推进国际评估交流与合作

资产评估是市场经济的通用语言，是推进全球经济信息交流、资本流动不可或缺的重要桥梁。特别是在经济全球化的今天，中国的资产评估行业需要融入世界，国际同行也需要中国评估行业发展。因此，国际评估业界交流和合作需要进一步加强。一是中国资产评估行业要以更加开放的姿态，加强与世界评估组织联合会、国际企业价值评估分析师协会、英国皇家测量师协会等国际同业组织之间的联系和互动，拓宽交流领域，拓展交流层次，加强业务探讨，深化在行业发展、准则建设、会员管理、资格互认、评估方法创新、评估结果互认等方面的交流合作，提升中国评估行业的国际形象。二是要积极参与国际评估规则制定，支持和参与国际评估理论和重大课题研究、评估市场研究，为专业创新和行业发展提供参考和借鉴。三是要加强大数据建设，云计算、大数据、移动互联网等新兴技术的快速发展，为社会带来了新技术和新思想，也推动着资产评估行业的深刻变革和跨越式发展，得数据者得天下，资产评估行业要进一步推进国际评估数据的共享和合作，提升评估行业的国际视野和专业水平。

志合者，不以山海为远。本次大会是全球评估业界展示成果、相互切磋的盛会，也必将成为国际评估业界交流与合作的新起点，希望全球评估业界同仁聚共识、谋合作、促发展，加强国际评估合作，为经济发展全球化奉献评估专业力量。

（本文为作者 2015 年 11 月 12 日在世界评估组织联合会第七届评估师大会上的总结讲话，发表于《中国资产评估》2015 年第 12 期）

我国评估行业海外市场发展状况及面临的主要挑战和应对策略

十八大以来，党中央、国务院高度重视开放型经济发展，提出实行更加积极主动的开放战略，并出台了一系列战略构想和政策措施。2013 年 9 月和 10 月，国家主席习近平在出访中亚和东南亚国家期间，先后提出共建"丝绸之路经济带"和"21 世纪海上丝绸之路"（"一带一路"）的重大倡议，由此构筑新一轮对外开放的"一体两翼"，全面助推内陆沿边地区和东部沿海地区的对外开放。2013 年 11 月，党的十八届三中全会提出，要适应经济全球化新形势，构建开放型经济新体制。2015 年 5 月，中共中央、国务院印发了《关于构建开放型经济新体制的若干意见》，对开放型经济建设进行了总体部署。2016 年 8 月，在"一带一路"战略实施三年之际，党中央召开了推进"一带一路"建设工作座谈会，总结经验、坚定信心，扎实把"一带一路"建设推向前进，让"一带一路"建设造福沿线各国人民。

随着经济结构调整和开放型经济战略的深入推进，我国对外投资和企业"走出去"步伐逐步加快，资产评估行业的服务领域和范围也在进一步由境内向境外拓展，资产评估的海外业务和海外市场得到了较大发展，成为近年来行业发展的一个突出亮点。

一、评估行业海外业务发展状况

2015 年以来，为了推进资产评估行业的国际化发展，充分了解和掌握我国评估机构海外业务情况，帮助企业解决海外评估业务中遇到的突出困难和问题，中评协召开了一系列座谈会并进行了专题调研。从座谈和调研情况看，目前评估行业拓展海外业务主要呈现出以下特征：

一是从事海外业务的评估机构数量显著增加。从评估机构的排名和数量来看，探索开展国际业务较早的主要为综合评价排名前列、具备证券评估资格的十几家评估机构。近年来，从事海外评估业务的机构数量已经增加到几十家，包括一些中型和小型机构。

二是海外评估业务规模和收入大幅增长。从国际业务的规模来看，在排名前列的评估机构中，近三年增速明显，少数机构的国际业务比重已达到总收入的15%左右。海外评估业务已经成为许多机构的主打业务之一。

三是客户类型呈多样化趋势。目前，因国内监管政策的要求，委托方主要为中央国有企业、地方国有企业和上市公司。但是，近年来民营企业的比重逐渐呈上升态势，特别是一些高科技、新业态企业数量增加较快。

四是海外业务合作模式在逐步拓宽。从业务开拓模式来看，目前评估机构承接的国际业务大多是通过国内中央企业的委托，在改制和重组上市时提供对境外资产的估值服务；个别评估机构也采用设立境外分支机构、与境外机构建立合伙关系或加入评估联盟等方式承接业务。评估机构业务的承接和合作模式在逐步拓宽。

总体而言，我国评估行业的国际化市场拓展仍在起步之中，国际化业务的前景广泛、空间巨大。评估机构拓展海外市场的意识和手段在逐步增强，国际化发展的后劲强大。

二、开展海外评估业务面临的主要挑战和问题

虽然近年来我国评估行业发展较快，国际市场开拓意识和能力逐步增强，但是，与我国企业走出去的服务需求相比，与具有较长行业发展历史的欧美同行相比，与国际市场的巨大需求和较高要求相比，我国评估行业的国际化发展还面临许多严峻挑战，评估海外市场开拓和建设还要付出更多艰辛的努力。

（一）境外机构对我国资产评估机构的挑战

一是境外估值机构的竞争。目前已有多家境外估值机构进入了国资委中央企业选聘资产评估机构备选库的汇总名单，而《资产评估法》的颁布

实施，意味着未来海外资产评估机构以其雄厚的基础和良好的公信力，将从国内资产评估机构中博取一杯羹。境外机构的评估理念较为市场化，同时有着深厚的行业分析底蕴和市场数据占有的优势，主要评估技术和观点也为各国投资者所认可。而国内资产评估机构目前尚停留在满足监管部门需求的法定评估思路中，对市场化业务和新兴业务敏感不足，对相关人员的培训和储备也极为欠缺，特别在国际化业务方面，资产评估机构仍缺乏相应的人才和服务网络支撑，尚无法大规模开展海外并购业务。假以时日，境外估值机构定将与我国资产评估行业展开强劲竞争。

二是投行估值业务对证券评估业务的竞争。2014 年新修订的《上市公司重大资产重组管理办法》出台后，投行、境外评估公司、咨询公司等估值机构出具的估值报告也可成为重大资产重组中的定价依据。相较于资产评估机构，投行的估值理念较为市场化，主要估值技术和观点也为投资者所认可，从目前来看，投行、境外评估公司、咨询公司等估值机构的业务总量仍占资本市场评估业务的小部分，但凭借其贴近市场化的估值技术和在资本市场的客户资源，亦将成为我国资产评估行业的强劲对手。

三是审计业务对资产评估机构的威胁。尽管并购重组和股权收购是目前国内评估机构拓展国际市场的主要业务类型，但合并对价分摊、资产减值测试、单项资产转让、服务于会计核算的评估业务等类型也初露矛头。评估机构在此类非传统评估业务中想要谋得一席之地，面临会计机构的诸多挑战。尽管审计服务一直是世界各国注册会计师行业的传统业务，但随着审计风险、注册会计师法律责任的不断提高，世界各国、尤其是经济发达国家的会计事务所也正逐步调整发展战略，在传统的报表审计业务之外扩展市场，提供多元化的咨询服务。与其他专业咨询服务机构相比，由于注册会计师在提供审计服务时必须要详尽地了解委托人的全部情况，因此其在从事审计服务的同时提供管理咨询服务，不仅具有市场进入优势，也具有相应的成本优势。

（二）国内评估行业面临的主要问题

虽然"十三五"期间国家将继续加大对服务业"走出去"的支持力度，一些评估机构也已经开始在境外拓展评估业务，但是国内评估行业自身仍有很多问题急需解决，主要包括：

一是国内评估行业和评估机构的宣传不够，尚未形成中国资产评估品牌，与国际名牌机构相比，缺乏国际竞争优势。

二是境外资产评估业务的相关准则和指导意见缺位。目前，我国机构从事境外业务，主要依据还是国内评估准则，虽然我国评估准则与国际评估准则趋同度较高，但就境外业务而言针对性和指导性不足，评估机构在境外执业的程序有待规范。

三是国际化人才缺失，培养任务艰巨。许多机构由于人才不足不能开展海外业务，许多国内优秀评估师由于语言障碍而无法承接海外业务。

四是政策支持不足。评估机构在境外设立分支机构缺乏政策指导，审批流程繁杂。在境外执行评估业务时间和人力成本高，缺乏相关优惠政策和机制对机构给予鼓励。

五是信息服务短腿。境外评估业务数据库有待建设和完善，信息共享网络没有形成；境内外评估机构直接交流的平台和渠道有限，建立业务合作关系艰难；执行境外评估业务时缺少同类上市公司和交易案例的参考，等等。

三、推进开展国际评估业务的应对策略

2015年9月17日，中共中央国务院出台了《关于构建开放型经济新体制的若干意见》，明确提出，建立促进"走出去"战略的新体制，需要发挥中介机构作用；培育一批国际化的设计咨询、资产评估、信用评级、法律服务等中介机构；充分发挥行业协会商会在制定技术标准、规范行业秩序、开拓国际市场方面的积极作用，提高行业自律管理能力。评估行业在"走出去"战略的贯彻实施中，首要任务是建立国际化的评估机构，积极推进海外业务和海外市场的拓展。未来应重点做好以下几项工作：

（一）提升中国资产评估行业公信力，打造中国资产评估品牌

要通过改革创新，全力推进行业转型升级，强化质量管理，提升行业的服务水平和社会公信力。要积极培育本土知名评估机构品牌和评估师品牌，提升行业的知名度和竞争力。要力争将资产评估列入G20、APEC以及中美战略与经济对话、中英中法中德中欧中日财经对话等高层会议议题，寻求各国高层对资产评估行业发展和国际合作的支持，扩大资产评估

专业影响力。要鼓励国内评估机构参与亚洲博鳌论坛、达沃斯论坛等高端对话机制，加大自我推介，提升中国资产评估行业的国际影响力。

（二）为评估机构拓展境外业务创造良好环境和条件

一是修订机构管理办法，为境内机构在境外发展提供政策保障。研究外资咨询机构、评估机构等小比例参股境内评估机构的相关政策。鼓励境内评估机构在境外设立分支机构或寻找紧密合作机构。对评估机构在境外设立分支机构给予政策指导。探索国内分支机构和境外合作机构登记制，加强对境外机构的监督指导工作，保障国家经济信息安全。

二是研究开展境外业务相关优惠政策和机制，为机构开展境外业务提供经济支持。在会费政策方面，研究对开展境外评估业务的机构所缴纳的会费适当减免。建立奖励或补贴机制，如评估机构"走出去"专项基金（资金），用以投入专业研发。协调有关部门，在国有企业开展境外并购中优先选择境内评估机构。

三是为境内评估机构"走出去"搭建平台。协会收集发布各类国际会议信息，鼓励机构参与并积极宣传中国经验。协助境内评估机构举办境外资产评估会议或专题论坛，如围绕"一带一路"邀请国际评估组织和境外评估机构交流经验。

四是为境内外机构创造直接交流的机会。将国际知名评估机构相关信息整理发布，作为机构合作或借用境外专家力量的渠道和参考。鼓励境内评估机构加强对外宣传，如印制英文宣传手册，建立英文网站等。加强中外机构间的直接交流，就方法和概念的差异进行沟通，分享案例及操作流程，为双方适应对方法律法规和行为规范提供支持。

（三）制定境外评估业务指导意见，建立行业境外评估业务数据库

针对涉外业务资产的特点，与涉外业务相关部门取得沟通，研究制定专门的评估准则或指导性意见、估值报告的范本及要求文件，规范业务程序。建立境内外信息数据库，境内信息包括境外评估业务典型案例、技术模式、经验教训和注意事项等；境外信息包括开展业务国家的法律法规、税收政策、物价指数、评估准则、主要资产评估方法和参数等，实现境内外信息共享。

（四）加强行业国际化人才培养，制订人才培养战略计划

一是开展境内专项培训，根据境外业务的人才层次、需求结构、业务地域和经济行为安排专题培训和研修班。邀请具备境外评估业务经验的境内机构人员和境外机构代表就特定国家或地区执业的注意事项等进行培训；邀请国际评估组织专家和资产评估专业外语老师进行业务用语培训；对短期内要到境外执行评估业务的评估师进行强化培训。二是开展境外进修和实践。由协会、机构和个人共同出资，选派部分人员到境外进修或交换实习；设立培训基金，外派专业人才到对口机构实践。三是推进国际和地区间评估资质的互认。鼓励评估机构和评估师加入国际评估组织，申请机构或个人会员资格，获取国际网络资源。

（五）加强境外评估业务专题研究

一是开展境外评估业务专项课题研究，针对境外业务中的一些重点、热点、难点问题，组织参与境外评估项目较多的公司联合开展研究，提出解决对策和方案，提供咨询和支持服务。二是组织编写境外资产评估项目案例选编，为评估机构和评估师从事境外业务提供参考。三是加强海外业务和海外市场战略研究，按区域、分类别形成战略规划，有计划、有组织地推进评估海外市场建设和行业国际化发展。

中国机器设备评估理论与实践

    很高兴来东京出席第九届国际机器设备评估大会。国际机器设备评估大会是国际评估界的旗舰活动，专业影响广泛。两年一度的盛会，已成为国际评估界的重要品牌，为全球评估专业人士交流信息、合作共赢、展望未来搭建了一个高端、高效的平台，为全球评估专业人士所瞩目。我首先代表中国资产评估协会，对这次会议的主办方美国评估师协会（ASA）、澳大利亚财产学会（API）和英国皇家特许测量师学会（RICS）长期以来致力推动国际评估交流与合作所做的努力表示赞赏，对东道主日本资产评估士协会（JaSIA）为筹备此次大会付出的辛勤工作和周到安排表示衷心感谢！

    此次会议以"融合评估理论与实践，聚焦最新技术发展"为主题，契合了世界科学革命和技术发展的趋势，重点研讨机器设备评估专业理论和实践的最新动态和前沿，也将反映当前国际评估界促进经济发展的共同关切。中评协作为本次会议的筹委会成员，愿意为会议的成功举行做出积极的贡献。围绕大会主题，我将从四个方面介绍中国的有关情况：一是中国经济改革和宏观经济走向；二是中国机器设备制造行业与机器设备评估市场的发展；三是中国机器设备评估的理论与实践；四是中国将积极参与评估领域的国际交流与合作。

一、中国经济改革和宏观经济走向

    当前，全球经济还未走出 2008 年金融危机的阴霾，面对世界经济增长乏力和国内经济下行压力，中国政府在着力打造中国经济的"升级版"，坚持稳中求进工作总基调，加强和创新宏观调控，全面深化改革，通过深化简政放权、放管结合、优化服务等，积极应对各种风险和挑战，大力推进经济结构调整，培育经济增长新动能。中国经济的走势为"形有波动、势仍向好"。主要表现为：

一是经济运行处在合理区间，主要指标有所回升。前三季度，国内生产总值增长6.9%，在世界主要经济体中仍居前列。新增就业人口同步增加，居民消费价格同比上涨1.3%，投资、消费和工业等主要指标出现逐月回升走势。1~8月份，规模以上工业增加值同比增长6.3%，固定资产投资同比增长10.9%，社会消费品零售总额同比增长10.5%。

二是结构调整和增长动力转换加快，发展质量不断提升。中国经济结构在加快优化，服务业已占GDP半壁江山，消费对经济增长的贡献率达到了60%，信息、文化、健康、旅游等消费需求旺盛。投资结构继续优化，民间投资比重达65.1%。三次产业结构调整加快，农业基础进一步巩固，工业加快调整转型，高技术产业增速明显快于整体工业，节能环保、绿色经济发展方兴未艾。

三是改革开放深入推进，市场活力进一步激发释放。行政管理体制改革深入实施，财税金融改革稳步推进，投融资、价格改革不断深入，以特许经营、PPP模式等市场手段吸引鼓励民间资本参与重大项目。中国政府出台一系列"大众创业、万众创新"的政策措施，上半年全国新登记注册企业同比增长19.4%，注册资本增长43%。各类创业平台蓬勃发展，科技创新成果不断涌现，"互联网+"向更广领域拓展，现代信息技术与传统产业加快融合发展。

四是公共产品和服务水平进一步提升，民生得到较好保障。上半年全国居民人均可支配收入持续快于经济增速，农村居民收入增长快于城镇居民收入。社会保障继续扩大范围，提升水平，教育医疗文化等基本公共服务进一步提升，城乡基本公共服务均等化、标准化建设加快推进。

中国经济最大亮点，就是经济结构得到优化，居民收入较快增长，就业形势保持稳定。当然，中国经济也面临着不少困难和下行的压力，如经济增长放缓，财政收入增速持续较低等，这是中国经济新旧动能转换、调整转型期的正常现象。全球经济情况总体偏弱，中国不可能独善其身。

通过对以上宏观经济形势的分析，我对中国保持长期中高速增长很有信心。主要基于以下几点：一是中国城镇化进程加快将会释放出巨大的需求。2014年中国城镇化率达到54.77%。发达国家的城镇化率大都在70%以上。中国城镇化进程，将对城乡基础设施、公共服务设施、住宅建设、环境治理设施等提出更多需求。二是中国区域经济协调发展。东部地区的增长潜力更多来自产业升级、技术及商业模式创新等，但这并非易事。相对落后的中西部地区有后发优势，将成为支撑未来中国中高速增长的新动力。三是产业结构升级。推动由制造业大国向制造业强国转变，使"世界工厂"提升产业等级和技术水平，蕴藏着产业发展的新机遇。四是科技创新。中国提出了"工业4.0"和"互联网＋"两化深度融合战略，专注以创新、技术、质量为内涵的新增长点，正在释放全社会"大众创业、万众创新"活力，成为中国经济发展的新引擎。五是服务业发展迅速。服务业增速超过工业，服务业就业人数已超过农业和工业，表明中国经济由工业主导向服务业主导加快转变。六是新一轮对外开放。"一带一路"、自贸区战略、京津冀协同发展、长江经济带建设、亚投行建设、国际产能和装备制造合作等一批重大战略，将推动中国经济走出去，为中国经济发展创造更好的外部环境。

今后，中国将实施好积极的财政政策和稳健的货币政策，实施定向调控、相机调控、精准调控的措施，继续转方式、调结构，主要依靠改革增强经济活力，提高发展质量效益，努力使中国经济保持中高速增长，迈向中高端水平。

资产评估作为中国市场经济和国有资产管理的基础性工作，中国经济越发展，资产评估行业越重要，评估专业大有可为。

二、中国机器设备制造行业与机器设备评估市场的发展

（一）中国机器设备制造行业情况

作为国民经济的重要支柱产业，经过几十年的快速发展，中国制造业规模已跃居世界第一位，建立了门类齐全、独立完整的制造体系，成为支持中国经济社会发展的重要基石，促进世界经济发展的重要力量，也是中国经济提质增效、转型升级的关键环节。国家统计局的数据显示，2013年

中国规模以上设备制造企业 93828 家，资产总额约 23.72 万亿元。当前，受国内及国际宏观经济环境影响，中国的机器设备制造业进入"转型升级"和"结构调整"时期，增速放缓，但仍处于中速增长区间。

新一轮科技革命和产业变革正在世界范围内孕育兴起，各国纷纷致力于未来科技和产业发展制高点。中国政府倡导《中国制造 2025》规划、"互联网＋"、"一带一路"建设等推动中国制造业由大变强的举措，在推动传统产业升级的同时，还会催生出越来越多的新产品、新业态，中国制造业前景广阔。尤其是，2015 年 5 月发布的《中国制造 2025》，是国家实施制造强国战略的第一个十年的行动纲领。要求提高国家制造业的创新能力，把智能制造作为主攻方向，推进信息化与工业化深度融合，大力推动新一代信息技术、高档数控机床和机器人、航空航天装备、海洋工程装备及高技术船舶、先进轨道交通装备、节能与新能源汽车、新材料、生物医药等重点领域突破发展，提高制造业国际化发展水平。这将极大地推动机器设备制造行业的发展与市场的活跃。

同时，中国政府将积极推动国际产能和装备制造合作，促进中国制造业与全球经济深度融合，实现优势互补、合作发展，在更高层次上嵌入世界产业链条，实现对外贸易从"大进大出"转向"优进优出"。

在这种新趋势下，中国的机器设备制造业将抓住机遇，加快实施"中国制造 2025"和"互联网＋"行动，向智能制造转型，插上科技创新的翅膀，努力克服创新能力弱、产品附加值不高、管理和销售服务落后、资源环境约束加剧等问题，通过创业创新助推产业和技术变革，培育中国制造竞争新优势。结合"一带一路"战略，推进国际产能和装备制造合作，打造增长新动力，形成装备制造业产品出口和企业走出去的新格局。

随着机器设备制造行业市场的发展，机器设备交易、抵押等经济行为将更加频繁，装备走出去更为活跃。这些都需要有一个公认的价值衡量，为推进机器设备流转、深入参与"优进优出"开放型经济新格局提供价值尺度。

（二）中国机器设备评估市场的发展

中国资产评估行业是市场经济的产物，是服务中国改革开放的重要力量。随着中国改革开放的不断深入和市场经济体制逐步完善，中国资产评估在维护所有者资产权益、规范资本市场运作、防范金融风险、保障社会公共利益和国家经济安全等方面发挥了重要作用，为推动经济体制改革和结构调整，维护市场经济秩序和社会进步做出了积极贡献。

机器设备评估专业性强，服务范围广。中国资产评估行业起步之初就开展了机器设备评估。20世纪80年代，服务于设立中外合资（合作）企业，以及规范国有资产交易的需要，资产评估专业开始形成。当时设立中外合资（合作）企业，中方主要以机器设备、房屋和土地使用权作为出资资产；涉及企业兼并和国有资产产权变动的资产评估也大多采用成本途径。对作为其主要资产构成的机器设备进行评估就成为中国评估领域的重要组成部分。

二十多年来，中国资产评估行业开展了大量的机器设备评估实践，积累了丰富的专业经验，如组织开展了三峡发电机组评估，是截至目前中国最大的单项资产评估业务。行业也形成了一支具有职业道德、专业胜任能力的机器设备评估队伍，得到了市场各方的认可。通过这些实践，为产权转让、企业重组、保障各类产权主体权益、维护市场经济秩序等做出了积极的贡献。

随着中国经济的发展和市场经济改革的深化，机器设备评估的业务领域逐步扩大。目前，中国机器设备评估的服务领域主要包括：

一是企业价值评估中的机器设备评估。企业价值评估一般采用两种方法，采用资产基础法时会涉及机器设备评估。作为企业的重要经营要素和主要资产，机器设备成为企业价值评估的重要工作领域。此外，以资产评估所服务的国内资本市场为例，2014年中国主板市场完成的重大资产并购重组交易58个，实际交易金额2000多亿元人民币，其中涉及设备评估的交易约占90%，设备评估金额500多亿元人民币。

二是会计处理和财务报告目的评估。2007年开始中国实行了与国际会计准则趋同的企业会计准则，引入了公允价值计量属性。按照《企业会计准则》，企业合并、资产减值时，需进行合并成本分配和资产减值测试等会计处理和财务审计，由此派生对资产评估的服务需求。中国资产评估协会为此在2007年出台了《以财务报告为目的的评估指南（试行）》。无论是确定可辨认净资产中机器设备资产或资产组的公允价值，还是估计机器设备资产或资产组的可回收金额，都涉及对相关资产或资产组的评估。

三是机器设备抵（质）押评估。涉及设定抵（质）押权环节，对抵（质）押资产的担保价值评估，对抵（质）押资产的处置价值评估两类业务。

四是机器设备转让、置换、租赁评估，以及与机器设备保险相关的评估。

五是涉讼评估、清偿债务评估、拆迁补偿评估等。

三、中国机器设备评估的理论与实践

当前，科学技术的飞速发展，赋予机器设备评估新的含义。在发达国家提出"再工业化"的同时，中国重视大力发展实体经济，这将对全球科技经济格局产生深远影响。对于新科技革命中的生产要素——机器设备的价值如何，将会备受市场、企业和政府的关注和重视。面对市场竞争和科技进步的交叉叠加，机器设备评估面临新的机遇与挑战，如机器设备评估的方法如何选择，参数如何选取，如何考虑加速折旧等新因素。中国资产评估协会高度重视机器设备评估的理论研究、准则制定、人才培养以及国际交流，做了大量的工作，为中国机器设备评估健康发展提供了有力的制度保障。

一是理论研究与准则制定。我们借鉴国外同行的有益经验，已初步形成了一套比较完整的资产评估理论体系。通过课题研究、国际专业交流等方式，吸纳总结机器设备评估实践的有益成果，深入推动机器设备评估重点问题探讨。

目前，中国已经建立了完备的资产评估准则体系，也为机器设备评估理论发展奠定了坚实的基础。中国资产评估协会从 1998 年就启动了机器设备评估准则的研究和起草工作，2007 年 11 月中国资产评估协会颁布了《资产评估准则——机器设备》，是中国第一个有关机器设备评估的行业准则。这项准则制定时，参考并借鉴了国际准则及其他国家相关准则，与目前的国际评估准则表现了更为明显的趋同性。作为中国资产评估准则体系的组成部分，《资产评估准则——机器设备》重点对机器设备评估的独特内容进行了规定，突出了专业特点。同时，该准则起草时已考虑到与中国已颁布和正在制定的资产评估准则的相互衔接，以及便于与中国会计准则相对接等问题。

《资产评估准则——机器设备》对评估师的专业胜任能力、评估对象、影响价值的外部因素、评估方法的应用等都做出了明确的规范。要求执行机器设备评估业务，应当考虑机器设备所依存资源的有限性、所生产产品的市场寿命、所依附土地和房屋建筑物的使用期限、国家的法律、法规以及环境保护、能源等产业政策对机器设备价值的影响。

《资产评估准则——机器设备》发布已经七年了，资产评估师的执业环境都在发生变化，国内外学界和评估同行对包括机器设备在内的资产理论和实务问题的研究也在不断深化，中国机器设备评估准则的内容也需随之修订、完善。2015年2月，中国资产评估协会启动26项准则条款修订工作，其中也包括对机器设备评估准则的修改。

二是机器设备评估人才的考试与培养。机器设备评估的对象所涉及的行业及专业门类复杂多样、工程技术性强，很多情况下，仅评估对象的数量清点就颇为繁杂。因此，机器设备评估人员应有良好的技术与经济知识融合的能力，具备相关的专业知识和经验。中国资产评估协会非常重视机器设备人才培养。从1996年5月开始，全国注册资产评估师执业资格考试已举行17次，已有4万余人通过考试取得执业资格证书。《机电设备评估基础》是取得中国资产评估师职业资格的考试科目之一。中国建立起了资产评估师后续培训制度，对评估师开展机器设备评估专题培训，中国资产评估专业硕士和本科都开设机器设备评估课程。

三是推动机器数据库开发，为评估师执业提供信息支持。

除了必要的培训和利用专家工作之外，专业的数据支持对机器设备的评估尤为重要。自2008年起，中国资产评估协会就鼓励支持评估机构建立各类设备评估数据库，包括"设备报价数据库"、"设备变现折价系数数据库"、"设备价格指数数据库"等，并与中国资产评估协会官网行业数据库建立链接，开通了机电设备价格数据信息查询系统，截至2015年，各类数据库数据总量已近300万条。所搭建的数据共享平台，为评估的研究和实务提供了数据支持，提高了评估师的执业效率。

四、中国将积极参与评估领域的国际交流与合作

当今世界，和平与发展是时代主题，合作共赢更是大势所趋，推进评

估专业融合与国际合作，是人心所向，也是专业共识。中评协将秉承合作共赢的原则，继续推进与各国评估行业的深入沟通与协作，致力于维护国际评估合作与交流的大局，充分发挥资产评估在全球经济中的决策作用。

一是形成共识，推进全球化趋势下的评估交流与合作。世界各国资产评估行业的合作发展对世界经济产生了积极的影响。事实证明，资产评估已经成为全球经济决策的中心环节。中国资产评估协会将一如既往地和各国评估组织、国际评估组织保持良好合作关系，进一步探讨和交流共同关心的市场、技术等热点、难点问题，以形成共识，充分发挥资产评估功能，为全球经济发展提供高质量的专业服务。

二是加强研究，分享机器设备评估等重点领域新成果。在全球经济深入合作发展的契机下，各国评估行业应在新技术、新工艺、新材料的评估，金融衍生品的评估，知识产权的评估，以及网络工具等新兴业态的评估等重点领域加强交流，在理论研究、准则借鉴、会员互认与培训等领域进行更广泛、深入的合作，研究探索评估行业发展中的共性问题，互相促进，进一步提高专业水平。

三是推进合作，培养有国际视野的专业人才。经济全球化的深入发展，将赋予评估行业更广阔的服务领域，也将推动评估行业之间更加密切的合作。我们应该适应新形势的要求，进一步拓展业务交流的内容、形式、广度和深度，互相借鉴，优势互补，共创双赢。积极适应市场对评估的变革需求，重点培养具有国际视野的专业人才，不断提升评估专业水平，赢得市场各方的信任和尊重，迎接评估行业更加美好的明天！

（本文系 2015 年 10 月 26 日在第九届国际机械设备评估大会上的演讲）

美国评估行业概况及中美评估行业交流与合作

美国是当今世界经济最发达的国家，也是世界上开展资产评估活动最早的国家之一，发达的经济和完善的市场促进了美国评估行业的发展。在100多年的评估业发展过程中，陆续形成了若干个评估专业协会和团体，其评估领域与业务类型各有侧重。不同类型资产对评估师的要求各有不同，但评估的基本原理、原则和职业道德基本相同。为适应经济稳定发展的需求和监管方不断提升的要求，美国评估行业趋向政府监管与自律管理相结合的发展模式。

一、美国评估行业业务领域及发展历程

美国早期的评估活动主要服务于财产纳税，财产保险、维护房地产交易双方利益、资产抵押贷款、家庭财产分割等目的的评估业务逐步出现。20世纪初期，美国的不动产课税已经比较普遍，主要涉及城乡居民保有的不动产。财产纳税的广泛性，加之不动产财产保险等业务的较快发展，带动了美国不动产评估活动的开展。在此后相当长的时间里，以纳税目的为主的不动产评估是美国评估行业中最主要的评估业务。

20世纪50年代，随着新技术革命所带来的社会进步和经济发展，以及对企业组织形式和规模的冲击，以企业并购为显著特征的产权交易频繁发生，产权交易市场不断扩大，带来了大量的企业兼并、重组、股权出售和投资等产权交易活动。以企业资产和企业股权为交易对象的兼并浪潮推动了美国机器设备、无形资产和企业价值评估的迅速发展，与机器设备、无形资产和企业价值评估相关的评估自律管理组织及专业委员会也相继成

立。同时，美国传统产业集中度的不断提高和新兴产业的不断涌现，以及美国企业的跨国经营，使得企业产权业务呈现出复杂化、多样化和国际化的特点，这就大大促进了美国企业价值评估的发展，企业价值评估也逐步成为了美国评估行业的主流业务之一。

20 世纪 80 年代中期，美国爆发由房地产泡沫诱发的储蓄和贷款危机，大批金融机构倒闭，联邦储蓄基金也蒙受数以亿计的损失。美国政府和评估行业做出了一系列重要举措，重中之重是制定全国统一的评估执业准则，同时通过国会立法实施对评估行业的政府监管制度。1986 年，8 家美国评估专业组织和加拿大评估师协会共同组成专业评估执业统一准则特别委员会，联合制定了《专业评估执业统一准则》（Uniform Standards of Professional Appraisal Practice，USPAP）。该特别委员会于 1987 年改组为美国评估促进会（The Appraisal Foundation，AF）。

《专业评估执业统一准则》是美国政府认可的全美评估行业统一的专业评估执业准则，是从事涉及联邦交易评估业务时必须遵守的执业标准。1989 年 8 月，美国国会制定了《金融机构改革、复兴和实施法》。在该法令的第 11 章，对涉及联邦交易的不动产评估业务做出了必须严格遵守《专业评估执业统一准则》的强制性规定，这使得美国评估行业传统的自律管理体制发生了重大改变。

进入 21 世纪，美国经济发展开启了又一轮高速增长，大量的并购重组为评估行业收集了广泛的数据和信息，同时金融领域的创新为评估技术提供了可借鉴的理论和模型，促进了企业价值评估的更新发展。此外，为加强企业价值评估领域整体专业性和权威性，在充分论证市场需求和广泛征求评估行业执业、监管主体意见的基础上，美国评估师协会 2010 年底联合加拿大注册企业价值评估师协会组建国际企业价值评估学会，整合了美国和加拿大两国在企业价值评估领域的人才和资源，统一了北美企业价值评估的执业规范并推广全球。

2015 年 12 月，美国评估师联合会、美国评估师协会、国际评估师协会三家评估组织联合发布声明，向评估从业人员提供动产评估准则教育和培训，以保护公众权益、降低评估服务风险、提高公众对评估师资格标准的认知。声明强调，公众在接受评估服务之前应先行对评估师的教育背景以及专业背景进行了解，确保评估师工作的公平、客观。评估从业人员在遵守职业道德准则以及《专业评估执业统一准则》之外，还需完成相关教育培训课程以及通过严格的认证审核程序，才能获得动产评估资格认证，以确保向公众提供可靠、有价值的评估服务。

二、美国评估行业管理模式

从美国评估行业发展的历程来看，各评估组织按专业领域开展自律管理是行业管理的主流。随着《专业评估执业统一准则》的制定和《金融机构改革、复兴和实施法》的颁布实施，美国评估行业管理体制呈现出政府监管与民间行业自律有机结合的全新模式。

（一）自律管理

美国评估行业自律管理是伴随着美国评估业务不断发展而发展起来的，大都是根据评估师执业领域的专业特点自发形成的。美国专业性的民间自律性评估管理组织自 20 世纪 20 年代末开始进入了较快发展期，像以农场评估为主的美国农场管理人和农业评估师协会，以不动产评估为主的估价学会和以企业价值评估、动产评估、不动产评估、机器设备评估为主的综合性跨领域协会——美国评估师协会等都是这个时期的产物。这些组织规模及影响力较大的评估协会，均有自己的规章制度和评估标准。

1986 年美国发生信贷危机后，由美国评估师协会等八个评估协会联合起来创立的统一准则特别委员会，制定了《专业评估执业统一准则》。1987 年该特别委员会演变形成了美国评估促进会。《专业评估执业统一准则》对各个评估协会和评估师并没有强制的执行力和约束力，但该准则是美国政府认可的全美评估行业统一的专业评估执业准则，是从事涉及联邦交易评估业务时必须遵守的执业标准。此外，美国评估促进会制定的评估师资格标准并不影响各个评估协会的会员资格，但该标准是美国政府认可的可以从事涉及联邦交易评估业务评估师的最基本的资格标准。

《专业评估执业统一准则》的产生，以及美国评估促进会的成立，使得美国评估行业传统的自律管理体制发生了重大改变，同时促进了各类评估行业自律管理组织的自身建设，包括在评估准则建设、人员管理、理论和技术方法研究等方面的积极性。实践证明，即使是世界上市场经济最发达的国家，政府对资产评估行业在特定领域和一定程度上的监管也是必要的，政府监管与行业自律是资产评估行业管理的一种重要模式。

（二）政府监管

《金融机构改革、复兴和实施法》是美国联邦政府有关资产评估方面最具代表性的法律文件，主要针对涉及联邦金融业务的不动产评估进行必要的监管。由于美国联邦机构承担了部分金融机构的投保，在联邦机构投保的金融机构如果发生信贷危机将会危及联邦政府，所以，以抵押融资为目的的不动产评估的质量会间接地影响联邦政府的利益。

根据《金融机构改革、复兴和实施法》，美国评估行业政府监管体系主要由美国国会、联邦政府、州和地方政府，以及联邦金融机构监管部门组成。国会下设评估分会，担负着涉及联邦金融评估活动总体监管的职责，联邦金融监管部门负责涉及联邦金融评估活动的具体监管职责，州及地方政府承担对涉及联邦金融的评估活动实施评估师资格监管的职责。

《金融机构改革、复兴和实施法》对联邦各大金融监管部门涉及联邦交易的不动产评估业务遵守《专业评估执业统一准则》也做出了具体规范。除了所有涉及联邦权益的金融业务都必须遵守准则之外，相关机构如美国税务署、证券交易委员会、商业银行和放款机构以及各州评估师管理委员会等也都有相应规定，要求评估师在多数评估业务中按《专业评估执业统一准则》的要求开展业务、出具报告。

通过依法监管，在涉及联邦交易的评估领域，评估师和评估机构需要自动地接受联邦政府、地方政府相关部门的监督，需要接受行业自律管理组织的约束，需要遵守《专业评估执业统一准则》的相关规范和要求，需要接受联邦金融机构的委托，以及金融监管部门的约束，这不但大大地强化了涉及联邦交易评估活动的规范化，也大大促进了传统的非涉及联邦交易的不动产、企业价值、无形资产、机器设备、艺术品、珠宝首饰、税基、评估复核、评估咨询和以财务报告为目的的评估等执业行为的规范发展。

三、中美评估行业交流与合作

中国资产评估协会自2004年分设以来，与美国评估领域各专业组织保持着紧密的交流与合作，包括美国注册评估分析师协会（NACVA）、美国评估促进会（TAF）、美国评估学会（AT）、美国评估师协会（ASA）、国际企业价值评估分析师协会（IACVA，总部设于美国）。

（一）开展评估师教育和培训合作

美国评估师协会成立于 1936 年，是国际评估界享有盛名的综合性专业评估协会，专业领域涵盖企业价值、无形资产、机器设备、不动产、动产、珠宝艺术品等，也是一家与中国资产评估协会较为相似的综合性行业自律组织。2008 年，经协商沟通，中国资产评估协会引进了美国评估师协会的企业价值评估高级课程，首次在评估行业内组织境外教材和师资的引进。2010 年，中国资产评估协会组织高端人才赴美国开展境外培训，全面学习前沿评估技术，详细了解评估业务流程。此外，通过在监管模式、准则趋同、新业务研究以及发展路径等方面与美国各主要评估组织保持交流和相互借鉴，为我国评估行业的发展带来诸多启示。

（二）加强友好往来和专业交流

近几年来，中美两国评估界友好往来频繁，专业交流不断深入。美国评估界参加了我国举办的一系列重要国际评估交流活动。2006 年 9 月，中国资产评估协会举办了"2006 昆明国际评估论坛"，来自国内社会各界和十多个国家及地区的国际评估界代表共 380 人参加了论坛。美国评估师协会、美国评估促进会主席、美国评值公司、国际价值评估分析师协会及主要评估机构均派高级别代表参加了会议。2013 年 10 月，中国资产评估协会以"评估·成长·展望"为主题在北京举办了 2013 中国评估论坛，来自政府部门、评估界、学术界、企业界的来宾、代表及国际评估同行共 400 多人参加了论坛。美国评估促进会、国际企业价值评估分析师协会、有关评估机构也派高级别代表参加了会议。2015 年 11 月，中国资产评估协会与世界评估组织联合会在北京联合举办了以"评估市场创新与发展"为主题的第七届世界评估组织论坛，来自各国评估界及中国政府、评估行业、学术界等方面的 200 多位代表出席了论坛。美国评估学会、国际企业价值评估分析师协会及知名评估机构也派高级别代表出席了论坛。

同时，中方也积极参加了美国举办的一些重要国际评估交流活动。2014 年 9 月、2015 年 10 月中国资产评估协会应美国评估师协会邀请，先后派代表参加了在美国举行的 2014 年国际评估师大会和 2015 年国际评估师大会，会议汇聚了各国评估专家，围绕评估实践中的重点、难点和热点问题，以不同专题和主题组织展开研讨，为世界各地评估人员提供了高水平的国际交流平台。中国代表团通过会议与专家们分享经验，及时掌握国际评估行业动态、最新市场信息和评估前沿技术，同时，与美国评估师协会及其他行业组织代表进行合作交流，向美国及各国代表介绍中国经济发展情况及评估行业发展动态，交流在评估市场、评估理论和准则建设方面取得的重要成果，收到了良好的效果。

此外，两国各有关协会、评估机构及高校评估专业之间也有相互访问、密切交往，经常就国际评估市场建设、评估准则及理论研究、双边务实合作等进行交流和探讨，增进了双方的相互理解和合作共识。

（三）相互学习借鉴行业发展经验

中美是目前国际评估市场份额较大、发展较快的两个国家，双方经济状况和行业发展相互影响。近年来，两国评估界通过交往、交流，相互学习借鉴行业发展经验，收到很好的效果。综观中美两国评估行业近年发展态势，有益于总体把握两国评估行业发展及国际行业发展动向，也有利于深入开展两国行业发展研究。

美国评估行业发展早于中国。从美国评估行业发展的历史过程来看，评估领域随着市场的细化在不断地扩展，评估专业领域细化和专业化程度越来越高。而从整个评估行业的发展和管理来看，美国评估行业综合性发展的特点和趋势也非常明显。以美国评估师协会为例，其会员在企业价值（无形资产）、机器设备、不动产、动产、珠宝艺术品及评估复核与管理等方面都有很高的专业水准，各个专业领域相互促进全面发展。评估行业综合化发展的趋势和优势比较明显。中国评估行业发展也遵循了同样的规律，这也符合我国《资产评估法》的立法原则，值得两国评估行业在管理上参考借鉴。

美国从早期的财产纳税、财产保险和资产交易的广泛开展，带动了不动产评估的兴起与持续发展；从技术进步引发的企业资产交易、产权交易和企业并购浪潮，促生了机器设备评估、无形资产评估和企业价值评估的广泛开展；公允价值在会计核算和信息披露中的广泛应用，推动了以财务报告为目的的评估的兴起和发展。这一过程充分表明美国评估行业的发展是伴随着社会和经济的发展逐步发展起来的，评估行业应当顺应社会经济发展的潮流，把握社会分工细化和技术创新给评估行业带来的发展机遇，为社会发展和市场经济的完善提供优质的评估服务。为此，我国评估行业应当重视各类评估人才的培养和储备，以应对社会和市场对评估人才的需求，并不断提升评估行业综合服务能力。

（四）共同探讨评估行业监管和行业法治

评估行业在给社会提供了专业服务的同时，也不能排除无序竞争给社会造成损失的可能性。20世纪80年代中期美国出现的储蓄和信贷危机表明，缺乏统一规范的评估行业，有可能因无序竞争或无统一规范可循而导致评估师的个人行为影响到国家或社会公共利益。以致形成了以行业自律管理为主，在特定领域实施政府监管的管理模式。

美国评估行业从完全自律管理到以评估行业自律管理为主与政府有限监管相结合的演变过程表明，即使在市场经济最发达的美国，在市场有着强大的外部约束力的情况下，完全依靠评估行业自律约束评估师的执业也难以避免在某些领域和某些情况下评估师的个体利益与社会公共利益产生冲突，在某些领域和某些情况下也存着市场约束失灵与自律失效的可能性。借助于立法或政府的力量实现评估行业统一的职业道德规范和执业技术标准，并在涉及社会公共利益的评估领域实施必要的政府监督和准入制度也是美国评估行业发展的重要启示。

在特定时期和特定评估领域，政府对评估行业的必要介入和监管有助于评估行业的规范发展。中国的市场经济和信用体系建设尚不发达，市场约束力度与行业自律程度有待进一步加强，因此在特定的时期和特定的领域引入政府监管，对涉及国家利益和公共利益的评估领域实行必要的政府监督，无论是从维护国家利益和公共利益的角度，还是从评估行业自身发展的角度都十分必要，也符合我国经济社会协调发展的路径选择。美国评估界一些友好人士，对近年来中国评估行业管理方式改革和资产评估立法给予了高度关注，并提出了许多有价值的意见和建议。

（五）就中国企业和中国评估行业"走出去"开展务实合作

中美两国作为世界第一、第二大经济体，虽然各自的国家利益和文化传统不同，发展模式和发展道路也存在差异，但中美之间仍然存在着巨大的共同利益和合作空间，正如习近平主席指出："宽广的太平洋两岸有足够空间容纳中美两个大国"。双方应当加强经济交流合作，实现互利共赢，共同维护世界经济的繁荣和稳定。资产评估行业也是如此。

国际化将贯穿中国资产评估行业发展的始终，未来我们将根据国家开放型战略、"走出去"战略等，围绕中美两国经济及两国评估行业发展需求，进一步深化交流合作，特别是在服务中国企业"走出去"和中国评估行业"走出去"方面开展更加深入的务实合作。

一是要准确把握中美两国经济及评估行业发展新态势，努力为促进两国经济发展服务。我们要根据中美战略与经济对话框架形成的共识，关注两国经济政策、贸易和投资、全球合作和国际规则、金融稳定和改革等宏观形势，要及时把握中美两国评估行业发展新趋势，更好地适应并服务于两国经济发展战略。

二是要结合双边企业投资和经营，支持双方评估机构开展相关业务。近年来，中国评估行业海外业务发展迅猛，有的已达业务总收入的15%左右。我们要积极为企业及机构走出去创造更好的条件，提供更好的服务。双方可以就此在业务咨询、技术帮助、法律援助等方面开展友好合作，为评估机构和评估师开展业务提供便利。

三是加强国际人才培养、培训方面的合作。美国评估行业发展较早，具有较成熟的评估理论与实践。两国有关协会，可以在现有合作的基础上，加强深度合作，除开展人员培训外，可探讨逐步推进资格互认；也可考虑推进两国评估机构互派执业人员直接进行业务及人员对接；还可以研究探讨以合伙、合资、合营等方式扩大两国评估机构在更大范围、更广领域和更高层次上的业务合作。

总之，中美两国评估行业不断深化交流合作，有利于两国评估行业的发展，有利于两国经济的发展，也有利于国际评估行业的发展和世界经济的发展。我们要为此做出不懈的努力，共同打造中美评估行业良好合作关系。

英国评估行业概况及中英评估行业交流与合作

评估业是英国传统的服务业之一，发展历史比较悠久，法律规范比较健全，长期以来主要涉及不动产评估领域，在房地产、物业、环境等相关领域的发展对全球评估行业都具有重要的影响。近一段时期以来，受全球经济一体化以及美国、新兴经济体评估业向不动产以外领域发展的影响，英国评估业近年来也致力于多方面综合发展。

一、英国资产评估行业的业务领域及管理模式

英国资产评估分为两大类：一是政府管理下的资产评估，二是民间自律性资产评估体系。前者主要服务于征税目的，特别是为房地产征税服务。除此以外，政府及公共部门征用土地而给予土地所有者的补偿，投资项目对环境造成的影响，政府也要进行评估。前者在组织上分为三个层次：即中央、大区和区评估办公室，分别负责政策的制定、管理所辖范围内的资产评估工作以及对上级提供服务和承担一些评估项目，当然都是服务于政府的评估目的。

而民间的评估机构则是完全不依赖于任何部门的独立、客观、公正的社会专业组织，其组织形式是合伙制或有限责任公司制，也有少量独资形式。这些机构大多以咨询、顾问公司的形式存在，除做评估业务外，还承揽许多相关的服务业务，如接受委托从事房地产购买、销售、出租、投资等业务。在大多数情况下，评估是整个专业服务的一个组成部分，其收费也是针对整个咨询活动，其评估目的一般包括资产的买卖、抵押贷款、公司上市、资产在母子公司间的转移、公众公司资产负债表的调整等。

英国是个法制比较健全的国家，虽然没有专门的资产评估法，但资产评估执业和管理都有严格的管理约束，许多法律都对相应的资产评估业务提出了具体的法定要求，如《公司上市章程》、《城市管理法》、《保险条例》、《租赁统一法令修正案（1967）》等。《城市管理法》对建筑拆迁评估进行了规定，《租赁统一法令修正案》对住宅评估进行了规定。

英国资产评估行业是行业自律型的管理模式，在这种模式下，政府除了对服务于税收和其他公共部门的评估业务进行国家立法，较少干预行业的发展，主要由民间职业团体对资产评估行业进行监管。

政府管理的涉及不动产税基的评估业务和为公共部门提供的评估业务，具体由评估办公室（the Valuation Office Agency，VOA）负责。评估办公室设于 1910 年，是英国税务海关总署（Her Majesty's Revenue and Customs）下属的行政机构，主要服务于评估征税目的。英国税务海关总署，是英国政府的非部长制政府部门之一，主要职责包括征收税项、进口管制、管理法定款项、管理儿童福利和管理政府银行服务等。英国税务海关总署的前身分别为英国税务局及海关，于 2005 年 4 月 18 日正式合并。

评估办公室（VOA）为政府提供关于税收和福利所需的评估和财产的相关建议，还为超过 4000 个公共部门机构提供一系列的法定及非法定的评估和测量服务。VOA 下设有一个法定评估团队（Statutory Valuations Team，SVT），SVT 被细分为六个地区小组，其中有三组分别负责英格兰、苏格兰和威尔士。其他三个专业小组处理税务及海关总署相关专业领域的工作。SVT 由具有专业资格和非专业资格的工作人员共同组成。专业资格人员主要是 RICS 的会员，除此之外，还有其他领域的专业资格人员，如专业建筑测量师、矿物评估师和中央农业评估师协会（CAAV）的专家等。截止到 2012 年，VOA 的工作人员共有 3564 人。VOA 的收入主要来源于政府拨款以及其提供物业及评估服务所得的收入。VOA 的业务并没有专门的法律来指引，而是遵循业内的相关政策，如《评估署信息宪章》（VOA information charter），是关于对客户信息的保密及处理等。

二、英国皇家特许测量师学会

英国的评估中介行业主要有三个行业自律组织，即英国皇家特许测量师学会（RICS）、估价师与拍卖师联合会（ISVA）和税收评估协会（IR-RV）。其中英国皇家特许测量师学会的机构性质和业务内容与我国资产评估行业比较相似，在评估行业中占绝对主导地位。

英国皇家特许测量师学会（The Royal Institution of Chartered Surveyors，RICS）于 1868 年成立于英国伦敦，是受英国业界广泛认可的评估领域专业性协会，其专业服务领域涵盖了土地、物业、建造及环境等 17 个不同的行业。随着测量师在评估领域所涉及对象的不断扩展，现在已涵盖古董、艺术品、城市土地、农村土地、林地、厂房、机器设备、企业价值等。这种综合化的变革对于英国及英联邦地区评估行业带来了深刻影响。

（一）英国皇家特许测量师学会职责

英国皇家特许测量师学会是一个独立的组织，代表公共利益，致力于为会员和所管理的公司制定严格的能力和诚信准则，并针对关键问题向企业、社会和政府提供公正权威的建议。该组织的主要职责包括：规范并提升评估行业；制定严格的教育和行业准则；制定严格的道德规范，维护客户和消费者利益；提供公正的建议、分析和指导。

（二）英国皇家特许测量师学会会员资格

英国皇家特许测量师学会的会员分为四种：联系会员、正式会员、资深会员和学生会员。如今，英国皇家特许测量师学会在全球拥有超过 14 万的会员，并且得到了 50 多个地方性协会及联合团体的大力支持。各会员类型的定义及区别为：联系会员为拥有执业经验和资格的个人会员；正式会员为经过严格培训并获得特许测量师资格的成员；资深会员为职业生涯有重大成就的会员；学生会员为院校学生或正在接受职业培训的会员。

（三）英国皇家特许测量师学会组织结构

英国皇家特许测量师学会下设有管理委员会，主要负责制定学会的战略方向，由英国皇家特许测量师学会领导团队以及世界各地的代表组成。其下属有三个附属组织：监督管理理事会、审计委员会和管理理事会。在管理理事会下设有七个部门：财务委员会、会员理事会、学科理事会、业务拓展理事会、薪酬委员会、通信理事会和区域委员会。英国皇家特许测量师学会的分会遍布美洲、欧洲、中东和非洲、大洋洲和南亚等地。

三、中英评估行业交流与合作

中国资产评估协会与英国皇家特许测量师学会长期以来保持着良好的交流合作关系，双方从决策层到工作层开展了形式多样、内容丰富的沟通与协作，形成了丰硕的工作成果。

2011年7月，中国资产评估协会会长贺邦靖应邀出席英国皇家特许测量师学会在伦敦举办的2011年全球年会，并发表了《评估行业的可持续发展》主题演讲。她在讲话中肯定了中英两国双边经贸与合作日益增强、评估行业的可持续发展日益重要、评估行业国际交流与合作日益加深。贺会长表示，经济全球化的发展，生态价值化的体现，使评估的服务领域更为广阔，评估专业之间的合作更加密切，中英评估业的合作有着更为广阔的空间。

2015年6月11日，中评协副会长、秘书长张国春在率团参加国际评估准则理事会（IVSC）管委会春季会议期间，专门访问了英国皇家测量师学会（RICS）英国总部，与RICS管理委员会主席路易丝·布鲁克·斯密斯女士举行了会谈。张国春秘书长表示，中评协和RICS双方在企业价值评估、无形资产评估等专业领域曾进行过多次交流，建立了友好稳定的合作关系，对RICS的长期支持表示了感谢。双方一致同意，将在准则趋同、既有资格互认、共同举办课程认证等方面继续开展合作。

2015年10月，国家主席习近平访问英国期间，中英两国发布了《关于构建面向21世纪全球全面战略伙伴关系的联合宣言》。中英将共同致力于构建面向21世纪全球全面战略伙伴关系。此访开启了持久、开放、共赢的中英关系"黄金时代"。中英两国的经济贸易往来将更加深入，与此同时资产评估等专业服务需求也将更加强烈。

2016年1月，英国皇家特许测量师学会主席兼首席执行官肖恩汤普金斯一行到访中国资产评估协会，商议中英企业价值评估准则研究合作事宜，签订了皇家特许测量师学会与中国资产评估协会有关企业价值评估准则的合作协议，标志着中英企业价值评估准则研究合作正式展开。

企业价值评估一直是评估行业重要的业务内容之一。国际上几个主要评估准则体系中，企业价值评估准则是主要内容之一。随着21世纪全面战略伙伴关系的形成，中英企业并购、合作事项较多，对企业价值评估准则的协调和对接需求较强。同时，双方也具有较好的合作基础。近年，英国皇家特许测量师学会开始着力拓展企业价值评估业务领域，取得了重要进展，在企业价值评估准则研究制定方面也取得突破，制定了单独的企业价值评估指南。中国资产评估协会于 2004 年 12 月发布了《企业价值评估指导意见（试行)》。2011 年，为适应新的经济形势的变化和委托方及监管部门的更高要求，结合企业价值评估理论和实践的发展，借鉴吸收国际企业价值评估准则最新成果，中国资产评估协会制定并发布了《资产评估准则——企业价值》。因此，以企业价值评估准则作为双方合作的开端较为适宜。

企业价值评估是双方评估准则体系的重要组成部分，是在两个国家特定的政治、经济、法律制度环境上制定完善的，因此双方准则存在一定的差异。以课题研究的方式，开展中英企业价值评估准则研究合作，梳理双方准则的差异，是较为有效、稳妥的合作方式。通过对两份准则的相同性和差异性系统分析发现，双方在准则的理念与内容、准则体系结构以及准则规范的范围等方面有诸多相似或相同点，比如：基本概念的实质内容基本一致；业务准则基本框架都包括程序类、资产类、行为类准则；业务准则规范的基本内容包括资产评估的基本内容、主要资产类准则、主要的行为类准则。

此外，根据双方准则的差异性分析报告，中英双方将进一步商议通过联合制订补充条款或通过互认的形式，实现双方企业价值评估准则的对接，明确准则互认的适用范围。

随着中英黄金时代的开启，以企业价值评估准则作为互认突破口，可以继续商讨其他领域准则互认的可能性，如机器设备评估准则、无形资产评估准则、动产评估准则等，进一步扩大合作的方式和途径，共同促进面向 21 世纪全球全面战略伙伴关系的构建。

香港地区评估行业概况及
内港评估行业交流与合作

··

　　香港经济以服务业为主，经济服务业尤为发达。以资产评估为主要内容的测量师行业是香港最早的服务业之一，在香港有较大影响。现任香港特别行政区第四任行政长官梁振英，就是特许测量师，戴德梁行主席。

　　测量师专业在香港已有 170 多年的历史。1843 年，首位政府总测量师从英国到达香港上任，并于 1844 年 1 月 22 日首次为香港政府推出两幅土地作公开拍卖。但在 20 世纪 50 年代之前，在香港执业的测量师绝大部分是从英国招聘，他们都是英国皇家特许测量师学会会员。1929 年英国皇家特许测量师学会香港分会成立，1960 年之后，香港政府启动对测量师的教育和培养，香港工业专科学院（香港理工大学前身）开始设立测量专业课程。截至目前，香港大学、香港理工大学、香港城市大学三所高校开设了测量专业学位课程。

　　1984 年 4 月，香港测量师学会成立，这是香港人自己的测量师组织，创始会员人数 85 名。1990 年香港立法局通过了《香港测量师学会条例》，翌年又通过了《测量师注册条例》并依法成立了测量师注册管理局，为香港测量师行业发展奠定了良好的制度和组织基础。

　　20 世纪 90 年代后，随着内地改革开放逐步深入和经济建设快速发展，特别是国有企业股份制改造和资本市场需要，许多香港评估机构和人员被聘请参与发行 B 股和 H 股的国有企业资产评估，评估行业得到较大发展。1997 年 7 月 1 日，香港回归祖国，同年 8 月 31 日，皇家特许测量师学会香港分会解散，香港测量师学会成为唯一代表香港测量师专业的团体。截至

2015 年 8 月 1 日，香港测量师学会会员共有 9209 名，正式会员 6101 名。

一、香港地区资产评估行业的业务领域及管理模式

香港测量师行业由英国引入并将其体制沿袭至今。由于香港经济结构以服务为主，几乎没有重工业，制造业比重也很小，所以，企业资产也多是以房地产为主，资产评估也多为房地产评估，主要由测量师行和测量师承担。但是，随着时代的发展，特别是企业资产类型的增多，香港测量师的专业领域也在不断扩大，已由不动产评估发展至今日的不动产、企业价值、非金融类资产、无形资产等多种类型资产评估。

1990 年，香港"立法局"（1997 年 7 月 1 日之后，依据《中华人民共和国香港特别行政区基本法》改为"立法会"，是香港特别行政区的立法机关）颁布了《香港测量师学会条例》，是香港测量师学会注册成立及开展业务的法律依据。1991 年，"立法局"颁布了《测量师注册条例》，测量师注册管理局依此条例成立，负责对香港测量师学会会员申请成为注册专业测量师的注册登记事宜。

根据法律及香港测量师学会章程，测量师从事的业务包括但不仅限于：确定各类房地产价值及其中的各种权利及权益；管理和发展房地产及与房地产管理有关或附带的其他所有事务；研究、检查、报告及确保土地及其有关资源的最优化运用，以满足社会、经济及其他需求；测量楼宇结构、状况及其各项设备，并就其维修、改建、改善、保存、修复、重建及拆卸提供建议；测量、记录及记述地理信息；管理、开发及调查地役权及其他财产权利；研究、检查、报告及确定建筑行业资源的经济获取及运用，以及对建筑工程作财务评估及测量；通过拍卖或其他方式出售、购买或出租及推广，或鼓励作为代理人出售、购买或出租房地产或个人财产或其中的任何权益；全面管理发展及建筑项目；规划、组织及管理与楼宇居住有关之居所、服务、供应及其他设施；透过调停、判决、仲裁等方式解决因上述执业而产生的争议。近期，香港测量师学会正在推动非金融类资产评估、企业价值评估及无形资产评估。

香港测量师学会所有会员均可参与以上业务的辅助性、技术性、基础性工作，但只有正式会员（资深专业会员和专业会员）才有报告签字权。

按照有关法律规定，只有香港测量师学会的正式会员（资深专业会员和专业会员）才可申请在测量师注册管理局注册登记为注册专业测量师。注册专业测量师可从事法定业务。香港特别行政区法律条例对从事测量相关业务的资格资质提出了明确要求，可理解为香港测量师的法定业务，如：《公司（清盘及杂项条文）条例》和《证券及期货条例》均规定，相应估值服务应由具备资质、并受专业组织管理的测量师提供。此外，保险及银行业也有关于评估业务须由香港测量师学会会员出具报告的规定。

二、香港测量师学会

香港测量师学会是香港地区唯一的测量专业组织，依据《香港测量师学会条例》授权，行使对香港测量师行业的管理工作。学会按专业下设六个组，包括：建筑测量组、产业测量组、土地测量组、工料测量组、规划和发展组、物业设施组。目前已与英国、澳大利亚、新西兰、新加坡及内地的诸多专业测量及估价学会签署协议，互相认可对方的会员资格。此外，香港测量师学会也是多个主要国际评估组织的成员。

（一）香港测量师学会职责

香港测量师学会的主要职能是制订专业服务标准，具体职责包括：制定测量师执业准则及道德操守；核发、监督测量师专业资质；维护测量师的权益、提升测量师的形象；发挥测量师专业技能，维护公众利益；以及支持香港高校测量学专业课程的教研等。此外，香港测量师学会在香港特别行政区政策制定方面也担当重要的咨询角色。

（二）香港测量师学会的会员资格

香港测量师学会设有评估机构会员，所有会员均为个人会员。会员分名誉会员（Hon. FHKIS）、资深专业会员（FHKIS）、专业会员（MHKIS）、副会员（AMHKIS，联系会员）、见习测量师和学生会员。其中，只有资深专业会员和专业会员属正式会员，可在测量师注册管理局申请注册登记。香港测量师学会（HKIS）按专业类别分设的建筑测量组、产业测量组、土地测量组、工料测量组、规划及发展组及物业设施管理组六个组，对会员资格认证的流程和要求基本相同，只是在学历、培训等方面略有差异。其中，产业测量组的专业特点与中评协的资产评估专业最为相似，以下以产业测量组为例进行说明。

取得产业测量组的会员专业资格认证，需通过以下流程。一是取得见习测量师。需满足以下至少一项学历要求：（1）获得香港测量师学会认证的测量学学士学位；（2）获得与测量学相关的学士学位；（3）获得其他专业学位并具备一年以上测量业相关工作经验；（4）持有硕士或以上高级文凭。二是取得专业测量师资格。资格取得需满足：（1）见习测量师需完成至少24个月（400工作日）的专业岗位培训；（2）见习测量师需每年完成20学时的资格预审课程自学（两年最少40学时），并参加产业测量组教育委员会组织的资格预审课程培训（共51学时）；（3）见习测量师需通过笔试考核，考核内容包括：评估、产业代理及资产管理、产业测量方法及案例、城市土地经济学及案例分析，笔试合格率约为40%；（4）见习测量师通过笔试后，可参加面试，面试主要考核：考生完成的项目报告；考生是否具备成为产业测量师的专业技能；考生是否具备作为产业测量师的职业操守，面试合格率约为50%。面试通过可取得香港测量师学会产业测量师会员资格。

（三）香港测量师学会对会员的管理

香港测量师学会要求，会员在执业过程中需要遵守《专业操守准则》，准则内容包括会员对行业和学会的责任、对其他会员的责任、对客户的责任和关联责任，以及会员违反操守准则时给予的惩戒等。

专业会员执业满7年，且未受到任何形式的行业惩戒，可获得资深专业会员资格。

三、香港与内地的评估行业交流与合作

随着内地经济的飞速发展，对外联系日趋紧密，香港作为亚洲金融中心发挥着越来越重要的联系纽带作用。此外，为共同服务于内地企业境外发展以及开放型经济战略、"一带一路"战略等方面需求，香港与内地评估行业开展了全方位多领域的交流与合作。

（一）探讨会员资格互认

推进香港与内地有关专业资格的互认，既是落实《内地与香港关于建立更紧密经贸关系安排》（CEPA）有关规定的重要举措，也是促进内地与

香港评估行业共同发展的必然需求。

2013 年 11 月 12 日，经国务院港澳事务办公室协助安排，香港测量师学会代表团来访财政部原企业司和中国资产评估协会，提出与内地注册资产评估师资格互认的动议。按照财政部安排，中评协与原企业司代表共同会见了香港测量师学会代表团，三方探讨了香港产业测量师与内地注册资产评估师资格互认等问题，一致同意"可有序稳妥探索"。

之后，中评协会同原企业司与香港测量师学会进行多次会谈，设立了专门工作小组，探讨互认模式和互认原则等核心问题。通过多次电话沟通和会谈，中评协与香港测量师学会于 2014 年 10 月签署会议纪要，就互认前提达成一致，即本着平等、公平的原则，做到互认条件对等、数量对等、信息对等及报告签署效力对等，采取培训考核的方式对一定数量的会员资格予以互认。经探讨，香港测量师学会产业测量组的执业内容与内地资产评估行业较为接近，该组中从事企业价值评估或资产评估的商业估值师可试点与内地资产评估师开展互认。

此后，由于内地资产评估行业管理方式调整和评估师考试制度改革等原因，互认工作被迫暂缓推进。2015 年 9 月，时任何钜业会长率香港测量师学会内地事务委员会一行 20 人来访，财政部资产管理司陆庆平司长简要介绍了内地评估行业落实国务院简政放权文件精神、资产评估师考试制度改革、资产评估师职业资格登记办法和执业会员管理办法修订的相关情况。内港双方一致认为，要在长期以来良好沟通与合作的基础上，根据改革调整后的行业管理规定，继续对会员资格互认事宜加以研究推动。

（二）提升专业交流层次

2014 年 11 月 14 日，香港测量师学会在香港举办"评估在时代演变中的趋势"主题会议。中评协副会长、秘书长张国春出席会议并做了"改革与发展中的中国资产评估"主题演讲，介绍了我国资产评估行业 20 年的发展成效、当前深化经济体制改革中评估行业面临的发展机遇以及通过管理创新如何促进评估行业可持续发展等内容，受到了参会人员的广泛关注和高度评价。与会期间，张国春秘书长同香港测量师学会及部分业内人士进行了广泛交流，就加强双方业务合作提出了建设的意见和建议。

2016 年 4 月 12 日，香港测量师学会会长刘振江一行来访中国资产评估协会。张国春秘书长代表中评协参加了会见，双方就如何拓展合作方式、推进实质性项目进行了深入交流。双方一致认为，加强内地与香港评估行业深度合作，可以开创双赢局面，既顺应国家"一带一路"政策，推动企业"走出去"，促进内地评估师进入香港资本市场，又有利于香港评估师到内地执业。双方同意在课题研究、会员继续教育和培训等方面推进实质性合作。张国春秘书长表示，当前文化资产、无形资产、知识产权、金融工具、互联网公司评估等新课题层出不穷，需要共同探索新的评估方法，拓展会员继续教育和培训范围。双方可以在课题研究、会员继续教育和培训合作方面，采取联合培训、邀请两地专家在国际会议等场合进行经验分享等多种方式加强合作。

（三）拓展业务合作领域

2016 年 6 月 14 日上午，香港测量师学会会长刘振江先生率香港测量师学会内地事务委员会代表团一行 22 人来京访问，财政部资产管理司副司长胡成玉，中评协副会长、秘书长张国春等与来访代表团成员进行了会谈。双方就评估行业管理、会员管理、两会会员资格互认、国际评估准则趋同和两会在国际评估组织中的作用等问题进行了深入交流。双方表示今后将进一步加强多领域深层次合作，增强中国资产评估行业在国际评估舞台上的话语权，更好地服务于中国改革开放、一带一路、企业"走出去"等战略的实施。

关于会员资格互认，香港测量师学会表示，将尽快排除有关障碍，深入推进双方会员资格互认事宜。张国春秘书长表示，将在遵守两地法律法规及相关制度的前提下加快与香港测量师学会会员资格互认进程，推进内港合作，为今后国际资格互认提供示范。

内地与香港评估界的专业交流，将有利于双方相互学习、共同提升，同时也是经济发展对内港评估行业提出的客观要求。双方将以会员资格互认为契机，进一步加强在评估理论与实践方面的交流，加强会员间的互动，互相借鉴优势学科，改善双方开展评估业务的市场环境，共同服务于"一带一路"发展和中国企业境外发展需求，实现合作互利、共同发展。

图书在版编目（CIP）数据

宏观与国际视野下的中国资产评估 / 张国春著 . —北京：
经济科学出版社，2016. 10
ISBN 978 - 7 - 5141 - 7380 - 2

Ⅰ. ①宏…　Ⅱ. ①张…　Ⅲ. ①资产评估 - 研究 - 中国
Ⅳ. ①123. 7

中国版本图书馆 CIP 数据核字（2016）第 248599 号

责任编辑：齐伟娜
责任校对：王肖楠
责任印制：李　鹏

宏观与国际视野下的中国资产评估

张国春　著

经济科学出版社出版、发行　新华书店经销

社址：北京市海淀区阜成路甲 28 号　邮编：100142

总编部电话：88191217　发行部电话：88191540

网址：www. esp. com. cn

电子邮箱：esp@ esp. com. cn

天猫网店：经济科学出版社旗舰店

网址：http://jjkxcbs. tmall. com

北京季蜂印刷有限公司印装

710 × 1000　16 开　21. 75 印张　340000 字

2016 年 10 月第 1 版　2016 年 10 月第 1 次印刷

ISBN 978 - 7 - 5141 - 7380 - 2　定价：58. 00 元

（图书出现印装问题，本社负责调换。电话：010 - 88191502）

（版权所有　翻印必究　举报电话：010 - 88191586

电子邮箱：dbts@ esp. com. cn）